成果转化视角下的企业管理

张　晓　许立峰　戴培刚　著

天津出版传媒集团

天津科学技术出版社

图书在版编目（CIP）数据

成果转化视角下的企业管理 / 张晓，许立峰，戴培刚著. -- 天津：天津科学技术出版社，2024.5
ISBN 978-7-5742-2071-3

Ⅰ．①成… Ⅱ．①张… ②许… ③戴… Ⅲ．①企业管理—研究 Ⅳ．①F272

中国国家版本馆 CIP 数据核字（2024）第 087420 号

成果转化视角下的企业管理
CHENGGUO ZHUANHUA SHIJIAOXIA DE QIYE GUANLI

责任编辑：王　彤
责任印制：兰　毅

出　　版：	天津出版传媒集团 天津科学技术出版社
地　　址：	天津市西康路 35 号
邮　　编：	300051
电　　话：	(022) 23332377
网　　址：	www.tjkjcbs.com.cn
发　　行：	新华书店经销
印　　刷：	济南新广达图文快印有限公司

开本 787×1092 1/16　印张 15.25　字数 240 000
2025 年 3 月第 1 版第 1 次印刷
定价：75.00 元

前　言

在当今快速变革的商业环境中，企业管理面临着前所未有的挑战和机遇。传统的企业管理模式往往侧重于内部流程和效率优化。然而，随着科技进步和市场竞争的加剧，单纯的内部管理已无法满足企业持续发展的需要。成果转化，作为一种将创新转化为实际商业价值的过程，正逐渐成为企业管理的新视角和核心任务。

成果转化视角下的企业管理，强调的不再是简单的内部优化，而是更加注重与外部环境的互动和协同。企业需要密切关注市场动态和技术趋势，通过持续的创新和研发，将科研成果、技术专利等无形资产转化为具有市场竞争力的产品或服务。这一过程不仅要求企业具备强大的研发实力，更需要一套高效、灵活的管理体系来支撑。

在这样的背景下，企业管理需要转变思路，从传统的以内部为中心，转变为以外部市场需求和技术创新为导向。企业需要建立跨部门、跨领域的协作机制，促进内外部资源的有效整合和高效利用。同时，企业还需要培养一支具备创新精神、市场敏感度和团队协作能力的专业团队，为成果转化提供有力的人才保障。

基于以上分析，本书就成果转化视角下的企业管理展开深入探讨与研究。本书共分为十一章，主要内容如下。

第一章为成果转化视角下的企业管理概述，介绍了成果转化的定义与重要性，分析了企业管理与成果转化的关系，并探讨了成果转化视角下的企业管理新趋势。

第二章为战略规划与成果转化，着重阐述了战略规划在推动成果转化过程中的关键作用，以及如何制定和实施有效的战略规划。

第三章为组织架构与成果转化，关注组织架构对成果转化的影响，探讨了如何构建灵活高效的组织架构以支持成果转化。

第四章为人力资源管理与成果转化，聚焦于人力资源在成果转化中的角色，提出了选拔和培养具有成果转化能力的人才的重要性，并讨论了如何建立激励成果转化的人力资源管理体系。

第五章为市场营销与成果转化，探讨了市场营销在成果转化中的作用，介绍了如何制定符合市场需求的营销策略，以及市场营销与成果转化的协同机制。

第六章为财务管理与成果转化，关注财务管理在成果转化中的重要性，包括如何优化财务资源配置、控制风险以及创新财务管理策略以支持成果转化。

第七章为创新管理与成果转化，强调了创新管理对成果转化的推动作用，探讨了如何建立有利于成果转化的创新管理体系，并分析了创新文化与成果转化的关系。

第八章为知识产权管理与成果转化，聚焦于知识产权在成果转化中的价值，介绍了知识产权管理与保护策略，以及如何将知识产权有效转化为商业价值。

第九章为团队协作与成果转化，强调了团队协作在成果转化中的意义，提出了构建高效团队协作机制的方法，并探讨了团队协作中的沟通与冲突管理。

第十章为企业文化与成果转化，分析了企业文化对成果转化的影响，探讨了如何塑造有利于成果转化的企业文化，并讨论了企业文化变革与成果转化的关系。

第十一章为风险评估与成果转化，关注成果转化过程中的风险评估和管理，介绍了如何制定风险应对策略，以及如何在风险管理与成果转化之间找到平衡。

本书由张晓、许立峰、戴培刚执笔撰写，由于时间仓促，加之水平有限，难免存在纰漏之处，恳请读者提出宝贵意见。

目 录

第一章 成果转化视角下的企业管理概述 ... 1
- 第一节 成果转化的定义与重要性 ... 1
- 第二节 企业管理与成果转化的关系 ... 3
- 第三节 成果转化视角下的企业管理新趋势 ... 11

第二章 战略规划与成果转化 ... 22
- 第一节 战略规划在成果转化中的作用 ... 22
- 第二节 制定促进成果转化的战略规划 ... 30
- 第三节 战略规划实施与评估 ... 37

第三章 组织架构与成果转化 ... 47
- 第一节 组织架构对成果转化的影响 ... 47
- 第二节 构建有利于成果转化的组织架构 ... 53
- 第三节 组织架构变革与管理 ... 58

第四章 人力资源管理与成果转化 ... 68
- 第一节 人力资源在成果转化中的角色 ... 68
- 第二节 选拔与培养具有成果转化能力的人才 ... 73
- 第三节 建立激励成果转化的人力资源管理体系 ... 80
- 第四节 人力资源管理策略与成果转化的持续优化 ... 86

第五章 市场营销与成果转化 ... 94
- 第一节 市场营销在成果转化中的作用 ... 94
- 第二节 制定促进成果转化的市场营销策略 ... 97
- 第三节 市场营销与成果转化的协同机制 ... 104

第六章 财务管理与成果转化 ... 114
- 第一节 财务管理在成果转化中的重要性 ... 114

第二节　优化财务资源配置以促进成果转化 …………………… 116

　　第三节　财务管理与成果转化的风险控制 …………………………… 120

　　第四节　财务管理策略的创新以支持成果转化 ……………………… 125

第七章　创新管理与成果转化 …………………………………………… 132

　　第一节　创新管理对成果转化的推动作用 …………………………… 132

　　第二节　建立有利于成果转化的创新管理体系 ……………………… 139

　　第三节　创新文化与成果转化 ………………………………………… 147

第八章　知识产权管理与成果转化 ……………………………………… 153

　　第一节　知识产权在成果转化中的价值 ……………………………… 153

　　第二节　知识产权管理与保护策略 …………………………………… 159

　　第三节　知识产权运营与成果转化 …………………………………… 166

第九章　团队协作与成果转化 …………………………………………… 172

　　第一节　团队协作在成果转化中的意义 ……………………………… 172

　　第二节　构建高效团队协作机制 ……………………………………… 177

　　第三节　团队协作中的沟通与冲突管理 ……………………………… 184

第十章　企业文化与成果转化 …………………………………………… 192

　　第一节　企业文化对成果转化的影响 ………………………………… 192

　　第二节　塑造有利于成果转化的企业文化 …………………………… 196

　　第三节　企业文化变革与成果转化的关系 …………………………… 202

第十一章　风险评估与成果转化 ………………………………………… 212

　　第一节　成果转化过程中的风险评估 ………………………………… 212

　　第二节　制定风险应对策略 …………………………………………… 217

　　第三节　风险管理与成果转化的平衡 ………………………………… 223

参考文献 ………………………………………………………………………… 237

第一章 成果转化视角下的企业管理概述

第一节 成果转化的定义与重要性

一、成果转化的基本概念

（一）定义

成果转化，从广义上讲，是一个将知识与技术从理论层面推向实践应用的过程。具体来说，它将实验室中的研究成果、技术发明或创新知识等潜在资源，通过一系列的开发、优化和市场推广手段，转化为市场上具有实际价值的产品、服务或工艺。这一过程不仅实现了知识与技术的经济价值，同时也促进了社会的进步与发展。

成果转化涉及多个关键环节，如技术评估、市场调研、产品开发与改进、商业模式的构建以及市场推广策略的制定等。这些环节相互关联，共同构成了成果转化的完整链条。在这个过程中，企业、科研机构、政府以及各类中介机构等都发挥着不可或缺的作用。

（二）核心要素

技术成熟度：成果转化要求所转化的技术或研究成果必须达到一定的成熟度，即能够满足市场需求并具备商业化的潜力。这需要经过充分的技术验证和实验，确保技术的可行性和可靠性。同时，技术的成熟度还关系到后续产品开发的难度和投入成本，因此是成果转化成功与否的关键因素之一。

市场定位：明确技术或产品的市场定位是成果转化的重要前提。这包括确定目标客户群体、分析市场容量和竞争格局、制定市场进入策略等。通过准确的市场定位，企业可以更有针对性地进行产品开发和营销策略制定，提高成果转化的效率和成功率。

商业模式：商业模式是实现技术商业化落地的关键。它包括盈利模式、合作伙伴选择、渠道建设等多个方面。一个合理的商业模式能够将技术优势转化为市场优势，实现技术的商业化应用和可持续发展。因此，在成果转化过程中，企业需要不断探索和创新商业模式，以适应不断变化的市场环境。

（三）转化过程

成果转化是一个动态且复杂的过程，它始于技术研发阶段，经过技术评估、市场调研、产品开发、市场推广等多个阶段，最终实现技术的商业化应用和价值创造。在这个过程中，企业、科研机构、政府等多方主体需要紧密协作，共同推动成果转化的进程。同时，还需要建立完善的成果转化机制和体系，提供必要的政策支持和资金投入，以确保成果转化的顺利进行。

二、成果转化对企业发展的关键作用

（一）增强企业竞争力

在激烈的市场竞争中，企业要想保持领先地位并持续发展，就必须不断进行技术创新和成果转化。通过成果转化，企业可以将最新的科研成果或技术创新应用于产品或服务中，从而提升产品或服务的质量和性能。这种质量和性能的提升可以满足消费者日益增长的需求，使企业在市场上获得更大的竞争优势。同时，成果转化还可以帮助企业开发新的市场和业务领域，拓展企业的经营范围和市场份额。因此，成果转化对于增强企业的竞争力具有至关重要的作用。

（二）推动产业升级

随着科技的不断进步和创新，一些传统产业可能会面临技术落后、市场萎缩等问题。为了解决这些问题并实现产业的持续发展，就需要通过成果转化引入新的技术和创新元素。这些新技术和创新元素可以推动传统产业的改造和升级，使其焕发新的生机和活力。例如，通过引入先进的生产技术和管理模式，可以提高传统产业的生产效率和质量水平；通过开发新的产品和服务，可以拓展传统产业的市场空间和盈利模式。同时，新兴产业的快速发展也离不开成果转化的支持。只有通过不断的技术创新和成果转化，才能推动新兴产业的蓬勃发展并形成新的经济增长点。

（三）促进企业可持续发展

可持续发展是企业追求的重要目标之一，而成果转化是实现这一目标的重要途径。通过不断的技术创新和成果转化，企业可以不断推出新产品、新服务或新工艺，以满足市场和社会的不断变化需求。这种持续的创新和转化能力可以使企业保持领先地位并实现业务的多元化和持续增长。同时，成果转化还可以帮助企业提高资源利用效率、降低生产成本、减少环境污染等，从而实现经济、社会和环境的协调发展。这种可持续发展模式不仅有利于企业的长期发展，也有利于社会的和谐与进步。

（四）提升企业形象和社会影响力

在现代社会中，企业的形象和社会影响力对于其生存和发展至关重要。通过成果转化，企业可以将自身的技术优势和创新能力转化为实际的产品和服务，为社会创造更多的价值和福祉。这种贡献不仅可以提升企业的社会形象和影响力，还可以增强企业的社会责任感和使命感。同时，成果转化还可以促进企业与政府、科研机构、社会组织等多方主体的合作和交流，形成良好的产学研合作机制和创新生态体系。这种合作和交流不仅可以为企业带来更多的资源和机会，还可以推动整个社会的进步和发展。因此，成果转化对于提升企业形象和社会影响力具有积极的意义。

第二节　企业管理与成果转化的关系

一、企业管理对成果转化的推动作用

（一）优化资源配置，提升转化效率

企业管理在推动成果转化过程中，首先通过优化资源配置来提升转化效率。这包括对人、财、物等资源的合理配置，确保在成果转化过程中各项需求得到满足。通过制定科学的资源配置计划，企业能够避免资源的浪费和冗余，将有限的资源集中在最有可能产生成果的项目上。这种优化资源配置的

方式，不仅提升了资源的使用效率，还降低了成本，为成果转化的顺利进行提供了有力保障。

为了实现资源的优化配置，企业管理需要建立一套完善的资源配置体系。这包括对各类资源的需求进行准确评估，制定合理的资源配置计划，并建立有效的监控机制，确保资源能够按照计划进行分配和使用。同时，企业管理还需要根据实际情况进行动态调整，确保资源的配置能够始终与成果转化的需求相匹配。

此外，企业管理还可以通过建立有效的激励机制来激发员工的积极性和创造性。通过制定合理的薪酬福利政策、提供晋升机会、搭建员工发展平台等措施，企业可以吸引和留住优秀人才，并激发他们的工作热情和创新能力。这些激励机制的建立，不仅有助于提升员工的工作效率和质量，还为成果转化的实现提供了有力的人才支持。

（二）构建创新体系，增强创新能力

在推动成果转化方面，企业管理还需要注重创新体系的构建。创新是推动成果转化的关键动力，只有不断创新才能保持企业的竞争优势和市场地位。因此，企业管理需要通过搭建创新平台、组建创新团队、完善创新机制等方式来营造一个鼓励创新、支持创新的环境。

首先，企业管理需要搭建一个开放、共享的创新平台，为员工提供充足的创新资源和创新机会。这个平台可以包括实验室、研发中心、技术中心等机构，为员工提供进行创新实验和研究的基础设施和条件。同时，企业还可以与外部研究机构、高校等合作，共同开展创新项目和研究，拓展创新资源和渠道。

其次，企业管理需要组建一支具备创新精神和创新能力的团队。这个团队可以由企业内部员工和外部专家组成，共同负责创新项目的策划、研发和实施。通过搭建跨学科、跨领域的创新团队，企业可以充分利用不同领域的知识和技术优势，推动创新成果的产生和转化。

最后，企业管理需要完善创新机制，为创新活动提供制度保障和支持。这包括建立创新成果的评估和奖励机制、完善知识产权保护制度、提供创新资金的支持等措施。通过这些机制的建立和完善，企业可以激发员工的创新意识和创新精神，推动创新成果的不断涌现和转化。

（三）强化风险管理，降低转化风险

成果转化过程中往往伴随着各种风险，如技术风险、市场风险、资金风险等。这些风险的存在不仅会影响成果转化的顺利进行，还可能给企业带来巨大的经济损失和声誉损害。因此，企业管理需要通过建立完善的风险管理体系来降低这些风险的影响。

首先，企业管理需要对各类风险进行准确的识别和评估。通过对成果转化过程中的技术、市场、资金等方面进行全面分析，企业可以识别出潜在的风险点和风险因素，并对它们的影响程度和可能性进行评估。这种风险评估的结果可以为企业制定风险应对策略和预案提供重要依据。

其次，企业管理需要制定有效的风险应对策略和预案。针对不同的风险点和风险因素，企业需要制定相应的应对策略和措施，如技术攻关、市场开拓、资金筹措等。同时，企业还需要建立完善的应急预案体系，确保在风险发生时能够迅速做出反应，降低风险对成果转化的影响。

最后，企业管理还需要加强对员工的培训和教育，提升员工的风险意识和应对能力。通过组织定期的风险管理培训、开展模拟演练等活动，企业可以帮助员工了解风险管理的重要性和必要性，掌握基本的风险管理知识和技能。这样不仅可以提升员工的风险意识和应对能力，还可以为企业打造一支具备风险管理素质的人才队伍提供有力支持。

二、成果转化对企业管理的新要求

随着市场竞争的日益激烈和技术更新的不断加快，成果转化对企业管理提出了新的要求和挑战。为了适应这些变化并推动成果转化的顺利进行，企业管理需要进行相应的调整和创新。

（一）建立灵活适应的管理机制

成果转化具有不确定性和动态性特点，要求企业管理必须具备灵活的适应能力。传统的刚性管理模式已经无法满足成果转化的需求，企业需要建立一种能够快速响应市场变化和技术发展的管理机制。这种管理机制需要注重内部沟通的顺畅和高效，确保信息在各部门之间流通无阻，以便及时发现问题并共同解决。同时，企业还需要建立灵活的组织架构和决策机制，以便在成果转化过程中及时调整战略和计划。通过这种灵活适应的管理机制的建立，企业可以更好地应对市场变化和技术挑战，推动成果转化的顺利进行。

（二）培养具备转化能力的人才队伍

成果转化需要一支具备专业知识、创新能力和实践经验的人才队伍来支撑。然而，当前许多企业面临着人才短缺和人才结构不合理的问题。为了解决这些问题并推动成果转化的实现，企业管理需要注重人才的引进、培养和激励。首先，企业需要建立完善的人才招聘和选拔机制，吸引更多优秀人才加入企业。其次，企业需要为人才提供良好的工作环境和发展空间，帮助他们充分发挥自己的才能和潜力。最后，企业还需要建立完善的人才激励机制，通过制定合理的薪酬福利政策、提供晋升机会等措施来激发员工的工作热情和创新能力。通过这些措施的实施，企业可以培养出一支具备转化能力的高素质人才队伍，为成果转化的顺利进行提供有力的人才保障。

（三）加强与外部机构的合作与交流

成果转化往往涉及多个领域和学科的知识与技术，单凭企业自身的力量很难完成所有工作。因此，企业需要与外部研究机构、高校、行业协会等机构进行广泛的合作与交流。通过搭建合作平台、建立长期合作关系等方式，企业可以获取更多的创新资源和技术支持，推动成果转化的顺利进行。同时，与外部机构的合作还可以帮助企业拓展市场渠道和客户资源，提升企业的市场竞争力和品牌影响力。因此，企业管理需要注重与外部机构的联系与沟通，积极寻求合作机会和资源共享。

（四）构建以成果转化为导向的企业文化

企业文化是影响企业管理行为和员工行为的重要因素。为了推动成果转化的实现并提升企业的整体竞争力，企业管理需要构建一种以成果转化为导向的企业文化。这种文化应该鼓励创新、支持尝试、容忍失败，并为员工提供充足的成长空间和学习机会。通过营造积极向上的文化氛围和搭建多元化的交流平台，企业可以激发员工的创造力和归属感，进一步推动成果转化的实现。同时，以成果转化为导向的企业文化还可以提升企业的品牌形象和社会认可度，为企业的长期发展奠定坚实基础。

三、企业管理与成果转化的互动机制

企业管理与成果转化之间存在着密切的互动关系。一方面，企业管理通过优化资源配置、构建创新体系、强化风险管理等方式推动成果转化的实现；另一方面，成果转化也对企业管理提出了新的要求和挑战，推动企业管理不断创新和完善。在这个过程中，企业管理与成果转化相互促进、相互影响，共同推动企业的持续发展和进步。具体来说，企业管理与成果转化的互动机制包括以下几个方面。

（一）战略协同机制

企业管理在制定发展战略时，成果转化不仅是一个关键环节，更是企业战略落地的具体体现。因此，企业管理层需要深入理解成果转化的内涵和外延，将其视为企业发展的重要驱动力。在制定战略规划时，要充分考虑成果转化的需求和目标，确保各项战略举措都与成果转化紧密相连。

战略协同机制要求企业管理层在规划阶段就明确成果转化的方向和目标，将其融入企业的总体战略中。这样，无论是在产品研发、市场营销还是组织架构调整等方面，都能体现出对成果转化的重视和支持。同时，战略协同机制还要求企业在执行过程中保持灵活性，根据成果转化的实际情况进行动态调整和优化。这意味着企业需要建立一套完善的战略执行和监控体系，及时发现并解决战略执行过程中出现的问题，确保战略与成果转化的协同推进。

此外，战略协同机制还要求企业管理层在资源配置上给予成果转化足够的支持。这包括资金、人才、技术等多个方面。只有确保成果转化所需的各项资源得到充分满足，才能保证其顺利推进并取得预期成果。

在战略协同机制下，企业管理层还需要注重培育成果转化的能力。这包括市场洞察力、技术研发能力、项目管理能力等多个方面。通过不断提升这些能力，企业可以更好地把握市场机遇，推动创新成果的成功转化。

（二）创新驱动机制

在快速变化的市场环境中，创新已成为企业持续发展的核心动力。对于企业管理来说，构建创新驱动机制是推动成果转化的关键所在。创新驱动机制要求企业从文化、制度、资源等多个层面出发，全面激发员工的创新意识和创新精神。

首先，培育创新文化是构建创新驱动机制的基础。企业需要营造一种鼓励尝试、容忍失败的文化氛围，让员工敢于挑战传统观念、勇于探索未知领域。同时，企业还要通过举办创新竞赛、设立创新奖励等方式，激发员工的创新热情和创新活力。在这种文化氛围的熏陶下，员工会更加关注市场变化和技术趋势，积极寻求创新机会并推动创新成果的实现。

其次，建立创新制度是构建创新驱动机制的重要保障。企业需要制定一套完善的创新管理制度，包括创新项目的立项、研发、评估、孵化等各个环节。通过明确各个环节的职责和权限，建立科学的决策机制和激励机制，企业可以确保创新项目的顺利推进并取得预期成果。同时，创新制度还要注重保护创新成果的知识产权，确保企业的创新成果能够得到合法有效的保护。

再次，提供充足的创新资源是构建创新驱动机制的必要条件。企业需要为员工提供良好的创新环境和创新平台，包括先进的研发设备、丰富的技术资料、专业的研发团队等。这些资源可以帮助员工更好地开展创新活动，提高创新效率和质量。同时，企业还要注重与外部机构的合作与交流，积极引进外部的创新资源和创新成果，为自身的创新发展提供更多可能性。

最后，关注创新成果的市场化进程是构建创新驱动机制的重要环节。创新成果只有转化为具有市场竞争力的产品和服务，才能真正实现其价值。因此，企业需要建立一套完善的市场化机制，包括市场调研、产品开发、营销推广等各个环节。通过深入了解市场需求和消费者偏好，企业可以针对性地开发适合市场的产品和服务，并通过有效的营销推广手段将其推向市场。

（三）人才培养机制

在知识经济时代，人才已成为企业最宝贵的财富。对于企业管理来说，构建完善的人才培养机制是推动成果转化的关键所在。人才培养机制要求企业从引进、培养、激励等多个角度出发，全面打造一支高素质的人才队伍。

首先，注重人才的引进是构建人才培养机制的前提。企业需要建立一套科学的人才选拔标准和流程，确保引进的人才符合企业的战略需求和成果转化目标。同时，企业还要积极拓展人才引进渠道，包括校园招聘、社会招聘、猎头推荐等多种方式，以吸引更多优秀的人才加入企业。在引进人才时，企业还要注重人才的多样性和互补性，确保人才队伍的结构合理、能力全面。

其次，加强人才的培养是构建人才培养机制的核心。企业需要为员工提供全面的培训和学习机会，包括岗前培训、在岗培训、专业培训等多种形式。通过培训和学习，员工可以不断提升自身的专业知识和技能水平，更好地适应岗位需求和市场变化。同时，企业还要注重员工的职业发展规划，为员工提供广阔的晋升空间和发展机会，激发员工的工作热情和创新活力。

再次，建立完善的激励机制是构建人才培养机制的重要保障。企业需要制定一套科学的薪酬和福利制度，确保员工的付出与回报有效对等。同时，企业还要建立多元化的激励机制，包括奖金、晋升、荣誉等多种形式，以激发员工的工作积极性和创新精神。此外，企业还要注重员工的情感激励和团队氛围的营造，让员工感受到企业的关爱和温暖，增强员工的归属感和忠诚度。

最后，关注人才的成长和发展需求是构建人才培养机制的重要环节。企业需要定期与员工进行沟通和交流，了解员工的职业发展规划和个人成长需求。同时，企业还要为员工提供充足的职业发展资源和支持，包括导师制度、职业规划辅导、内部轮岗等多种形式。这些举措可以帮助员工更好地规划自己的职业生涯，实现个人价值与企业发展的共赢。

（四）合作共赢机制

在全球化背景下，企业之间的竞争已逐渐演变为合作与竞争并存的模式。对于企业管理来说，构建合作共赢机制是推动成果转化的重要途径。合作共赢机制要求企业注重与外部机构的沟通与联系，寻求合作机会和资源共享，以实现优势互补、互利共赢的目标。

首先，搭建合作平台是构建合作共赢机制的基础。企业需要积极参与各类行业交流会议、技术研讨会等活动，与同行业或跨行业的企业和机构建立联系。

通过这些平台，企业可以及时了解行业动态和技术趋势，发现潜在的合作机会和资源共享。同时，企业还可以利用现代信息技术手段，如云计算、大数据等，搭建线上合作平台，实现更加便捷高效的合作与交流。

其次，建立长期合作关系是构建合作共赢机制的关键。企业需要与外部机构进行深入的沟通和谈判，明确双方的合作目标、合作内容和合作方式。在合作过程中，双方需要保持密切的沟通和协作，共同解决合作中出现的问题和挑战。通过长期稳定的合作关系，企业可以共同推动创新成果的研发和市场化进程，实现资源共享和互利共赢的目标。

再次，注重保护自身的核心技术和商业秘密是构建合作共赢机制的必要条件。在合作过程中，企业需要明确自身的核心技术和商业秘密范围，制定合理的保密措施和管理制度。同时，企业还要与外部机构签订保密协议，明确双方的责任和义务，确保合作的安全性和可控性。通过这些举措，企业可以在保护自身利益的同时，推动与外部机构的合作共赢。

最后，积极拓展国际合作是构建合作共赢机制的重要途径。随着全球化的深入发展，国际合作已成为企业获取创新资源和拓展市场的重要手段。企业需要积极关注国际动态和技术趋势，与国际领先企业或研究机构建立合作关系。通过国际合作，企业可以引进先进的技术和管理经验，提升自身的创新能力和国际竞争力。同时，国际合作还有助于企业拓展全球市场、参与国际竞争并提升品牌影响力。

（五）持续改进机制

企业管理与成果转化是一个持续不断的过程，需要不断地总结经验教训、发现问题并解决问题。因此，构建持续改进机制是企业管理推动成果转化的重要保障。持续改进机制要求企业建立一套完善的管理体系和管理流程，确保各项管理活动都围绕着成果转化的核心目标展开，并在实践中不断优化和完善。

首先，建立完善的管理体系是构建持续改进机制的基础。企业需要制定一套科学的管理制度和管理流程，明确各项管理活动的职责和权限。这些制度包括项目管理流程、质量管理体系、风险管理制度等，可以确保企业在成果转化的各个阶段都有明确的管理规范和指导。同时，企业还要注重管理体系的持续改进和优化，根据实践经验和市场反馈不断完善相关制度和流程。

其次，注重数据分析和反馈是构建持续改进机制的关键。企业需要建立一套完善的数据收集和分析系统，及时收集和分析成果转化过程中的各种数据和信息。通过对这些数据的深入挖掘和分析，企业可以发现存在的问题和瓶颈，及时采取相应的改进措施。同时，企业还要注重员工和客户的反馈意见，积极倾听他们的声音，将其作为改进的重要参考依据。

再次，强化持续改进意识是构建持续改进机制的必要条件。企业需要培养员工的持续改进意识和能力，让他们认识到持续改进对于企业发展的重要性。通过定期的培训和教育活动，员工可以掌握持续改进的方法和工具，并将其应用于实际工作中。同时，企业还要建立一种鼓励创新、容忍失败的文化氛围，让员工敢于尝试新的方法和思路，为持续改进提供源源不断的动力。

最后，与外部环境保持适应性是构建持续改进机制的重要环节。企业需要密切关注市场动态和技术趋势的变化，及时调整自身的战略和计划。通过与外部环境的不断互动和适应，企业可以发现新的机遇和挑战，为持续改进提供更多的方向和思路。同时，企业还要注重与行业内外其他企业或机构的交流与合作，共同推动行业的技术进步和管理创新。

第三节 成果转化视角下的企业管理新趋势

一、以成果转化为导向的企业战略制定

（一）明确成果转化的核心地位

在现代企业管理中，以成果转化为导向的战略制定具有至关重要的意义。随着市场竞争的日益激烈和客户需求的多样化，企业必须将成果转化作为核心目标，以确保持续的创新和竞争优势。成果转化的成功与否直接关系到企业的生存和发展，因此，在制定企业战略时，必须明确成果转化的核心地位。

首先，企业需要在战略规划中明确将成果转化作为核心目标。这意味着企

业的所有战略规划和决策都应紧密围绕成果转化展开，以确保研发成果能够有效转化为市场价值。企业需要关注市场需求和客户需求的变化，及时调整研发方向和策略，以确保研发成果与市场需求相匹配。

其次，企业需要注重成果转化的过程管理。成果转化是一个复杂的过程，涉及研发、市场、销售等多个环节。企业需要建立完善的成果转化管理体系，明确各个环节的职责和任务，加强跨部门的沟通与协作，以确保成果转化过程的顺畅和高效。

最后，企业需要对成果转化的效果进行评估和持续改进。通过建立科学的评估机制，企业可以对成果转化的效果进行客观评价，及时发现存在的问题和不足，并采取相应的改进措施。同时，企业还需要关注行业发展趋势和竞争对手的动态，不断调整和优化战略规划，以确保成果转化的持续性和领先性。

（二）强化市场导向与客户需求分析

在制定以成果转化为导向的企业战略时，深入了解市场趋势和客户需求是至关重要的。市场是企业生存和发展的基础，客户需求是企业创新和改进的动力。因此，企业必须强化市场导向和客户需求分析，以确保研发成果能够满足市场需求并实现商业化。

首先，企业需要建立完善的市场调研体系。通过定期的市场调研和数据分析，企业可以了解市场的发展趋势、竞争格局和客户需求的变化。这些信息可以为企业制定研发方向和策略提供重要参考，确保研发成果与市场需求紧密契合。

其次，企业需要建立客户需求反馈机制。通过与客户保持密切沟通和交流，企业可以及时了解客户对产品和服务的评价和反馈，发现存在的问题和不足，并采取相应的改进措施。同时，企业还可以邀请客户参与产品研发和设计过程，充分利用客户的智慧和创意，提高产品的市场竞争力。

最后，企业需要建立快速响应机制。市场变化日新月异，客户需求千变万化。企业需要建立灵活的组织结构和决策流程，以便及时捕捉市场机遇和调整战略方向。通过加强内部沟通和协作，企业可以快速响应市场变化和客户需求，确保成果转化的高效性和针对性。

（三）构建跨部门协同的创新体系

为实现成果转化目标，企业需要打破部门壁垒，构建跨部门协同的创新体系。在传统的企业管理模式中，各个部门往往各自为政、条块分割，导致资源浪费和效率低下。因此，企业需要建立跨部门协同的创新体系，促进不同部门之间的合作与交流，共同推动创新成果的孵化与转化。

首先，企业需要组建跨部门研发团队。通过抽调不同部门的优秀人才组成研发团队，可以实现知识和技能的互补与共享。这种跨部门的合作模式有助于激发创新思维和创意火花，推动研发成果的创新性和实用性。

其次，企业需要设立创新基金或专项资金。通过为研发团队提供充足的资金支持，可以鼓励员工积极参与创新活动并承担风险。同时，创新基金还可以用于支持创新成果的孵化与转化过程，降低成果转化的风险和成本。

最后，企业需要建立跨部门沟通与协作机制。通过定期召开跨部门会议、建立信息共享平台等方式，可以促进不同部门之间的交流与合作。这种沟通与协作机制有助于打破部门壁垒和消除信息孤岛现象，提高整个企业的创新效率和成果转化能力。

（四）优化资源配置与投资决策流程

以成果转化为导向的企业战略还要求企业优化资源配置和投资决策流程。资源配置和投资决策是企业战略实施的关键环节，直接影响到成果转化的效果和企业的发展。因此，企业需要建立科学的资源配置和投资决策体系，确保资源配置合理、投资决策准确。

在资源配置方面，企业应根据成果转化需求合理分配人力、物力和财力资源。对于关键项目和领域应给予重点支持，确保研发成果的顺利孵化和转化。同时，企业还需要关注员工的培训和发展需求，提高员工的综合素质和创新能力，为成果转化提供有力的人才保障。

在投资决策过程中，企业应建立科学评估机制对潜在投资项目进行全面分析。通过评估项目的市场前景、技术可行性、竞争状况等因素，企业可以筛选出具有潜力的投资项目并制定合理的投资策略。此外，企业还需要建立风险控制机制对投资过程中的风险进行有效管理和控制。

二、面向成果转化的组织结构与流程优化

（一）扁平化组织结构促进信息流通

为适应快速变化的市场环境和成果转化需求，企业应采用扁平化组织结构。扁平化组织结构通过减少管理层级和拓宽管理幅度，可以降低信息传递的失真和延误现象，加快信息流通速度并提高决策效率。同时，这种组织结构还能增强员工的自主性和创新能力为成果转化创造更加灵活的环境。

在实施扁平化组织结构时，企业需要关注以下几个方面：一是合理设置管理层级和管理幅度以确保管理效率；二是建立有效的信息沟通和反馈机制以促进信息共享和协同工作；三是注重员工的培训和发展以提升员工的综合素质和创新能力；四是建立相应的激励和约束机制以激发员工的积极性和创造力。

（二）设立专职成果转化部门

为推动成果转化工作的深入开展，企业应设立专职成果转化部门。该部门负责统筹协调企业内部的成果转化活动包括项目筛选、评估、孵化以及市场推广等。通过专业化运作和集中管理，专职成果转化部门能够有效提升企业的成果转化能力和效率。

在设立专职成果转化部门时，企业需要考虑以下几个方面：一是明确部门的职责和目标以确保工作的顺利开展；二是配备专业的成果转化团队以提供专业的技术支持和服务；三是建立完善的成果转化流程和机制以确保项目的顺利推进和转化；四是与研发、市场等相关部门建立紧密的合作关系以实现资源的共享和协同工作。

（三）优化项目管理流程与决策机制

面向成果转化的组织结构还需要优化项目管理流程和决策机制。项目管理是成果转化的关键环节之一，直接影响到项目的进度和质量。因此，企业需要建立清晰的项目管理流程明确各阶段的任务和目标，确保项目按计划顺利推进。同时，企业还应完善决策机制引入多方参与和专家咨询等方式提高决策的科学性和准确性。

在优化项目管理流程和决策机制时，企业可以采取以下措施：一是制定详

细的项目管理计划和时间表以确保项目的按时完成；二是建立有效的项目监控和评估机制以及时发现和解决问题；三是加强项目团队的建设和培训以提高团队的整体素质和执行力；四是引入先进的项目管理工具和方法以提高项目管理的效率和质量。

（四）强化跨部门沟通与协作

在面向成果转化的组织结构中，跨部门沟通与协作至关重要。沟通与协作是实现资源共享、优势互补和协同创新的重要途径。因此，企业需要建立定期沟通机制和信息共享平台，促进不同部门之间的交流与合作，打破条块分割和各自为政的局面，形成协同创新的良好氛围。

为强化跨部门沟通与协作，企业可以采取以下措施：一是建立定期的部门间会议制度以促进信息共享和沟通；二是利用现代信息技术手段建立企业内部的信息共享平台；三是鼓励员工跨部门交流和合作以共同解决问题；四是注重培养员工的团队协作精神和沟通能力。

（五）持续改进与动态调整组织结构

随着市场环境和企业发展战略的变化，企业需要持续改进和动态调整组织结构以适应新的成果转化需求。组织结构是企业战略实施的重要载体和保障。因此，企业需要定期评估组织结构的运行效果、收集员工反馈意见以及关注行业发展趋势等方式及时发现组织结构中存在的问题并进行相应调整。

在持续改进与动态调整组织结构时，企业需要注意以下几个方面：一是保持组织结构的灵活性和适应性以应对市场变化；二是注重员工的意见和建议以充分发挥员工的智慧和创造力；三是关注行业发展趋势和竞争对手的动态以及时调整战略规划；四是建立持续改进的文化和机制以推动企业不断发展和进步。

三、促进成果转化的企业文化与激励机制

（一）培育创新文化激发员工创造力

创新文化是推动企业持续发展的不竭动力，也是促进成果转化的重要驱动力。在当今快速变化的市场环境中，企业要想保持竞争优势，就必须不断进行创新。而创新文化的培育，正是激发员工创造力、推动企业创新的有效途径。

创新文化的核心在于鼓励员工勇于尝试、敢于失败。企业应营造一个宽松、包容的环境，让员工敢于表达自己的想法和观点，敢于尝试新的方法和路径。即使失败了，也能从中汲取教训，为下一次的尝试积累经验。这种鼓励创新和容错的文化氛围，能够极大地激发员工的创造力和创新精神。

为了营造这种创新文化，企业可以采取多种措施。例如，定期举办创新竞赛，让员工展示自己的创新成果，并从中选拔出优秀的项目进行孵化和推广。同时，设立创新奖励机制，对在创新工作中做出突出贡献的员工进行表彰和奖励，以此激励更多的员工投身于创新实践。

此外，企业还可以通过举办创新沙龙、分享会等活动，搭建一个员工之间交流思想、碰撞火花的平台。在这个平台上，员工可以分享自己的创新经验和心得，学习他人的创新方法和思路，从而不断拓宽自己的视野和思维。这种跨部门、跨领域的交流合作，往往能够产生意想不到的创新火花，为企业带来新的发展机遇。

（二）建立成果导向的绩效评价体系

在促进成果转化的过程中，建立成果导向的绩效评价体系至关重要。这种评价体系将员工的绩效与成果转化结果紧密挂钩，通过设立明确的考核指标和奖惩机制来激励员工积极参与成果转化工作。它不仅关注员工的工作过程，更注重工作所产生的实际成果和市场价值。

为了建立有效的成果导向绩效评价体系，企业首先需要明确成果转化的目标和期望。这包括确定具体的转化项目、预期的市场价值、时间表等关键要素。在此基础上，企业可以制定详细的考核指标，如项目完成率、市场占有率、客户满意度等，以量化员工在成果转化方面的绩效表现。

同时，企业需要建立公正的奖惩机制。对于在成果转化工作中表现突出的员工，应给予相应的奖励和晋升机会，以激励他们继续发挥优势、创造更多价值。而对于未能达到预期成果的员工，也应给予适当的惩罚和辅导，帮助他们找出问题所在、提升工作能力。

在实施成果导向的绩效评价体系时，企业还需要注意以下几点：一是要确保评价指标的客观性和公正性，避免主观臆断和人为干扰；二是要定期对评价体系进行审视和调整，以适应市场环境和企业发展战略的变化；三是要加强与员工的沟通和反馈，让他们了解自己的工作表现和进步空间，从而激发他们的工作积极性和自我提升意识。

（三）实施多元化的激励机制

在促进成果转化的过程中，实施多元化的激励机制至关重要。传统的薪酬和晋升激励虽然重要，但已不能满足现代员工多样化的需求。因此，企业需要探索并实施更多元化的激励机制，以激发员工的积极性和创造力。

首先，企业可以提供丰富的培训和发展机会。通过组织内部培训、外部研讨会、在线课程等方式，帮助员工提升专业技能和知识水平。同时，鼓励员工参与跨部门、跨领域的项目合作，拓宽视野并增强团队协作能力。这些措施不仅有助于员工的个人成长，还能为企业的成果转化提供更多的人才支持。

其次，设立员工持股计划或股权激励计划也是一种有效的激励方式。通过让员工持有公司股份或享受股权激励，使员工与企业的利益更加紧密地联系在一起。这种"共享成果"的理念能够极大地激发员工的归属感和责任感，促使他们更加积极地投入到成果转化工作中去。

此外，推行弹性工作时间和远程办公等福利措施也是现代员工所期望的。这些措施能够为员工提供更加灵活的工作方式和更好的工作生活平衡，从而增强员工的满意度和忠诚度。同时，这些福利措施也有助于提高员工的工作效率和创造力，为企业的成果转化贡献更多价值。

最后，企业还可以通过举办员工座谈会、定期调研等方式了解员工的真实需求和期望，并根据这些信息制定更具针对性的激励机制。通过持续不断地优化和调整激励措施，企业能够确保激励机制始终保持与时俱进并与员工的期望紧密相连。

（四）强化团队建设与人才培养

强化团队建设与人才培养对于促进成果转化同样至关重要。一个优秀的团队能够形成强大的合力，共同攻克难题并实现创新突破；而一支高素质、专业化的人才队伍则是企业持续发展的根本保证。

在团队建设方面，企业应注重团队精神的培育和团队协作能力的提升。通过定期组织团队活动、开展拓展训练等方式来增强团队凝聚力和向心力，让员工之间形成紧密的联系和默契的配合。同时，建立有效的团队沟通机制，鼓励员工之间分享经验、交流思想，促进信息的畅通和知识的共享。这种良好的团队氛围能够为成果转化提供有力的支持。

在人才培养方面，企业应建立完善的人才培养体系，为员工提供系统的培训和发展机会。针对不同岗位和层级的员工，制定个性化的培养计划，帮助他们提升专业技能、拓展知识领域并增强创新能力。同时，鼓励员工参加外部培训和认证考试，拓宽视野并提升个人竞争力。通过持续的人才培养和投入，企业能够打造一支高素质、专业化的成果转化团队，为企业的持续发展提供源源不断的人才支持。

四、利用外部资源进行成果转化的合作模式

（一）产学研合作推动技术创新

产学研合作是企业利用外部资源进行成果转化的重要途径之一，也是当前科技创新体系中不可或缺的一环。通过与高校、科研机构等合作伙伴建立紧密的合作关系，企业能够充分借助这些机构的研发实力和创新能力，共同推动技术创新和产业升级。

在产学研合作中，企业可以共享高校和科研机构的研发资源，包括先进的实验设备、优秀的科研人才以及丰富的科研成果。这些资源的共享，不仅能够帮助企业解决自身研发能力不足的问题，还能够缩短研发周期、降低研发成本，并提升创新效率。同时，通过与高校和科研机构的合作，企业还能够及时了解和掌握最新的科技动态和前沿技术，为企业的技术创新提供有力的支撑。

产学研合作的具体形式多种多样，可以是联合研发、委托研发、技术转让等。企业可以根据自身的需求和实际情况，选择合适的合作形式，与高校和科研机构建立长期稳定的合作关系。这种合作模式不仅有助于提升企业的技术创新能力，还能够促进高校和科研机构的科技成果转化，实现科技与经济的有机结合。

此外，产学研合作还能够促进人才培养和交流。通过与高校和科研机构的

合作，企业可以为员工提供更多的学习和培训机会，提升员工的专业技能和综合素质。同时，高校和科研机构也可以为企业输送更多的优秀人才，为企业的发展提供有力的人才保障。这种人才交流和培养机制，不仅有助于提升企业的整体竞争力，还能够促进科技创新人才的成长和发展。

（二）战略联盟实现资源共享与优势互补

战略联盟是企业之间为实现共同目标而结成的长期合作关系，也是企业利用外部资源进行成果转化的重要途径之一。通过构建战略联盟，企业可以与其他行业领先者或具有互补优势的企业共享资源、技术和市场渠道等优势资源，共同推动成果转化和市场拓展。

在战略联盟中，企业可以根据自身的需求和实际情况，选择合适的合作伙伴，共同制定合作计划和目标。通过共享彼此的资源和技术优势，企业可以弥补自身的不足，提升整体竞争力和市场地位。同时，战略联盟还能够促进企业之间的信息交流和经验分享，帮助企业及时了解和掌握市场动态和行业趋势，为企业的决策提供有力的支持。

战略联盟的具体形式可以是合资企业、联合开发、供应链合作等。企业可以根据自身的需求和实际情况，选择合适的合作形式，与合作伙伴建立长期稳定的合作关系。这种合作模式不仅有助于提升企业的整体竞争力和市场地位，还能够促进产业链的整合和升级，推动整个行业的发展和进步。

此外，战略联盟还能够降低企业的风险和成本。通过与其他企业的合作，企业可以共同承担风险和成本，降低自身的经营压力和风险。同时，战略联盟还能够提升企业的议价能力和市场影响力，帮助企业在市场竞争中占据更有利的地位。

（三）众包模式汇聚社会创新力量

众包模式是一种借助互联网平台汇聚社会创新力量的新型合作模式，也是近年来兴起的一种成果转化新途径。通过发布任务、征集方案等方式，企业可以吸引全球范围内的创新者和专业人才参与成果转化工作，打破地域和行业的限制，实现创新资源的优化配置和高效利用。

在众包模式中，企业可以利用互联网平台发布成果转化任务和相关要求，吸引全球范围内的创新者和专业人才参与竞标和提交方案。这些创新者和专业人才可以是个人、团队或机构等，他们具有丰富的创新经验和专业知识，能够为企业提供多样化的解决方案和创新思路。

通过众包模式，企业可以拓宽自身的创新视野和资源渠道，获取更多的创新灵感和解决方案。同时，众包模式还能够降低企业的研发成本和风险，因为企业只需要支付中标者的费用，而无须承担全部的研发成本和风险。此外，众包模式还能够加快成果转化的速度和效率，因为企业可以在全球范围内寻找最优秀的创新者和专业人才，实现快速响应和高效执行。

当然，众包模式也存在一些挑战和问题，如知识产权保护、信息安全等。因此，企业在采用众包模式时需要建立完善的管理机制和保障措施，确保任务的顺利完成和知识产权的保护。

（四）政府支持与政策引导

政府在成果转化过程中也发挥着重要作用。作为科技创新的推动者和引导者，政府可以通过制定相关政策、提供资金扶持等方式来支持和引导企业进行成果转化工作。

首先，政府可以制定一系列的政策措施来鼓励和支持企业进行成果转化。这些政策措施可以包括税收优惠、资金扶持、项目支持等，旨在降低企业的研发成本和风险，提升企业的创新能力和市场竞争力。同时，政府还可以通过设立科技成果转化基金、建立科技创新服务平台等方式来为企业提供更多的资金支持和服务保障。

其次，政府还可以通过政策引导和市场机制等手段促进企业与高校、科研机构等外部资源的有效对接和合作。例如，政府可以牵头组织产学研合作项目对接会、科技成果展览会等活动，为企业和高校、科研机构等搭建交流和合作的平台。同时，政府还可以通过完善市场机制、推动科技成果转化立法等方式来优化科技创新环境，为企业的成果转化工作提供更好的外部条件。

最后，企业在利用政府资源推动成果转化工作时也需要注重自身能力的提升和内部管理的优化。只有不断提升自身的创新能力和市场竞争力，才能更好地利用政府资源实现成果转化和产业升级。同时，企业还需要建立完善的内部管理机制和制度体系,确保成果转化工作的顺利开展和规范化运作。

(五)国际合作拓展全球市场

国际合作也是企业利用外部资源进行成果转化的重要途径之一。随着全球化进程的加速和科技创新的国际化趋势日益明显,国际合作在推动企业成果转化和市场拓展方面发挥着越来越重要的作用。

通过与国际领先企业或研究机构建立合作关系,企业可以引进先进技术和管理经验,提升自身的创新能力和国际竞争力。这些国际合作伙伴可能拥有更先进的研发设备、更丰富的科研成果以及更优秀的创新人才,能够为企业提供有力的技术支持和创新灵感。同时,国际合作还能够促进企业之间的技术交流和经验分享,帮助企业及时了解和掌握国际前沿技术和市场动态,为企业的决策提供有力的支持。

国际合作的具体形式可以是技术引进、联合研发、跨国并购等。企业可以根据自身的需求和实际情况,选择合适的合作形式和国际合作伙伴。通过国际合作,企业不仅可以提升自身的技术水平和创新能力,还能够拓展全球市场、参与国际竞争并提升品牌影响力。这种合作模式有助于企业实现跨越式发展并成为全球领先的创新型企业。

当然,国际合作也存在一定的挑战和风险,如文化差异、法律法规等。因此,企业在开展国际合作时需要充分了解国际市场和合作伙伴的情况,建立完善的风险管理和合作机制,确保合作的顺利进行和成果的成功转化。

第二章 战略规划与成果转化

第一节 战略规划在成果转化中的作用

一、明确转化目标与方向

（一）确立清晰的长远愿景

在推动成果转化的过程中，确立清晰的长远愿景是至关重要的第一步。这个愿景不仅是组织未来发展的蓝图，也是指引全体员工共同努力的方向标。一个宏伟且可行的长远愿景，能够激发员工的使命感和归属感，促进组织内部的团结协作，为成果转化的成功奠定坚实基础。

为了制定这样一个愿景，组织需要深入分析自身的核心价值观、市场定位以及核心竞争力。同时，还需要紧密关注市场需求、技术进步和竞争态势的变化，确保愿景的制定既符合组织自身的发展需要，也能顺应外部环境的变化趋势。在这个过程中，组织需要广泛征求员工的意见和建议，确保愿景的制定过程具有广泛的参与性和代表性。

长远愿景的制定还需要遵循 SMART 原则，即具体、可衡量、可达成、相关性强和时限明确。这样的愿景不仅能够为组织提供一个明确的目标方向，还能够为后续的战略规划、资源配置和行动计划提供有力的指导。

（二）细化具体的转化目标

长远愿景的实现需要依赖于一系列具体的、可衡量的转化目标。这些目标是将愿景分解为可执行、可评估的小步骤，以确保组织在成果转化的过程中能够保持清晰的方向和坚定的步伐。

转化目标的制定需要充分考虑组织的实际情况和能力水平，确保目标的设定既具有挑战性又切实可行。同时，目标还需要涵盖成果转化的各个方面，包括技术研发、市场推广、合作伙伴关系等。为了确保目标的可衡量性，组织需要制定明确的性能指标和评估标准，以便对成果转化的进展进行实时监控和评估。

此外，转化目标的设定还需要遵循动态调整的原则。由于成果转化过程中可能遇到各种预料之外的情况和挑战，组织需要根据实际情况对目标进行及时调整和优化。这种灵活性有助于组织更好地应对外部环境的变化，确保成果转化的顺利进行。

（三）制定实现路径与策略

在明确了转化目标之后，组织需要制定详细的实现路径和策略。这些路径和策略是实现目标的具体行动计划和手段，包括选择合适的技术路线、确定关键合作伙伴、优化组织架构和流程等。

技术路线的选择是实现成果转化的关键环节。组织需要对不同的技术方案进行充分评估和比较，选择最符合自身发展需要和市场趋势的技术路线。同时，组织还需要关注技术的可行性和可扩展性，确保所选技术能够支持成果转化的长期发展。

确定关键合作伙伴也是实现成果转化的重要策略之一。通过与产业链上下游企业、科研机构等建立紧密的合作关系，组织可以共享资源、分担风险，共同推动成果转化的进程。在选择合作伙伴时，组织需要关注对方的专业能力、信誉度和合作意愿等因素，确保双方的合作能够实现互利共赢。

优化组织架构和流程也是实现成果转化的重要手段。通过调整组织架构、优化管理流程、提升员工素质等方式，组织可以提高自身的执行力和创新力，为成果转化的成功提供有力保障。在这个过程中，组织需要关注员工的成长和发展需求，建立良好的激励机制和培训体系，激发员工的积极性和创造力。

（四）保持灵活性与适应性

由于成果转化过程中可能遇到各种预料之外的情况和挑战，战略规划需要保持一定的灵活性和适应性。这意味着战略规划需要预留调整空间，以便根据实际情况进行及时调整和优化。同时，组织还需要建立一种开放和创新的文化氛围，鼓励员工积极参与战略规划的制定和实施过程，共同应对变化和挑战。

为了保持灵活性和适应性，组织需要建立一套完善的监控和评估机制。通过对成果转化进展的实时监控和定期评估，组织可以及时发现问题和不足，并采取有效措施进行改进和优化。这种持续改进的精神有助于组织在变化多端的市场环境中保持竞争优势和领先地位。

此外，组织还需要培养一支具备高度适应性和创新能力的团队。这支团队不仅需要具备扎实的专业知识和丰富的实践经验，还需要具备敏锐的市场洞察力和创新思维能力。通过不断引进优秀人才、加强内部培训和团队建设等方式，组织可以打造一支高素质、高效率的团队，为成果转化的成功提供有力的人才保障。

二、优化资源配置与利用

（一）全面评估现有资源

在推动成果转化的过程中，全面评估现有资源是至关重要的第一步。这包括人力、物力、财力、技术、信息等各个方面。通过深入了解现有资源的数量、质量和结构特点，组织可以更准确地把握自身的优势和劣势，为后续的资源配置和利用提供科学依据。

在人力资源方面，组织需要评估现有员工的数量、素质、技能水平以及人才结构是否合理。针对员工的不足，组织需要制定相应的人才培养计划和引进策略，以提升整体的人力资源水平。在物力和财力资源方面，组织需要评估现有的设备、设施、资金等是否满足成果转化的需求。如果资源不足，组织需要积极寻求外部资源的支持和合作，以确保成果转化的顺利进行。

在技术资源方面，组织需要评估现有的技术水平和研发能力是否具备市场竞争力。针对技术上的短板，组织可以通过引进先进技术、加强研发投入、建立技术合作关系等方式来提升自身的技术实力。在信息资源方面，组织需要评估现有的信息系统、数据处理能力以及信息安全保障是否完善。随着信息化时代的到来，信息资源在成果转化过程中的作用日益凸显，组织需要重视信息资源的建设和管理。

（二）合理配置新增资源

在成果转化过程中，组织往往需要投入新的资源以支持各项活动的开展。为了确保资源的有效配置和利用，战略规划需要明确新增资源的配置原则和方法。这些原则和方法应该基于组织的实际需求和市场环境来制定，确保资源能够按需分配、优先保障关键领域和重点项目。

同时，组织还需要关注资源配置的动态平衡问题。由于成果转化过程中可能出现各种变化和挑战，组织需要根据实际情况及时调整资源配置方案。这种动态调整有助于组织更好地应对外部环境的变化和市场需求的波动。

（三）提高资源利用效率

除了合理配置资源，提高资源利用效率也是优化资源配置与利用的关键环节。为了实现这一目标，组织需要采用先进的技术和管理手段来提高生产效率和质量水平。例如，通过引进自动化生产线、实施精细化管理等方式来降低生产成本、提升产品质量和服务水平。

优化供应链管理也是提高资源利用效率的重要手段之一。通过加强供应商管理、优化库存控制、提高物流配送效率等方式来降低库存和物流成本，实现资源的有效利用和节约。此外，加强内部协作和信息共享也是提高资源利用效率的有效途径。通过打破部门壁垒、促进团队协作、实现信息共享等方式来减少重复劳动和浪费现象，提高整体的工作效率和效益。

（四）构建多元化资源网络

为了实现更广泛的资源整合和利用，构建多元化的资源网络是至关重要的。这意味着组织需要积极与产业链上下游企业建立紧密的合作关系，共同推动产业链的发展和创新。通过与供应商、客户、竞争对手等的合作与交流，组织可以获取更多的市场信息和行业动态，为成果转化提供有力的市场支持。

同时，积极参与行业协会和标准制定组织也是构建多元化资源网络的重要途径之一。通过加入行业协会、参与标准制定等方式来拓展组织的行业影响力和话语权，为成果转化的推广和应用创造有利的行业环境。此外，组织还需要拓展国际视野寻求全球范围内的资源合作机会。通过与国际领先企业或研究机构建立合作关系、参与国际交流与合作项目等方式来获取更多的外部创新资源和市场机会。

（五）关注可持续发展与环境保护

在优化资源配置与利用的过程中，关注可持续发展和环境保护的问题也是至关重要的。组织需要确保资源的获取和使用符合法律法规的要求，遵循可持续发展的原则来进行资源配置和利用。这包括采用环保材料、节能技术等方式来降低生产过程中的环境污染和资源消耗。

同时，组织还需要积极探索绿色生产和循环经济等新型发展模式。通过实现废弃物的回收利用、提高能源利用效率等方式来推动成果转化与环境保护的良性互动。这种发展模式不仅有助于提升组织的环保形象和社会责任感，还能够为组织带来长期的经济效益和市场竞争力。此外，组织还需要加强员工的环境保护意识培训和教育，培养一支具备环保意识和创新能力的团队来共同推动可持续发展和环境保护的事业。

三、提升组织协同与效率

在当今快速变化的市场环境中，组织的协同与效率对于实现战略目标至关重要。为了提升这两方面的能力，我们需要从多个角度入手，进行系统化的规划和改进。

（一）优化组织架构与流程设计

首先，我们需要关注组织架构和流程的设计。一个合理的组织架构能够明确各部门和岗位的职责与权限，减少工作重复和冲突，提高工作效率。同时，优化流程设计可以确保工作按照既定的步骤和顺序进行，减少不必要的环节和等待时间，提升整体工作效率。

具体来说，我们可以调整管理层级和幅度，使组织结构更加扁平化，减少决策层级，加快信息传递和决策速度。优化部门设置和职责划分，确保各部门职责明确、分工合理，避免工作重叠和推诿现象。此外，简化审批流程也是提升效率的关键。我们可以通过合并审批环节、采用电子审批系统等方式，减少审批时间和成本，提高审批效率。

（二）建立跨部门协作机制与信息共享平台

为了促进不同部门之间的协作与配合，我们需要建立有效的跨部门协作机制和信息共享平台。这些机制和平台可以为各部门提供一个共同的工作环境和沟通渠道，促进信息交流、资源共享和协同工作。

具体来说，我们可以设立跨部门协作小组或委员会，负责协调各部门之间的工作关系和资源分配。同时，建立信息共享平台，如企业内部网站、共享文件夹等，方便各部门随时获取所需信息和资源。通过这些措施，我们可以打破部门壁垒和信息孤岛现象，提高整体工作效率和协同作战能力。

（三）培养团队协作精神与文化氛围

除了建立正式的协作机制，我们还需要关注团队协作精神和文化氛围的培养。一个积极向上的文化氛围可以激发员工的归属感和创造力，促进团队协作和成果共享。

为了培养团队协作精神，我们可以倡导开放包容、互信互助的团队精神。鼓励员工积极参与团队协作、分享知识和经验，为团队目标共同努力。同时，加强员工培训也是提升团队协作能力的关键。我们可以定期举办团队建设活动、提供专业技能培训等，帮助员工提升综合素质和团队协作能力。

此外，营造积极向上的文化氛围也是至关重要的。我们可以通过举办文化活动、庆祝重要节日等方式增强员工的凝聚力和向心力。同时，关注员工的心理健康和福利待遇也是营造良好文化氛围的重要组成部分。

（四）引入外部专家与顾问团队提供智力支持

在提升组织协同与效率的过程中，我们还可以考虑引入外部专家与顾问团队提供智力支持。这些专家和顾问团队通常具有丰富的行业经验和专业知识，可以为组织提供专业的建议和指导。

通过与外部专家和顾问团队的合作与交流，我们可以拓展视野、汲取经验并不断提升自身的专业能力。他们可以帮助我们识别潜在的问题和挑战，提供有效的解决方案和改进建议。同时，他们还可以为我们提供最新的行业动态和市场信息，帮助我们把握市场机遇和应对竞争挑战。

四、增强风险应对与防控

在复杂多变的市场环境中,风险是无处不在的。为了保障组织的稳定发展和成果转化的顺利进行,我们需要增强风险应对与防控能力。具体来说,可以从以下几个方面入手。

(一)全面识别潜在风险因素

首先,我们需要对潜在的风险因素进行全面识别和分析。这些风险因素可能来自技术、市场、竞争、法律等多个方面,对成果转化的成功与否产生重要影响。为了全面识别这些风险因素,我们需要建立一套完善的风险识别机制。

这套机制应该包括定期的市场调研、竞争对手分析、政策法规跟踪等,以便及时发现和评估潜在的风险因素。同时,我们还需要鼓励员工积极参与风险识别工作,利用他们的专业知识和实践经验来发现和识别潜在的风险。

通过全面识别潜在风险因素,我们可以更好地了解自身面临的风险挑战,为后续的风险应对和防控工作奠定基础。只有充分了解风险来源和性质,我们才能有针对性地制定应对策略和措施。

(二)制定针对性风险应对策略

针对识别出的潜在风险因素,我们需要制定针对性的风险应对策略。这些策略应该根据风险的性质和组织的承受能力来具体选择风险规避、风险降低、风险转移和风险接受等方式。

对于可以规避的风险,我们应该采取措施避免其发生;对于无法规避的风险,我们需要采取措施降低其影响程度;对于可以转移的风险,我们可以通过保险、合同等方式将风险转移给第三方;对于必须接受的风险,我们需要制定应急预案和应对措施来应对可能出现的风险事件。

通过制定针对性的风险应对策略,我们可以更好地应对风险挑战、保障成果转化的顺利进行。这些策略不仅可以减少风险对组织的影响程度,还可以提高组织的适应性和韧性。

(三)建立风险监测与预警机制

为了及时发现和处理风险事件,我们需要建立风险监测与预警机制。这些机制可以实时监测各项风险指标的变化情况,当某个指标达到预警阈值时及时发出预警信号并采取相应的应对措施。

具体来说,我们可以建立一套完善的风险监测体系,包括定期的风险评估、实时的数据监控、异常情况的报告和处理等。同时,我们还需要建立预警机制,当监测到潜在的风险事件时及时发出预警并启动应急预案。

通过建立风险监测与预警机制,我们可以实现对风险的动态管理、提高风险应对的及时性和有效性。这不仅可以减少风险对组织的冲击和影响,还可以为组织赢得宝贵的应对时间和机会。

(四)强化员工风险意识与培训教育

除了建立正式的风险管理制度,我们还需要强化员工的风险意识和培训教育工作。员工是组织的重要组成部分,他们的行为和决策直接影响到组织的稳定和发展。

为了强化员工的风险意识,我们需要向员工普及风险管理的基本知识和方法,提高他们的风险敏感性和识别能力。这可以通过定期的培训课程、宣传资料、在线学习平台等方式实现。同时,我们还需要鼓励员工积极参与风险管理工作,提出改进建议和意见。

此外,定期开展风险演练和模拟训练等活动也是提高员工应对风险事件实战能力的有效途径。通过这些活动,员工可以在模拟的环境中体验风险事件的处理过程和方法,提高他们的应变能力和自信心。

通过强化员工风险意识与培训教育,我们可以构建全员参与、共同防范的风险管理格局。这不仅可以提升组织的风险应对能力,还可以为组织的稳定发展提供有力保障。

第二节 制定促进成果转化的战略规划

一、分析市场需求与技术趋势

（一）深入调研市场需求

在制定促进成果转化的战略规划之初，企业必须对市场需求进行深入细致的调研。这是因为进行成果转化，最终的目的是将技术或研究成果转化为具有市场竞争力的产品或服务，以满足广大消费者的需求。因此，了解市场需求是制定有效战略规划的基石。

企业可以通过多种方式调研市场需求，如开展问卷调查、组织用户访谈、分析销售数据等。问卷调查可以帮助企业了解消费者的购买意愿、消费习惯、对产品的期望等信息；用户访谈则可以更深入地挖掘消费者的真实需求和痛点；销售数据分析则可以揭示出哪些产品或服务受到市场欢迎，哪些需要改进或优化。

在调研过程中，企业不仅要关注现有市场的需求，还要关注潜在的市场需求。通过对市场趋势的预测和分析，企业可以发现新的市场机会，为成果转化提供更多的可能性。

（二）掌握技术发展趋势与前沿动态

在当今这个快速发展的时代，技术更新换代的速度非常快。因此，企业要想在成果转化方面取得成功，就必须密切关注技术发展趋势和前沿动态。这不仅可以帮助企业了解当前的技术水平和发展方向，还可以为企业选择合适的技术路线提供重要依据。

为了掌握技术发展趋势和前沿动态，企业可以采取多种措施。例如，定期参加相关领域的学术会议和展览，了解最新的研究成果和技术进展；与科研机构、高校等建立合作关系，共同开展技术研发和创新活动；跟踪国际专利和技术标准，把握技术发展的国际趋势等。

此外，企业还需要建立一套有效的信息收集、整理和分析机制。通过对各种技术信息的筛选、比较和分析，企业可以更加准确地把握技术发展的脉搏，为成果转化提供有力的技术支撑。

（三）分析市场需求与技术趋势的匹配度

在了解了市场需求和技术趋势后，企业需要进一步分析两者之间的匹配度。这是因为并不是所有的技术成果都适合转化为产品或服务并推向市场。如果技术与市场需求不匹配，那么即使技术再先进、再创新，也难以在市场上获得成功。

因此，企业需要对自身的技术成果进行全面的评估和分析，判断其是否满足市场的需求以及在当前技术趋势下是否具有竞争优势和发展潜力。具体来说，企业可以从以下几个方面进行分析：一是技术成果的先进性和创新性；二是技术成果与市场需求的契合度；三是技术成果与现有产品或服务的差异化程度；四是技术成果的生产成本和市场竞争力等。

通过分析市场需求与技术趋势的匹配度，企业可以更加准确地把握成果转化的方向和市场定位。这不仅可以提高成果转化的成功率，还可以帮助企业在激烈的市场竞争中脱颖而出。

（四）识别潜在的市场机会与挑战

在分析市场需求和技术趋势的过程中，企业还需要识别潜在的市场机会与挑战。这些机会和挑战可能来自多个方面，如政策环境的变化、竞争格局的调整、消费者行为的改变等。这些因素都可能对成果转化的成功与否产生重要影响。

为了识别潜在的市场机会与挑战，企业需要建立一套敏锐的市场洞察机制。这包括定期收集和分析相关政策法规、行业动态、市场数据等信息；密切关注竞争对手的动态和消费者需求的变化；积极参加各种行业活动和交流会议等。

通过深入剖析市场机会和挑战的内涵和影响因素，企业可以更好地把握市场动态，为成果转化制定针对性的策略和措施。这不仅可以帮助企业抓住市场机遇，还可以有效应对各种挑战和风险。

（五）预测未来发展趋势与变化

最后，企业还需要预测未来发展趋势和变化。由于市场和技术都处于不断变化之中，因此战略规划需要具备一定的前瞻性和预见性。只有这样，企业才能在激烈的市场竞争中保持领先地位并实现可持续发展。

为了预测未来发展趋势和变化，企业可以利用大数据、人工智能等先进工具和方法进行分析和预测。通过对历史数据和现有信息的深入挖掘和分析，企业可以发现一些隐藏在数据背后的规律和趋势，从而为未来的发展趋势和变化提供重要参考。

此外，企业还需要建立一套灵活的战略调整机制。当市场或技术发生重大变化时，企业能够及时调整战略规划和实施方案，确保成果转化的持续性和成功性。这不仅可以降低企业的风险成本，还可以提高企业的适应能力和竞争力。

二、设定切实可行的转化目标

（一）明确具体的转化成果形式

在设定转化目标时，组织需要首先明确具体的转化成果形式。这是因为不同的技术成果具有不同的特点和优势，适合转化为不同的产品或服务。因此，明确具体的转化成果形式是确保目标具有针对性和可操作性的重要前提。

组织可以通过市场调研和技术分析等方式，确定技术成果最适合转化的产品或服务形式。这些成果形式可以包括新产品、新技术、新工艺等，具体取决于组织的技术成果特点和市场需求。例如，如果组织的技术成果是一种新型的纳米材料，那么可以考虑将其转化为具有高性能和高附加值的新产品；如果技术成果是一种高效的生产工艺，那么可以考虑将其应用于现有产品的生产线中，提高生产效率和降低成本。

通过明确具体的转化成果形式，组织可以更加清晰地界定转化目标，为后续的实施计划和资源配置提供指导。这有助于确保转化工作的有序进行，提高转化的效率和成功率。

（二）设定量化的性能指标与时间表

为了确保转化目标的可行性和可衡量性，组织需要设定量化的性能指标和时间表。这些指标和时间表可以帮助组织对转化过程进行监控和评估，及时发现问题并采取相应的改进措施。同时，它们也可以为组织内部的决策和沟通提供明确的标准和依据。

在设定量化的性能指标时，组织需要根据自身的实际情况和市场需求进行具体设定。这些指标可以包括转化速度、市场占有率、成本效益等。例如，转化速度可以衡量从技术研发到产品上市所需的时间；市场占有率可以反映产品在市场上的竞争力和受欢迎程度；成本效益则可以评估转化过程中的投入与产出比例是否合理。

除了设定量化的性能指标外，组织还需要制定明确的时间表。这个时间表应该将转化目标分解为短期、中期和长期三个阶段的目标，并为每个阶段设定具体的时间节点和完成标准。这样可以帮助组织更好地把握转化的节奏和进度，确保每个阶段都有明确的任务和时间要求。

（三）确保目标与组织资源和能力相匹配

在设定转化目标时，组织还需要确保目标与自身的资源和能力相匹配。这是因为如果目标设定过高或过低，都可能导致转化工作的失败或资源浪费。因此，合理评估组织的资源和能力，制定符合实际的转化目标至关重要。

组织需要对自身的人力、物力、财力等方面的实际情况进行全面评估和分析。这包括了解组织的技术研发能力、生产制造能力、市场营销能力等方面的优势和不足。通过评估和分析，组织可以更加准确地把握自身的实际情况和潜在能力，为设定合理的转化目标提供重要依据。

同时，组织还需要考虑自身的战略定位和发展方向。不同的组织具有不同的战略目标和市场定位，因此需要根据自身的战略需求来设定转化目标。这可以确保转化工作与组织的整体战略保持一致，促进组织的长期发展和成功。

（四）考虑利益相关者的期望与要求

除了组织自身的资源和能力，还需要考虑利益相关者的期望和要求。这些利益相关者包括股东、客户、合作伙伴等，他们对成果转化有着不同的期望和要求。因此，在设定转化目标时，组织需要充分了解并平衡各方利益相关者的期望和要求。

股东通常关注组织的盈利能力和长期发展潜力，因此他们可能希望看到转化目标能够带来可观的经济回报和市场份额增长。客户则更加关注产品的性能、质量和价格等方面，因此他们可能希望看到转化目标能够满足他们的实际需求和期望。合作伙伴则可能关注与组织合作的稳定性和长期性，因此他们可能希望看到转化目标能够促进双方的合作共赢和长期发展。

为了平衡各方利益相关者的期望和要求，组织需要与他们进行充分的沟通和协商。通过了解他们的关注点和需求，组织可以更加准确地把握他们的期望和要求，并在设定转化目标时予以充分考虑和体现。这有助于确保转化目标符合各方的共同利益，为成果转化的顺利实施创造良好的外部环境。

三、制定具体详细的实施计划

（一）细化实施步骤与时间节点

实施计划的详细性是确保其得以有效执行的关键。在制定实施计划时，组织必须细化每一个实施步骤，并为每个步骤设定清晰的时间节点。这不仅有助于明确工作方向，还能为团队成员提供一个可视化的进度表，从而确保整个团队能够在同一节奏下协同工作。

具体来说，实施步骤的细化应涵盖从项目启动到成果转化的全过程，包括前期的市场调研、技术研发、产品设计，中期的生产准备、质量控制，以及后期的市场推广、客户反馈收集等各个环节。每个步骤都应设定明确的时间节点，这些节点应根据项目的实际情况和团队的执行能力进行合理设置，既要保证项目的顺利推进，又要避免过于紧张的时间安排导致团队成员承受过大的压力。

此外，实施计划的制定还应充分考虑可能出现的风险和不确定性因素。对于每个步骤，都应制定相应的风险应对措施和应急预案，以确保在遇到问题时能够及时调整计划，保障项目的顺利进行。

（二）明确责任部门与人员分工

实施计划的成功执行离不开明确的责任划分和有效的团队协作。因此，在制定实施计划时，组织必须为每个实施步骤指定具体的责任部门和负责人，并明确他们的职责和任务。这样一来，每个部门和成员都能清楚地知道自己的工作内容和职责范围，从而有针对性地开展工作。

同时，建立有效的沟通协调机制也是至关重要的。团队成员之间应保持良好的沟通，及时分享工作进展、交流经验教训、协调解决问题。此外，还应定期召开项目会议，汇报工作成果、讨论下一步工作计划，以确保整个团队能够在信息共享和协同合作的基础上高效推进项目实施。

（三）制定风险管理与应对措施

在成果转化过程中，风险是不可避免的。为了降低风险对项目实施的影响，组织必须制定完善的风险管理与应对措施。这包括风险识别、风险评估、风险应对以及风险监控等各个环节。

首先，组织应对项目实施过程中可能出现的风险进行全面识别和分析，包括市场风险、技术风险、管理风险等各个方面。其次，对识别出的风险进行评估，确定其可能性和影响程度，以便为后续的风险应对提供依据。接着，根据风险评估结果制定相应的风险应对措施，如风险规避、风险降低、风险转移等策略。最后，在项目实施过程中持续进行风险监控，及时发现和处理新出现的风险问题，确保项目的顺利进行。

四、建立灵活适应的调整机制

（一）建立定期评估与反馈机制

为了确保实施计划与实际情况的契合度，组织需要建立定期评估与反馈机制。这一机制的核心在于定期对实施计划的执行情况进行全面、客观的评估，以便及时发现问题、分析原因并采取相应的改进措施。评估的内容应涵盖实施计划的进度、效果、资源利用等各个方面，评估的结果应作为调整实施计划和优化资源配置的重要依据。

同时，建立有效的反馈渠道也是至关重要的。组织应鼓励员工积极参与评估工作，提出宝贵的意见和建议。对于员工的反馈，组织应给予高度重视并及时回应，共同推动实施计划的优化和完善。通过定期评估与反馈机制，组织可以确保实施计划始终与市场需求和技术趋势保持同步，为成果转化提供有力的保障。

（二）及时调整实施计划与资源配置

在市场环境和技术趋势不断变化的情况下，组织必须保持足够的灵活性和适应性。当发现实施计划与实际情况存在偏差时，组织应及时调整实施计划和资源配置方案。调整的内容可以包括修改实施步骤、调整时间节点、重新分配资源等各个方面。调整的目的在于使实施计划更加符合实际情况和市场需求，确保转化目标的顺利实现。

在调整实施计划和资源配置时，组织应遵循科学、合理、可行的原则。要对调整方案进行充分的论证和评估，确保其符合组织的战略目标和长远发展规划。同时，还要关注调整方案对团队成员和利益相关者的影响，做好相应的沟通和协调工作。通过及时调整实施计划与资源配置，组织可以更加灵活地应对各种变化和挑战，保持竞争优势。

（三）保持战略规划的连续性与稳定性

尽管需要灵活调整实施计划和资源配置以适应变化的环境和需求，但组织也需要保持战略规划的连续性和稳定性。战略规划是组织发展的长期指导方针，其连续性和稳定性对于组织的稳步发展具有重要意义。因此，在制定和调整实施计划时，组织应确保其与战略规划保持一致性和协同性。要对战略规划进行定期的评估和修订，以确保其始终符合组织的发展目标和市场环境的变化。同时，还要加强战略规划的宣传和培训，提高团队成员对战略规划的认知和认同度。通过保持战略规划的连续性与稳定性，组织可以为自身的发展提供明确且持久的指导方向。

（四）强化组织学习与知识管理

在快速变化的市场环境中，组织的学习和创新能力是其持续发展的关键因素。为了支持战略规划的持续优化和成果转化的不断提升，组织需要强化组织学习与知识管理。具体来说，要建立完善的学习机制和知识管理体系，鼓励员工不断学习和分享新知识、新技能和新经验。可以通过定期的培训、研讨会、经验分享会等方式促进员工之间的交流和学习。同时，还要建立知识库和信息共享平台，将员工的学习成果和经验教训进行整理和归纳，方便其他员工查阅和学习。通过强化组织学习与知识管理，组织可以不断提升自身的创新能力和市场竞争力，为战略规划的制定和实施提供有力的智力支持和保障。

第三节　战略规划实施与评估

一、确保战略规划的有效执行

（一）明确责任与分工

战略规划的有效执行，首先依赖于各级领导和员工对责任的明确认知与合理的分工。为实现这一目标，企业应专门设立战略规划执行小组，该小组由经验丰富的管理者和关键部门代表组成，他们不仅负责战略规划的具体执行，更担任着监督实施过程的重要角色。这样的设置确保了战略规划的每一步都有明确的负责人和团队，避免了责任模糊和执行不力的情况。

为了让战略规划真正落地，企业需要将宏观的战略目标细化为各部门甚至各员工的具体任务。这种层层分解的方式，使得每个参与者都能清晰地了解自己在整个战略规划中的角色和职责。当每个人都明确了自己的责任范围，就能形成一股强大的合力，共同推动战略规划的顺利实施。

此外，明确的责任与分工还有助于建立有效的问责机制。当某个环节出现问题时，可以迅速定位到责任人，及时采取措施进行纠正。这种问责机制不仅提高了执行效率，还强化了员工的责任感，为战略规划的成功实施提供了有力保障。

（二）制定详细实施计划

在战略规划的执行过程中，一个详细的实施计划是不可或缺的。这个计划应该包括从战略规划启动到目标达成所需的所有关键步骤，以及每个步骤的具体时间表和资源需求。通过这样的计划，企业可以确保各项任务有序进行，资源得到合理分配，从而避免执行过程中的混乱和浪费。

实施计划的制定需要充分考虑市场环境和企业内部条件的变化。因此，计划应具有一定的灵活性和可调整性。当外部环境发生变化时，企业可以及时调整实施计划，确保战略规划始终与市场需求和企业发展目标保持一致。

同时，实施计划的制定也是一个团队协作的过程。各部门需要充分沟通、协调一致，确保计划的合理性和可行性。在实施过程中，各部门还需要密切配合、相互支持，共同应对可能出现的挑战和困难。

（三）建立有效沟通机制

战略规划的执行是一个涉及多个部门和个人的复杂过程，因此建立有效的沟通机制至关重要。企业需要定期召开战略规划执行会议，为各部门和员工提供一个交流的平台。在这些会议上，各部门可以汇报工作进展、分享经验教训、提出问题和建议，从而确保信息在各部门之间顺畅流通。

除了正式的会议，企业还应鼓励员工之间建立非正式的沟通渠道。这些渠道可以是日常的交流、内部社交平台等，让员工能够随时随地进行沟通和协作。当员工之间建立了良好的信任关系，他们就更愿意分享信息和资源，共同推动战略规划的实施。

有效的沟通机制还有助于企业及时发现和解决执行过程中的问题。当某个部门或个人遇到困难时，他们可以通过沟通机制迅速获得其他部门的支持和帮助。这种团队协作的精神不仅提高了执行效率，还增强了企业的凝聚力和向心力。

（四）强化执行力度与考核

为确保战略规划的严格执行，企业需要建立一套科学的考核指标体系。这些指标应与战略规划的目标和任务紧密相连，能够真实反映各部门的执行情况和工作成果。通过定期评估这些指标的变化情况，企业可以及时了解战略规划的实施进度和效果。

考核结果的应用也是强化执行力度的重要手段。企业应将考核结果与员工的晋升、薪酬等切身利益挂钩，对于那些在战略规划实施过程中表现优秀的员工给予适当的奖励和激励。这种正向的激励机制可以激发员工的积极性和创造力，推动他们更加努力地投入到工作中去。

同时，对于执行不力的部门和个人，企业也需要采取相应的惩罚措施。这种负向的激励机制可以起到警示作用，促使那些落后的部门和个人加快改进和提高。通过奖惩分明的考核方式，企业可以确保战略规划得到全面、有效的执行。

二、实施过程中的动态监控

（一）设立监控机构与制定流程

在战略规划实施过程中，企业需要设立专门的监控机构来负责动态监控工作。这个机构应具备独立性和权威性，能够客观、公正地对战略规划的执行情况进行实时跟踪和监测。为了确保监控的有效性，该机构还需要制定详细的监控流程和标准，明确监控的目标、内容、频率和方式等要素。

监控机构的工作不仅包括数据的收集和分析，还包括信息的反馈和报告。他们需要定期向决策层汇报战略规划的执行情况、存在的问题和改进建议，为决策层提供及时、准确的信息支持。同时，他们还需要与其他部门保持密切沟通，确保监控结果能够得到及时响应和有效处理。

（二）关注关键绩效指标

在动态监控过程中，企业应重点关注那些能够直接反映战略规划执行效果的关键绩效指标。这些指标可以是市场占有率、客户满意度、销售收入等财务指标，也可以是产品创新、员工满意度等非财务指标。通过对这些指标的实时监测和分析，企业能够迅速了解战略规划的实施效果和市场反应。

关键绩效指标的设定需要遵循 SMART 原则，即具体、可衡量、可达成、相关性强和时限明确。同时，指标的设定还需要考虑企业的实际情况和市场环境，确保指标具有挑战性和可实现性。在监测过程中，企业还需要根据实际情况对指标进行动态调整和优化，以确保指标始终与战略规划的目标保持一致。

（三）风险管理与应对预案

战略规划实施过程中难免会遇到各种内外部风险，因此建立风险管理和应对预案至关重要。企业应定期对潜在风险进行识别和评估，包括市场风险、技术风险、财务风险等各个方面。在识别风险的基础上，企业还需要制定相应的应对措施和预案，明确风险发生时的处理流程和责任分工。

为了提高员工的风险意识和应对能力，企业还需要加强相关的培训和教育工作。通过培训，员工可以了解风险管理的重要性和方法，掌握基本的应对技能和工具。当风险真正发生时，员工就能够迅速应对并减轻损失，确保战略规划的顺利实施。

（四）及时调整与优化策略

市场动态和内部条件的变化往往会对战略规划的实施产生影响，因此企业需要及时调整和优化策略以适应这些变化。调整的内容可以包括目标设定、资源配置、执行策略等各个方面。例如，当市场出现新的竞争对手或技术革新时，企业可能需要调整市场定位和产品策略以保持竞争优势。

为了确保调整的有效性和及时性，企业需要建立一套灵活的决策机制。这个机制应能够快速响应市场变化和企业内部条件的变化，及时调整战略规划的方向和实施策略。同时，企业还需要保持对外部环境的敏感性，定期评估市场环境的变化趋势和潜在影响，为决策层提供前瞻性的信息支持。

（五）保持灵活性与创新性

在战略规划实施过程中，企业需要保持灵活性和创新性以应对不断变化的市场环境。灵活性意味着企业能够快速适应市场变化并作出相应调整；创新性则要求企业不断探索新的市场机会和商业模式以保持竞争优势。

为了保持灵活性和创新性，企业需要培养一种开放和包容的文化氛围。这种氛围鼓励员工提出新的想法和建议、尝试新的方法和技术；同时也允许失败和犯错，将失败视为学习和成长的机会。在这样的文化氛围下，员工的创造力和创新精神得到充分发挥和释放，为企业的持续发展和成功提供源源不断的动力。

三、定期评估与反馈机制建立

在企业的战略规划实施过程中，定期评估与反馈机制的建立至关重要。这一机制能够确保企业及时了解战略规划的执行情况，发现问题并采取相应的改进措施，从而保障战略规划的有效实施。

（一）设定评估周期与标准

为确保战略规划的顺利实施，企业需要设定合理的评估周期和标准。评估周期可以根据企业的实际情况进行设定，如季度评估、半年评估或年度评估等。设定周期的目的是及时获取战略规划执行过程中的信息反馈，以便对策略进行调整或优化。

评估标准的制定则需要明确关键绩效指标，这些指标应该与战略规划的目标和策略紧密相关。例如，如果战略规划的目标是提高市场份额，那么关键绩效指标可以包括销售额、市场份额、客户满意度等。通过设定这些具体的、可衡量的指标，企业能够对战略规划的执行效果进行全面、客观的评价。

（二）收集与分析数据信息

在评估过程中，数据信息的收集与分析是关键。这些数据可以包括市场数据、销售数据、客户满意度调查等。通过对这些数据的深入分析，企业能够了解市场环境的变化、竞争态势以及自身的竞争地位。例如，市场数据的分析可以帮助企业发现新的市场机遇或潜在威胁；销售数据的分析可以揭示产品的销售趋势和客户需求的变化；客户满意度调查则可以反映客户对企业的产品和服务的满意程度，为企业改进产品和服务提供依据。

此外，企业还需要对收集到的数据进行深入挖掘和分析，以发现潜在的问题和机会。例如，通过对销售数据的分析，企业可能发现某些产品的销售额一直低迷，这可能是由于产品定价不合理、市场推广不足或产品质量存在问题等原因造成的。针对这些问题，企业需要进一步调查和分析，找出问题的根源并采取相应的改进措施。

（三）形成评估报告与建议

在收集和分析数据信息的基础上，企业需要形成详细的评估报告。这份报告应该包括战略规划的执行效果、存在的问题以及面临的挑战等方面的内容。同时，报告还需要提出具体的改进建议和优化措施。这些建议应该具有针对性和可操作性，能够切实帮助企业改进战略规划的执行效果。

例如，如果评估报告发现企业的市场份额有所下降，那么改进建议可以包括加强市场推广、优化产品组合、提高客户满意度等。这些建议需要具体明确，并附有相应的实施计划和时间表。通过实施这些改进措施，企业能够提升市场竞争力并重新夺回市场份额。

四、战略规划的调整与优化

在战略规划实施过程中，由于内外部环境的变化以及企业自身的发展情况，往往需要对战略规划进行调整和优化。这一过程旨在确保战略规划始终与市场需求和企业发展目标保持一致，从而推动企业持续稳健发展。

（一）审视内外部环境变化

战略规划的调整与优化首先需要企业对内外部环境进行深入的审视和分析。内部环境的变化可能包括企业组织结构调整、人力资源变动、技术升级等方面；外部环境的变化则可能涉及市场趋势、竞争态势、政策调整等方面。这些变化都可能对企业的战略规划产生影响，因此需要密切关注并及时应对。

例如，如果市场趋势发生变化，企业需要及时调整市场定位和产品策略以适应新的市场需求；如果竞争态势加剧，企业可能需要加大市场推广力度或寻求新的竞争优势；如果政策环境发生调整，企业可能需要调整经营策略以符合新的政策法规要求。

（二）调整目标与策略以适应变化

在审视内外部环境变化的基础上，企业需要对战略规划的目标和策略进行调整以适应新的形势。这可能涉及重新设定市场定位、优化产品组合、调整销售策略等方面。调整目标和策略的目的是确保战略规划始终与市场需求和企业发展目标保持一致，从而推动企业持续稳健发展。

例如，如果企业发现新的市场机遇，可以调整市场定位和产品策略以抓住这些机遇；如果面临激烈的市场竞争，可以优化销售策略以提高市场份额和盈利能力。这些调整需要充分考虑企业的实际情况和发展需求，确保调整后的战略规划具有可行性和可操作性。

（三）优化资源配置以提升效率

在战略规划调整过程中，企业还需要优化资源配置以提升效率。这包括合理分配人力、物力、财力等资源以确保各项工作的顺利开展；同时加强资源之间的协同和整合以提高资源的利用效率。优化资源配置的目的是降低成本、提高效益并为战略规划的顺利实施提供有力保障。

例如，企业可以根据新的战略规划调整人力资源配置，确保关键岗位得到充足的人力支持；同时加强部门之间的沟通和协作以实现资源共享和优势互补。这些措施能够帮助企业提高工作效率并降低运营成本，从而为战略规划的实施创造更好的条件。

（四）强化执行与监控以确保落地

为确保调整后的战略规划能够得到有效执行，企业需要强化执行与监控工作。这包括明确各级领导和员工的职责和任务、制定详细的实施计划并建立有效的沟通机制等方面；同时加强对执行情况的考核和奖惩力度以确保各项工作能够按照既定目标和计划顺利推进；此外还需要对战略规划的执行过程进行动态监控和评估以便及时发现问题并采取相应的改进措施。

例如，企业可以建立专门的战略规划执行团队负责具体的实施工作；同时制定详细的实施计划和时间表以确保各项任务能够按时完成；建立定期的汇报和反馈机制以便及时了解执行情况并采取相应的调整措施；加强对员工的培训和激励以提高他们的执行力和工作积极性。这些措施能够帮助企业确保战略规划的有效执行并取得预期的成果。

五、成果转化效果的衡量与评价

（一）设定成果转化目标与指标体系

为衡量和评价成果转化的效果，设定明确的目标和指标体系是至关重要的。这些目标和指标不仅要有可衡量性，确保我们能够准确地评估成果转化的进度和效果，还要有可达成性，避免设定过高或过低的目标导致失去动力或意义。同时，它们还应具有挑战性，激发团队的潜力和创新精神，推动成果转化工作不断向前发展。

在设定目标和指标体系时，我们需要充分考虑成果转化的特点和市场环境。例如，针对新产品销售额这一指标，我们可以设定具体的增长目标和市场份额目标，以衡量新产品在市场上的表现。同时，我们还可以设定客户满意度指标，通过调查问卷等方式收集客户反馈，评估新产品或服务的质量和客户满意度水平。

除了具体的量化指标，我们还可以设定一些定性的目标和指标，如新产品的创新性、技术领先程度等。这些目标和指标可以通过专家评估、行业对比等方式进行衡量和评价，以更全面地反映成果转化的实际效果。

在设定目标和指标体系的过程中，我们还需要注重与团队成员的沟通和协作。通过充分讨论和征求意见，确保目标和指标的设定既符合实际情况又具有挑战性，激发团队的积极性和创造力。同时，我们还要建立定期评估和调整机制，根据市场变化和团队实际情况对目标和指标进行动态调整，确保它们的时效性和有效性。

（二）收集与分析成果转化数据

设定了目标和指标体系后，接下来的重要步骤是收集与分析相关的成果转化数据。这些数据是评估成果转化效果的重要依据，也是我们优化和改进工作的重要参考。

首先，我们需要建立完善的数据收集机制。这包括明确数据来源和渠道，如销售数据、市场调研数据、客户反馈等。同时，我们还要确保数据的准确性和完整性，避免因数据错误或遗漏导致评估结果的失真。

其次，我们需要运用科学的数据分析方法对收集到的数据进行深入剖析。这包括使用统计学方法、趋势分析、对比分析等手段，从多个角度和层面挖掘数据中的信息和规律。例如，我们可以通过对比新产品销售数据和市场整体数据，分析新产品在市场中的竞争力和增长潜力；通过客户反馈数据分析客户对新产品的满意度和期望，为产品改进和优化提供方向。

此外，我们还需要注重数据的可视化呈现。通过图表、报告等形式将复杂的数据以直观、清晰的方式展示出来，帮助我们更好地理解数据分析结果和做出决策。同时，可视化呈现还可以提高团队成员对数据的认知和理解能力，促进团队协作和沟通。

（三）评价成果转化效果与价值

在完成数据收集和分析后，我们需要对成果转化的效果和价值进行客观、全面的评价。这不仅是衡量我们工作成果的重要环节，也是为后续战略规划提供有力支持的关键步骤。

首先，我们需要根据设定的目标和指标体系对成果转化的实际效果进行评估。通过对比实际数据与目标和指标之间的差距，分析成果转化的优势和不足以及存在的原因。这可以帮助我们明确改进的方向和重点。

其次，我们需要从多个角度和层面评价成果转化的价值。除了直接的经济效益如销售额、利润等,还要考虑间接效益如品牌提升、市场份额增加等以及长期效益如技术积累、人才培养等。这样可以更全面地反映成果转化的价值和意义。

在评价过程中,我们还需要注重客观性和公正性。避免因个人主观因素或利益关联导致评价结果的失真。为此,我们可以邀请外部专家或第三方机构参与评价过程提供独立、专业的意见和建议。

(四)识别成功要素与经验总结

在评价成果转化效果的过程中,识别成功的要素和经验总结同样重要。这可以帮助我们深入了解哪些因素促成了成果转化的成功,为未来的工作提供宝贵的经验和借鉴。

首先,我们需要分析成功的市场策略。这包括产品定位、市场推广、渠道选择等方面。通过剖析成功的市场策略,我们可以了解哪些做法有效地提升了产品的知名度和竞争力,为未来的市场推广提供有益的参考。

其次,我们需要关注创新点在成果转化中的作用。创新是推动成果转化的核心动力,也是提升产品竞争力和附加值的关键。通过分析创新点在产品设计、功能实现等方面的应用,我们可以了解如何将创新理念转化为实际的产品优势和市场竞争力。

此外,团队协作也是成果转化过程中不可忽视的重要因素。一个高效、协作的团队能够形成强大的合力,推动成果转化工作不断向前发展。因此,我们需要总结团队协作中的成功经验和做法,如有效的沟通机制、明确的职责分工等,为未来的团队协作提供有益的借鉴。

(五)持续改进与优化成果转化流程

最后,根据评价结果和市场反馈,我们需要持续改进和优化成果转化流程。这是一个持续不断的过程,需要我们始终保持敏锐的市场触觉和创新精神,不断适应市场变化和技术发展趋势。

首先,我们需要针对评价过程中发现的问题和不足进行改进和优化。这包括优化产品设计以提升用户体验、改进生产工艺以提高生产效率等。通过针对性地改进和优化,我们可以不断提升产品的质量和竞争力,满足市场和客户的需求。

其次，我们需要关注市场反馈和客户需求的变化。市场是不断变化的，客户的需求和期望也会随之改变。因此，我们需要定期收集和分析市场反馈和客户需求数据，及时调整产品策略和市场策略以适应市场的变化。同时，我们还要积极与客户保持沟通和互动，了解他们的真实需求和期望，为产品的持续改进和优化提供方向。

最后，我们还需要建立长效的改进和优化机制。通过制定定期评估计划、建立问题反馈渠道、鼓励团队成员提出改进建议等方式，确保我们能够及时发现和解决问题，不断优化和完善成果转化流程。这样可以帮助我们不断提升成果转化的效率和质量，为企业的持续发展和创新提供有力支持。

第三章　组织架构与成果转化

第一节　组织架构对成果转化的影响

一、组织架构的定义与类型

（一）组织架构的定义

组织架构，作为一个组织内部的核心构造，不仅仅是一个简单的结构图表或职位排列。它实际上是一个复杂而精细的体系，定义了组织内部各部门、各职位之间的关系、互动方式以及权力和责任的分配。从更深的层次来看，组织架构是组织为实现其长期和短期目标而精心设计和配置的人员、工作、资源以及信息流动的模式。这种配置不是随意的，而是基于组织的战略方向、市场环境、业务需求以及员工的技能和专长。

组织架构反映了组织内部的分工和协作方式，明确了谁负责什么、谁向谁报告以及决策权如何分配。它还揭示了组织的管理层次，从高层管理者到基层员工，每一层级都有其特定的角色和职责。这种层次结构不仅有助于确保组织的稳定性和连续性，还有助于在组织内部建立清晰的权力和责任体系。

（二）组织架构的类型

组织架构的类型多种多样，每种类型都有其独特的优点和适用范围。以下是对几种常见组织架构类型的详细分析。

直线制：这种组织架构适用于小型组织或业务单一的组织。它的特点是权力集中，决策迅速，责任明确。在这种架构中，每个员工都直接向一个上级报告，形成一个清晰的指挥链。然而，随着组织规模的扩大和业务复杂性的增加，直线制可能会变得过于僵硬和不灵活，无法适应快速变化的市场环境。

职能制：职能制组织架构适用于需要专业分工和协作的大型组织。它将相似的职能或业务活动组合在一起，形成专门的职能部门，如市场部、财务部、人力资源部等。这种架构有助于提高工作效率和专业水平，但也可能导致部门间的沟通障碍和本位主义。

事业部制：事业部制适用于多元化经营的组织。在这种架构中，组织按照产品或地区划分成若干个独立的事业部，每个事业部都有自己的市场、客户和竞争对手。事业部制有助于组织更好地适应市场变化和客户需求，激发内部创新和竞争活力。但同时也可能导致资源重复配置、协调成本增加以及内部竞争过度等问题。

矩阵制：矩阵制组织架构结合了职能制和事业部制的元素，适用于需要跨部门协作和快速响应的项目型组织。在这种架构中，员工同时向两个或更多的上级报告，形成一个矩阵式的组织结构。矩阵制有助于加强部门间的沟通和协作，提高项目执行效率和质量。但也可能导致权责不清、决策缓慢以及员工角色冲突等问题。

二、组织架构对内部沟通的影响

组织架构作为组织内部各部门和职位之间的结构关系，对内部沟通产生着深远的影响。以下从沟通效率、信息共享、员工参与度和组织文化四个方面进行分析。

（一）影响沟通效率

组织架构的设计直接决定了内部沟通的路径和方式，从而影响沟通效率。在层级过多、部门壁垒森严的组织中，信息在传递过程中需要经过多个层级和部门的过滤和解释，容易导致信息失真、延误甚至丢失。这种沟通障碍不仅降低了工作效率，还可能引发误解和冲突。相反，在扁平化、开放式的组织架构中，信息传递的层级和障碍大大减少，员工之间可以更直接、更快速地进行沟通和交流。这种高效的沟通方式有助于组织快速响应市场变化和客户需求，提高竞争力。

（二）影响信息共享

组织架构还影响着组织内部的信息共享程度。在职能制或事业部制的组织中，各部门往往各自为政，缺乏信息共享和协作的意识。这种"信息孤岛"现象不利于组织整体目标的实现和成果转化。因为在一个高度分工和协作的现代组织中，任何一个部门或个人的成功都离不开其他部门的支持和配合。而在矩阵制或团队式的组织中，跨部门协作和信息共享成为常态。员工之间需要频繁地进行沟通和交流，共同解决问题和完成任务。这种协作氛围有助于打破部门壁垒，促进信息在组织内部的自由流动和共享。

（三）影响员工参与度

组织架构的设计也直接影响着员工的参与度和归属感。在民主、开放的组织架构中，员工有更多机会参与决策和规划过程，从而提高其工作积极性和归属感。这种参与式的管理方式不仅可以激发员工的创造力和创新精神，还有助于培养员工的责任感和使命感。相反，在集权、封闭的组织架构中，员工往往只能被动地接受指令和任务，缺乏参与感和归属感。这种管理方式容易导致员工对工作失去兴趣和热情，甚至产生抵触情绪和离职倾向。

（四）影响组织文化

组织架构作为组织运行的基础和骨架，对组织文化的形成和发展具有重要影响。在强调团队协作、创新开放的组织架构中，容易形成积极向上、富有创新精神的组织文化。这种文化鼓励员工勇于尝试新事物、提出新观点并相互支持合作。这种文化氛围有助于激发员工的创造力和创新精神并促进成果转化。相反在僵化、封闭的组织架构中则容易形成保守、排他的组织文化不利于创新和发展。

三、组织架构对决策流程的影响

（一）影响决策速度

组织架构作为企业内部权力与责任的分配体系，其设计直接关系到决策流程的速度。在传统的、层级较多的组织架构中，决策权往往高度集中于顶层管理者手中。这种集权式的决策模式虽然在一定程度上确保了决策的统一性和权威性，但也带来了显著的问题：决策过程烦琐冗长。信息在层级间传递时，不仅可能遭遇延误，还可能因为各层级的过滤和解读而失真。当市场机遇稍纵即逝时，这种缓慢的决策流程往往导致企业错失良机。

相比之下，扁平化、分权式的组织架构则能有效提升决策速度。在这样的架构中，决策权被更多地下放给中层甚至基层管理者。由于减少了决策层级，信息能够更快地传递到决策者手中，同时决策者也能更直接地了解一线情况，从而做出更迅速、更贴近实际的决策。此外，分权式决策还有助于培养组织内部的响应能力和灵活性，使员工在面对变化时能够更快地做出调整。

（二）影响决策质量

除了速度，组织架构还对决策的质量产生深远影响。在集权式的组织架构中，高层管理者由于时间、精力以及信息获取渠道的限制，可能无法全面掌握决策所需的各类信息。此外，高层管理者还可能受到个人经验、偏好以及认知偏差的影响，导致决策偏离最优方向。这些问题在复杂多变的商业环境中尤为突出。

而在分权式或团队式的组织架构中，决策过程更加开放和包容。更多员工有机会参与到决策过程中来，提供来自一线的真实反馈和多样化建议。这种参与式决策不仅能够集思广益、降低决策风险，还有助于提升员工的归属感和工作积极性。同时，通过跨部门、跨层级的团队协作，组织能够更全面地了解问题、更深入地分析原因、更准确地预测结果，从而做出更高质量的决策。

（三）影响决策执行

组织架构不仅影响决策的制定过程，还直接关系到决策的执行效果。在职能制或事业部制的组织中，各部门往往拥有相对独立的权力和利益诉求。当某项决策涉及多个部门时，这些部门可能因为利益冲突或沟通不畅而产生抵触情绪或执行不力的情况。这种内部摩擦不仅削弱了决策的执行效果，还可能对组织的整体绩效产生负面影响。

而在矩阵制或团队式的组织中，跨部门协作和利益共享成为常态。通过建立横向协作机制和共享利益平台，组织能够打破部门壁垒、促进资源整合与信息共享。在这样的环境中，员工更加愿意为了共同的目标而努力工作，从而保障决策的有效执行。同时，这种协作式的组织架构还有助于培养员工的团队协作精神和全局意识，为组织的长期发展奠定坚实基础。

（四）影响风险管理

组织架构的设计还直接关系到组织的风险管理能力。在集权式的组织架构中，高层管理者往往拥有对风险的最终决策权。然而，由于权力过度集中和信息不对称等问题，高层管理者可能无法及时发现和应对所有潜在风险。此外，集权式决策还可能导致风险应对策略的单一化和僵化化，使组织在面对复杂多变的风险环境时缺乏灵活性和适应性。

而在分权式或团队式的组织架构中，更多员工有机会参与到风险管理过程中来。通过建立全员风险管理意识和培训机制，组织能够提升员工对风险的识别、评估和控制能力。同时，分权式决策还有助于组织在面对风险时做出更快速、更灵活的应对。通过跨部门协作和信息共享，组织能够更全面地了解风险状况、更准确地评估风险影响、更有效地制定风险应对策略。这种全员参与、灵活应对的风险管理模式有助于提升组织的风险管理能力和整体绩效。

四、组织架构对创新氛围及成果转化的作用

（一）激发创新精神

组织架构的设计对于企业内部创新氛围的形成和维持具有至关重要的作用。在扁平化、开放式的组织架构中，权力下放和横向沟通机制的建立使得员工有更大的自主权和话语权。这种环境有利于消除等级观念和官僚作风，营造一种轻松自由的工作氛围。在这样的氛围中，员工更加敢于尝试新事物、提出新观点，因为他们知道自己的想法和创意会得到重视和支持。这种创新精神的激发为成果转化提供了源源不断的动力和支持。

同时，扁平化组织架构还有助于缩短信息传递链条，加快信息反馈速度。这使得员工能够及时获取市场动态和客户需求信息，从而迅速调整产品策略和创新方向。这种快速响应市场变化的能力也是创新成功的重要因素之一。

（二）促进团队协作

团队式或矩阵制的组织架构强调跨部门协作和利益共享，这有助于打破部门壁垒和促进团队协作。在传统的职能制组织架构中，各部门往往各自为政、缺乏有效沟通与合作。这种孤立的状态不仅导致资源浪费和效率低下，还可能

因为部门间的利益冲突而阻碍创新活动的推进。

而在团队式或矩阵制的组织架构中，员工被鼓励跨部门合作、共同解决问题。通过建立跨部门协作机制和共享利益平台，组织能够促进不同部门之间的资源整合和信息共享。这种团队协作的精神和氛围使得员工更加愿意分享知识、经验和资源，共同推动创新项目的进展。这种紧密协作的关系不仅提升了创新效率和质量，还为成果转化的成功奠定了坚实基础。

（三）优化资源配置

合理的组织架构能够优化资源配置，确保人、财、物等资源在各部门之间得到合理分配和有效利用。在组织架构的设计过程中，组织需要充分考虑各部门的功能定位、业务需求以及资源配置情况等因素。通过科学合理的资源配置方案，组织能够避免资源的浪费和重复投入，同时确保关键部门和项目得到足够的支持。这种优化资源配置的方式有助于提升组织的整体绩效和成果转化效率。

此外，优化资源配置还包括对人力资源的合理配置和开发。在组织架构中，组织需要关注员工的职业发展路径和晋升机会等问题。通过制定合理的职业发展规划和晋升机制等措施，组织能够激发员工的工作积极性和创造力，为成果转化提供有力的人才保障。

（四）强化组织学习

组织架构的设计还应强调组织学习能力的培养和提升。在当前快速变化的市场环境中，持续学习和改进已经成为企业保持竞争优势的关键。通过建立完善的学习机制、知识管理体系以及激励机制等措施，组织能够鼓励员工不断学习新知识、新技能并分享给其他成员。这种组织学习的氛围和能力有助于提升员工的综合素质和创新能力，为成果转化提供有力的人才保障和智力支持。同时，通过不断学习和改进，组织也能更好地适应外部环境的变化和挑战，保持持续竞争优势。在这个过程中，组织架构的设计需要充分考虑如何促进组织内部的知识流动和经验分享，从而推动创新活动的持续开展和成果转化的成功实现。

第二节　构建有利于成果转化的组织架构

一、灵活性与适应性的组织架构设计

在快速变化的市场环境中,企业的组织架构设计对于其灵活性和适应性至关重要。一个能够适应市场变化、快速响应的组织架构,将为企业带来更多的竞争优势和创新机会。

(一)组织架构的扁平化设计

传统的组织架构往往采用多层次、官僚式的设计,这种设计在过去可能曾经有效,但在今天的市场环境中却显得过于僵化和低效。多层次的设计导致决策缓慢,信息流通不畅,使得企业难以快速响应市场变化和内部创新需求。因此,为增强组织架构的灵活性与适应性,企业应首先考虑扁平化设计。

扁平化设计通过减少管理层级、拓宽管理幅度,使组织更加紧凑、高效。在这样的架构下,决策权下放,员工拥有更多的自主权和决策参与权。这不仅提高了员工的积极性和参与度,还使得企业能够更快地响应市场变化,把握创新机会。同时,扁平化设计还有助于促进企业内部的信息流通和知识共享,从而推动成果转化和持续创新。

(二)弹性团队的构建

除了组织架构的扁平化设计,企业还应构建弹性团队以进一步增强灵活性和适应性。弹性团队是一种根据项目需求和市场变化灵活组建的团队形式。这些团队的成员来自不同的部门和背景,具备多样化的技能和知识。他们能够根据项目的需要快速集结,共同完成任务后又可以迅速解散,投入到新的项目中。

弹性团队的存在使得企业能够迅速调配资源,集中优势兵力攻克难关。这种灵活性不仅有助于加速成果转化的进程,还能够提高企业的创新能力和市场竞争力。同时,弹性团队还能够促进企业内部的跨部门合作和知识共享,打破部门壁垒,形成更加开放、协作的企业文化。

(三)组织架构的动态调整

市场环境和企业发展阶段的变化是不可避免的,因此组织架构也需要进行

动态调整以适应这些变化。企业应定期评估组织架构的适应性和有效性，根据评估结果及时调整部门设置、职责划分和人员配置。这种动态调整的能力使得企业能够始终保持与市场变化的同步，确保组织架构始终服务于成果转化这一核心目标。

在进行动态调整时，企业需要充分考虑市场趋势、竞争状况以及自身的发展战略等因素。同时，还需要关注员工的反馈和需求，确保调整能够得到员工的认可和支持。通过科学合理的动态调整，企业可以构建一个更加灵活、高效和适应性强的组织架构，为未来的发展奠定坚实的基础。

二、跨部门协作与团队建设的策略

在现代企业中，跨部门协作与团队建设是实现成果转化的关键。由于各个部门在职能、资源和目标上存在差异，如何促进它们之间的有效协作成为企业面临的重要挑战。以下是一些建议的策略。

（一）建立跨部门沟通机制

为实现有效的跨部门协作，首先需要建立良好的沟通机制。企业应定期召开跨部门会议，为各部门提供一个共同交流和讨论的平台。这些会议可以围绕特定的项目或议题展开，以确保信息共享和资源互通。此外，设立跨部门协作小组也是一种有效的沟通机制。这些小组可以由来自不同部门的员工组成，共同负责特定项目或任务的推进。通过小组内的紧密合作，可以打破部门间的壁垒，促进信息共享和问题解决。

（二）培养团队协作精神

团队协作精神是跨部门协作的基石。企业应通过各种途径培养员工的团队协作精神，使员工能够相互信任、相互支持。这可以通过定期的团队建设活动、培训课程以及激励机制来实现。当员工真正将团队协作内化为自己的行为准则时，跨部门协作的效率和效果将得到显著提升。同时，培养团队协作精神还有助于增强企业的凝聚力和向心力，为企业的长期发展奠定基础。

（三）明确跨部门协作的职责与分工

为确保跨部门协作的顺利进行，企业需要明确各部门的职责与分工。这可以通过制定详细的职责清单和协作流程来实现。职责清单应明确各部门在协作过程中的具体职责和任务，避免出现职责不清、推诿扯皮的现象。协作流程则应详细描述各部门在协作过程中的工作流程和衔接方式，以确保协作的顺畅进行。明确的职责与分工不仅提高了协作效率，还为成果转化的顺利实施提供了有力保障。

（四）建立跨部门协作的激励机制

为鼓励员工积极参与跨部门协作，企业需要建立相应的激励机制。这些机制可以包括跨部门协作的绩效考核、奖励制度以及晋升通道等。通过将这些激励措施与员工的个人利益相结合，可以引导员工主动寻求跨部门合作的机会，积极参与成果转化项目。同时，企业还可以通过树立跨部门协作的榜样和典型案例，来激发其他员工的参与热情和积极性。当跨部门协作成为企业文化的重要组成部分时，企业的创新能力和市场竞争力将得到显著提升。

三、激励机制与成果转化动力

（一）设立成果转化奖励制度

为充分激发员工的创新热情和成果转化动力，企业应当精心设立一套专门的成果转化奖励制度。这套制度的核心在于，通过给予员工实实在在的奖励，让他们感受到自己的努力和成果得到了应有的认可和回报。奖励的形式可以多样化，既包括物质奖励，如奖金、股票期权等，让员工在经济上得到实惠；又包括非物质奖励，如荣誉称号、晋升机会等，满足员工的精神需求和职业发展期望。

在实施过程中，企业应当确保奖励制度的公平、透明和可操作性。评选标准和流程应当公开明确，避免出现暗箱操作或人为干扰的情况。同时，企业还要定期对奖励制度进行评估和调整，确保其始终与市场需求和企业发展目标保持一致。通过这样的奖励制度，企业可以成功营造一种鼓励创新、尊重成果的文化氛围，使员工更加积极主动地投入到成果转化工作中去，推动企业的持续发展和创新升级。

（二）建立与成果转化挂钩的绩效考核体系

除了设立专门的奖励制度，企业还需要建立与成果转化挂钩的绩效考核体系。这一体系的核心在于，将成果转化的成效作为评价员工和团队绩效的重要指标之一。这样一来，员工就会更加关注成果转化的实际效果，而不仅仅是过程或形式。

在实施过程中，企业应当制定明确的考核标准和流程，确保考核的公正性和客观性。同时，企业还要建立有效的反馈机制，及时与员工沟通考核结果和改进方向，帮助他们更好地提升自己的工作能力和成果转化效率。通过这样的绩效考核体系，企业可以更加全面地评价员工的工作表现，选拔出真正具备创新能力和成果转化实力的人才，为企业的长期发展奠定坚实的基础。

（三）提供多样化的职业发展路径

为满足不同员工的职业发展需求，企业应当积极提供多样化的职业发展路径。这些路径既要包括传统的管理通道，让员工有机会晋升到更高的职位，承担更大的责任；又要包括专业通道，让员工可以在自己擅长的领域深入发展，成为专家型人才；还要包括跨部门发展通道，让员工有机会接触到不同的业务领域和工作环境，拓展自己的视野和能力。

在实施过程中，企业应当根据员工的个人特点和职业发展需求，为他们量身定制合适的职业发展路径。同时，企业还要提供必要的培训和支持，帮助员工提升自己的职业技能和综合素质，为他们的职业发展创造有利条件。通过这样的职业发展路径设计，企业不仅可以留住优秀人才，还能激发员工的工作热情和创新精神，为成果转化培养更多具备不同背景和技能的优秀人才。

四、领导层在构建支持性组织架构中的角色

（一）明确领导层的角色定位

在构建有利于成果转化的组织架构过程中，领导层的作用至关重要。他们不仅是组织架构的设计者和决策者，负责制定和实施相关战略和政策；更是推动者和监督者，需要积极引导和激励员工参与到成果转化工作中去，并对整个过程进行有效的监督和管理。因此，领导层必须明确自己在成果转化过程中的

角色定位，充分发挥领导力和影响力，为组织架构的优化和成果转化的实现提供有力支持。

具体来说，领导层需要密切关注市场动态和企业发展需求，准确把握成果转化的方向和目标；同时，他们还要深入了解员工的想法和需求，积极倾听他们的意见和建议，为制定更加符合实际的政策和措施提供有力依据。在实施过程中，领导层需要以身作则、率先垂范，通过自己的言行举止为员工树立榜样和标杆；同时，他们还要加强与员工之间的沟通和交流，及时传递企业的价值观和文化理念，增强员工的认同感和归属感。

（二）营造支持性组织氛围

除了明确角色定位，领导层还需要通过言行举止营造出一种支持性组织氛围。这种氛围应当鼓励员工敢于尝试、勇于创新，不怕失败和错误；同时，还应当倡导团队协作和跨部门合作的精神，推动各部门之间形成紧密配合、共同发展的良好局面。在这样的氛围中，员工将更加自信、勇敢地追求创新，为成果转化提供更多有价值的思路和方案。

为营造这样的氛围，领导层需要采取一系列具体措施。例如，他们可以定期组织团队建设活动或培训项目，增强员工之间的凝聚力和信任感；同时，他们还可以建立有效的激励机制和奖惩制度，对在成果转化过程中做出突出贡献的员工给予及时表彰和奖励。此外，领导层还可以通过定期召开座谈会或设置意见箱等方式收集员工的意见和建议，及时了解他们的需求和困难并给予积极回应和帮助。

（三）提供必要的资源和支持

为确保成果转化的顺利进行并取得预期效果，领导层需要提供必要的资源和支持。这些资源既包括资金、设备、技术等物质资源以保障项目正常开展和运行；又包括人才、信息等非物质资源以提供智力支持和决策依据。领导层应当根据成果转化项目的实际需求和进展情况合理配置和调度这些资源，确保项目能够得到充分保障和有力支撑。

同时，领导层还要关注员工在成果转化过程中的困难和需求并及时提供指导和帮助。他们可以通过设置专门的项目管理团队或指定专门的负责人来跟踪项目进度并及时解决相关问题；同时，他们还可以建立有效的沟通机制和反馈渠道，及时了解员工的想法和建议并给予积极回应和处理。通过这样的方式，领导层可以为员工排忧解难、创造有利条件推动他们更加积极地投入到成果转化工作中去。

（四）持续推动组织架构优化与调整

最后但同样重要的是，领导层需要持续推动组织架构的优化与调整以适应不断变化的市场环境和企业发展需求。他们应当密切关注市场动态和行业发展趋势定期组织对组织架构的评估和审查工作以及时发现问题并进行改进。同时，他们还要根据企业的战略目标和实际发展情况，对组织架构进行适时的调整和优化，包括部门设置、职责划分、人员配置等方面的更新和完善。

通过这样的持续优化与调整，企业的组织架构将更加灵活高效，能够更好地适应市场变化和企业发展需求，为成果转化的实现提供有力保障。同时，这也将有助于激发员工的创新活力和工作热情，推动他们为企业创造更多的价值和成果。因此，领导层在构建支持性组织架构中的角色不可忽视，他们必须充分发挥自己的领导力和影响力，为企业的长期发展和创新升级贡献智慧和力量。

第三节　组织架构变革与管理

一、识别变革的需求与时机

组织架构变革是企业适应市场变化、实现持续发展的关键环节。然而，变革并非随时随地都能进行，而是需要准确识别变革的需求与时机。以下将从业务发展与市场变化、技术进步与创新需求以及内部管理与运营效率三个方面，详细阐述如何识别组织架构变革的需求与时机。

（一）业务发展与市场变化

随着企业业务的不断拓展和市场的日益变化，原有的组织架构可能逐渐暴露出无法适应新需求的弊端。例如，当企业需要进军新的业务领域、开发具有竞争力的新产品或服务时,原有的组织架构可能因缺乏灵活性、创新性而无法迅速响应。此外,市场竞争加剧也可能导致企业需要调整组织架构以更好地应对市场挑战。

在这种情况下,企业需要对市场趋势进行深入研究,分析业务发展需求,并评估现有组织架构的适应性和灵活性。如果现有组织架构无法满足新的业务需求或市场变化,那么企业就需要考虑进行组织架构变革,以便更好地适应市场和业务的发展。

(二)技术进步与创新需求

技术的持续进步和创新为企业带来了新的发展机遇,同时也对企业组织架构提出了更高的要求。例如,数字化、自动化、人工智能等新技术的广泛应用,要求企业具备与之相适应的组织架构,以便更好地整合和利用这些技术资源。此外,创新需求也要求企业拥有更加开放、灵活的组织架构,以激发员工的创新精神和主动性。

因此,企业需要密切关注技术发展趋势,评估新技术对组织架构的影响,并思考如何通过组织架构变革来更好地整合和利用新技术资源。同时,企业还需要营造一种鼓励创新的文化氛围,通过灵活的组织架构来激发员工的创新精神,推动企业的持续发展。

(三)内部管理与运营效率

企业内部管理和运营效率是衡量组织架构是否有效的重要指标。如果企业发现内部管理存在瓶颈,如决策缓慢、沟通不畅、资源浪费等问题,或者运营效率低于行业平均水平,那么就需要深入剖析这些问题的根源,并考虑是否需要对组织架构进行变革。

针对这些问题,企业可以通过对内部管理流程进行梳理和优化、引入先进的管理工具和方法、提高员工素质和技能等方式来改善运营效率。然而,如果这些问题的根源在于组织架构本身,如部门设置不合理、职责划分不清晰等,那么企业就需要考虑进行组织架构变革,从根本上解决这些问题,提高内部管理和运营效率。

二、组织架构变革的规划与实施

识别了变革的需求与时机后，企业需要制定详细的组织架构变革规划，并按照规划逐步实施变革。以下将从明确变革目标与策略、设计新的组织架构与流程、制定实施计划与时间表以及实施变革并监控进度四个方面，阐述如何进行组织架构变革的规划与实施。

（一）明确变革目标与策略

在进行组织架构变革之前，企业首先需要明确变革的目标和策略。变革目标应该具体、明确，与企业的战略发展规划相一致。例如，企业可以通过市场调研和内部分析，确定变革后需要达到的业务规模、市场份额、客户满意度等指标，并将这些指标作为变革目标。

变革策略则需要考虑企业的实际情况和市场环境，选择适合的变革方式和路径。例如，企业可以选择渐进式变革或激进式变革，根据企业的承受能力和市场变化来逐步推进变革。同时，还需要考虑如何平衡变革过程中的稳定性和灵活性，确保变革的顺利进行。

（二）设计新的组织架构与流程

明确变革目标与策略后，企业需要设计新的组织架构和流程。这包括确定新的部门设置、职责划分、人员配置等。在设计新的组织架构时，企业需要充分考虑业务需求和市场变化，确保新的组织架构能够更好地支持业务发展。同时，还需要关注员工的发展和成长，为员工提供更多的职业发展机会。

此外，优化业务流程也是提高运营效率的关键环节。企业需要对现有业务流程进行梳理和分析，找出存在的问题和瓶颈，并设计更加高效、合理的业务流程。这不仅可以提高工作效率，还可以降低运营成本，提高企业的竞争力。

（三）制定实施计划与时间表

为确保变革的顺利进行，企业需要制定详细的实施计划和时间表。实施计划应该包括各个阶段的具体任务、负责人、完成时间等，确保每个阶段的工作都有明确的目标和计划。时间表则需要明确整个变革过程的起止时间和关键节点，以便企业对变革进度进行监控和评估。

在制定实施计划和时间表时，企业需要充分考虑实际情况和资源限制，确保计划的可行性和可操作性。同时，还需要与相关部门和人员进行充分沟通和协调，确保变革过程中能够得到各方的支持和配合。

（四）实施变革并监控进度

最后，企业需要按照实施计划和时间表逐步实施变革，并监控进度。这包括组织相关人员进行培训、沟通、协调等工作，确保变革的顺利进行。在变革过程中，企业需要密切关注员工的反应和变化，及时调整变革策略和计划，确保变革能够得到员工的认可和支持。

同时，建立监控机制也是确保变革成功的重要环节。企业可以通过定期汇报、进度评估等方式对变革进度进行监控和评估，及时发现问题并采取相应的改进措施。这不仅可以确保变革的顺利进行，还可以为企业未来的持续发展奠定坚实的基础。

三、变革过程中的员工沟通与参与

组织架构的变革是企业发展中的关键环节，它涉及权力、资源、流程、职责等各个方面的重新配置。在这个过程中，员工的沟通和参与不仅影响着变革的顺利进行，还直接关系到变革后的组织效能和员工的满意度。因此，企业在推动组织架构变革时，必须高度重视员工的沟通与参与。

（一）建立有效的沟通机制

沟通是变革成功的关键，它能够帮助企业传递变革的理念、目标和要求，消除员工的疑虑和不安，增强员工对变革的认同感和支持度。为了建立有效的沟通机制，企业需要采取多种措施。

首先，定期组织会议是传递变革信息和收集员工反馈的重要途径。通过会议，企业可以向员工详细介绍变革的背景、目的和计划，解答员工的疑问和困惑，同时了解员工对变革的看法和建议。为了确保会议的有效性，企业需要提前制定会议议程和资料，明确会议的目标和参与者，并在会议后及时进行总结和反馈。

其次，发布通知和公告是及时向员工传递变革信息的有效方式。企业可以通过内部网站、电子邮件、公告板等多种渠道发布通知和公告，确保员工能够及时了解变革的进展和要求。同时，企业还需要注意通知和公告的准确性和清晰度，避免引起员工的误解和疑虑。

最后，建立内部网站或员工论坛等互动平台是促进员工之间沟通和交流的重要方式。通过这些平台，员工可以随时随地分享自己的想法和经验，提出问题和建议，与其他员工进行交流和讨论。这种互动式的沟通方式不仅可以增加员工的参与感和归属感，还可以帮助企业及时发现和解决变革中存在的问题和挑战。

（二）鼓励员工参与变革过程

除了建立有效的沟通机制，企业还需要鼓励员工积极参与变革过程。员工的参与不仅可以增加变革的可行性和接受度，还可以提高员工的归属感和满意度。为了实现这一目标，企业可以采取以下措施。

首先，征求员工的意见和建议是尊重员工主体地位和发挥员工智慧的重要途径。企业可以通过问卷调查、面对面访谈等方式收集员工对变革的看法和建议，认真分析和评估员工的意见和建议，并将其纳入变革方案中。这样可以增加员工对变革的认同感和支持度，同时提高变革方案的科学性和可行性。

其次，组织员工参与变革方案的制定和实施过程是培养员工责任感和使命感的重要方式。企业可以邀请员工代表参与变革方案的讨论和制定过程，听取他们的意见和建议，并在实施过程中给予他们一定的权力和责任。这样可以让员工感受到自己的价值和重要性，更加积极地投入到变革中来。

最后，建立激励机制是鼓励员工积极参与变革的有效手段。企业可以通过设立奖励制度、晋升机会等方式激励员工积极参与变革过程，并对在变革中做出突出贡献的员工给予表彰和奖励。这样可以激发员工的积极性和创造力，推动变革的顺利进行。

（三）提供必要的培训和支持

组织架构的变革往往伴随着新的工作职责、流程和技能要求。为确保员工能够适应新的组织架构和工作要求，企业必须提供必要的培训和支持。这些培训和支持应该涵盖新的工作职责、流程、技能和工具等方面，以帮助员工顺利过渡到新的工作环境。

首先，企业需要组织相关的培训课程和研讨会，为员工提供系统的学习机会。这些课程可以包括新的工作流程、技能提升、团队协作等方面的内容，以帮助员工全面掌握新的工作要求。同时，企业还可以邀请外部专家或顾问为员工提供专业的指导和建议，让员工能够更好地适应变革带来的挑战。

其次，提供学习资源和指导也是帮助员工适应新环境的重要手段。企业可以建立在线学习平台或图书馆，提供丰富的学习资源和资料，让员工能够随时随地学习和提升自己。此外，企业还可以制定详细的学习计划和指导手册，引导员工逐步掌握新的知识和技能。

最后，持续关注员工的适应情况和反馈也是至关重要的。企业需要定期评估员工的培训效果和适应程度，及时发现和解决存在的问题和困难。同时，企业还需要鼓励员工积极反馈自己的意见和建议，以便进一步完善培训和支持体系。

四、变革阻力与应对策略

尽管组织架构变革对企业发展具有重要意义，但在实际推动过程中，往往会遇到各种阻力和挑战。这些阻力可能来自员工、管理层、股东等多个方面，对变革的顺利进行构成威胁。因此，企业需要认真分析变革阻力的来源和性质，并采取相应的应对策略和措施来化解这些阻力。

（一）识别变革阻力的来源

变革阻力的来源多种多样，可能包括员工对变革的恐惧和不确定性、对原有工作习惯和流程的依赖、对变革后权益和地位的担忧等。这些阻力不仅会影响变革的进度和效果，还可能引发员工的抵触情绪和消极行为。因此，企业需要准确识别这些阻力的来源和性质。

具体来说，企业可以通过问卷调查、面对面访谈、观察员工行为等方式收集信息，了解员工对变革的看法和态度。同时，企业还需要关注管理层和股东等利益相关者的反应和态度，以便全面掌握变革阻力的来源和性质。在识别变革阻力的过程中，企业需要保持开放和包容的心态，认真倾听各方的声音和诉求，为制定针对性的应对策略奠定基础。

（二）制定应对策略和措施

针对不同的变革阻力，企业需要制定相应的应对策略和措施。这些策略和措施应该具有针对性和可操作性，能够有效地化解变革阻力并推动变革的顺利进行。具体来说，企业可以采取以下措施。

加强沟通和宣传：通过加强变革目的、意义和计划的沟通和宣传，消除员工的恐惧和不确定性。企业可以组织专门的沟通会议或培训活动，向员工详细解释变革的必要性和重要性，让员工明白变革对个人和组织的长期利益。同时，企业还可以通过内部网站、公告板等多种渠道发布变革信息和进展报告，让员工随时了解变革的最新动态。

提供培训和支持：通过提供必要的培训和支持来帮助员工适应新的工作要求。这包括组织相关培训课程、提供学习资源和指导等。培训内容可以涵盖新的工作流程、技能提升和团队协作等方面，以帮助员工全面掌握新的工作要求。同时，企业还可以建立在线学习平台或提供学习资料库等资源支持方式，方便员工随时学习和提升自己。

合理的权益保障和激励机制：通过制定合理的权益保障措施和激励机制来减少员工的担忧和抵触情绪。这包括确保员工在变革过程中的权益不受损害、提供变革后的职业发展机会和晋升机会等。同时，企业还可以设立奖励制度来表彰在变革中做出积极贡献的员工，激励更多员工参与到变革中来。

建立变革管理团队：为确保变革的顺利进行和应对各种挑战，企业可以建立专门的变革管理团队。这个团队可以由来自不同部门和层级的员工组成，他们负责变革的规划、实施、监控和改进工作。通过定期召开会议、制定详细的工作计划和进度表等方式来推动变革的顺利进行，并及时解决变革过程中出现的问题和挑战。

五、变革后的评估与持续改进

组织架构变革完成后，企业需要对变革的效果进行评估，并进行持续改进。

（一）评估变革效果与影响

组织架构的变革是企业发展中不可或缺的一环，但变革是否成功，是否达到了预期的效果，都需要通过科学、全面的评估来确定。评估变革效果与影响，不仅是对变革本身的回顾和总结，更是为企业未来发展和持续改进提供重要依据。

在评估变革效果与影响时，企业可以通过收集和分析相关数据来进行。这些数据可以涵盖多个方面，如员工满意度、工作效率、业务增长等。员工满意度是变革成功与否的重要指标之一，因为员工是变革的直接参与者和受益者。通过问卷调查、面谈等方式，了解员工对变革的认同感和满意度，可以反映变革在员工层面的接受程度和实施效果。工作效率和业务增长则是从企业的运营和市场表现来评估变革的效果。通过对比变革前后的数据，如生产效率、销售额、市场份额等，可以直观地看到变革对企业业绩的提升和市场竞争力的增强。

除了量化数据，企业还可以通过其他方式来评估变革的效果和影响。例如，可以邀请外部专家或顾问进行独立评估，他们可以从专业的角度对变革进行全面的分析和评价。同时，企业还可以组织内部讨论会或研讨会，让员工和管理层共同回顾变革的过程和成果，分享经验和教训，从而为未来的变革提供更多的参考和借鉴。

评估变革效果与影响的目的是发现变革中存在的问题和不足，以及确定变革是否达到了预期的目标。通过评估，企业可以及时了解变革的实际效果，判断变革是否对企业的运营和发展产生了积极的影响。同时，评估还可以帮助企业发现变革过程中可能存在的隐患和风险，以便及时采取措施进行防范和应对。

在评估变革效果与影响时，企业需要保持客观、公正的态度，避免主观臆断和片面评价。同时，评估结果也需要及时、准确地反馈给相关部门和人员，以便他们了解变革的成果和不足，为未来的改进和提升提供依据。

（二）总结经验教训与改进建议

在评估变革效果与影响的基础上，企业需要总结经验教训并提出改进建议。这是变革过程中不可或缺的一环，因为只有通过总结经验和教训，企业才能发现变革中存在的问题和不足，为未来的变革提供有益的参考和借鉴。同时，提出改进建议也是为了让企业能够在未来的变革中避免重蹈覆辙，更好地实现变革的目标。

总结经验教训需要全面、深入地回顾变革的整个过程，包括变革的背景、目标、实施过程、遇到的问题以及取得的成果等。在这个过程中，企业需要重点关注变革中存在的问题和不足，分析其原因和影响，并总结出相应的经验教训。例如，变革过程中可能存在沟通不畅、培训不足、执行不力等问题，这些问题都可能对变革的效果产生负面影响。通过总结这些问题，企业可以深入了解变革的难点和痛点，为未来的变革提供更加有针对性的解决方案。

在总结经验教训的基础上，企业需要提出具体的改进建议。这些建议应该针对变革中存在的问题和不足，提出切实可行的改进措施和方案。例如，针对沟通不畅的问题，企业可以建立更加有效的沟通机制，加强部门之间的协作和交流；针对培训不足的问题，企业可以加强员工的培训和教育，提高员工的素质和能力；针对执行不力的问题，企业可以加强监督和管理，确保变革的顺利实施。这些改进建议不仅可以解决变革中存在的问题，还可以为未来的变革提供更加坚实的基础和保障。

除了针对具体问题提出改进建议，企业还可以从战略层面出发，提出更加全面、系统的改进方案。例如，企业可以优化组织架构和流程，提高组织的灵活性和适应性；加强内部管理和协调，提高企业的整体运营效率；加强企业文化建设和团队建设，提高员工的归属感和凝聚力等。这些改进方案可以从多个方面提升企业的竞争力和可持续发展能力。

（三）制定持续改进计划并实施

在总结经验教训与提出改进建议后，企业需要将这些建议转化为具体的行动计划，并制定持续改进计划。这个计划应该明确列出需要改进的领域、具体的改进措施、实施的时间表和责任人等，以确保改进工作的有序进行和有效实施。

持续改进计划的制定需要充分考虑企业的实际情况和资源条件，确保计划的可行性和可操作性。同时，计划也需要具有一定的灵活性和可调整性，以便根据实施过程中的实际情况进行适时的调整和优化。在制定计划时，企业还需要充分征求员工的意见和建议，让员工参与到改进工作中来，提高员工的积极性和参与度。

实施持续改进计划是企业实现持续改进和提升的关键步骤。企业需要按照计划的要求，有序地推进各项改进措施的实施工作。在实施过程中，企业需要加强监督和管理，确保各项措施的有效执行和落地。同时，企业还需要建立相应的激励机制和考核机制，对改进工作进行定期的评估和考核，以激发员工的积极性和创造力。

通过持续改进计划的实施，企业可以不断优化组织架构和流程、提高员工的素质和能力、加强内部管理和协调等方面的水平。这不仅可以解决变革中存在的问题和不足，还可以为企业的未来发展和持续改进提供坚实的基础和保障。同时，持续改进也是企业不断提升竞争力和实现可持续发展的重要途径之一。

（四）保持对变革的持续关注与调整

组织架构变革并非一蹴而就的过程，而是一个需要持续关注和调整的长期任务。企业需要认识到，市场环境、业务需求以及内部条件都在不断变化，这就要求组织架构必须保持足够的灵活性和适应性，以便及时响应这些变化。

为了保持对变革的持续关注与调整，企业需要建立一套有效的监控和反馈机制。这套机制应该能够实时跟踪变革的进展和效果，及时发现和解决变革过程中出现的问题。同时，企业还需要定期评估变革的成果和影响，以便对变革策略进行必要的调整和优化。

此外，企业还需要培养一种持续改进的文化氛围。这种文化氛围应该鼓励员工积极参与变革过程，提出自己的意见和建议。通过员工的广泛参与和持续改进，企业可以不断完善组织架构，提高组织的适应性和竞争力。

总之，保持对变革的持续关注与调整是企业实现持续改进和发展的重要保障。企业需要时刻关注市场环境和业务需求的变化，及时调整组织架构和变革策略，以确保企业始终保持在行业的前沿。同时，企业还需要培养一种持续改进的文化氛围，激发员工的创造力和参与热情，共同推动企业的持续发展和进步。

第四章 人力资源管理与成果转化

第一节 人力资源在成果转化中的角色

一、人力资源作为成果转化的推动者

（一）人力资源在设定转化目标中的先导作用

在企业的成果转化过程中，人力资源部门扮演着至关重要的角色，尤其在设定转化目标这一环节，其先导作用更是不可或缺。成果转化的成功与否，很大程度上取决于目标的设定是否合理、是否具有挑战性同时又切实可行。因此，人力资源部门在这一环节中的责任重大。

首先，人力资源部门需要深入了解企业的战略目标。他们必须清晰地掌握企业的发展方向、市场定位以及竞争优势，这样才能确保设定的转化目标与企业的整体战略保持一致。通过与企业高层的紧密沟通，人力资源部门能够准确把握企业的战略意图，为后续的转化目标设定提供有力的指导。

其次，人力资源部门还需要密切关注市场需求。他们需要通过市场调研、客户访谈等方式，深入了解市场的发展趋势、竞争对手的动态以及客户的需求变化。这些信息对于设定具有市场导向的转化目标至关重要。只有紧密贴合市场需求，才能确保成果转化后的产品或服务能够在市场上获得成功。

此外，人力资源部门还需要对团队的能力有全面的了解。他们需要评估团队的技能水平、经验积累以及创新能力，以确保设定的转化目标能够在团队的能力范围内实现。同时，通过对团队能力的深入了解，人力资源部门还可以为团队成员提供有针对性的培训和发展机会，进一步提升团队的整体实力。

在掌握了这些信息后，人力资源部门需要运用专业的知识和技能，制定出既具挑战性又切实可行的转化目标和指标。这些目标和指标不仅需要明确具体

的数值和时间节点，还需要具有可衡量性，以便在后续的转化过程中进行实时的监控和评估。通过设定清晰、具体的转化目标，人力资源部门为整个成果转化过程指明了方向，也为衡量转化效果提供了重要的依据。

（二）人力资源在推动团队协作中的核心作用

在成果转化的复杂过程中，团队协作的紧密程度直接影响着转化的效率和效果。而在这个团队协作的大舞台上，人力资源部门无疑扮演着核心的角色。他们不仅负责团队的组建和管理，更是团队协作的推动者和润滑剂。

首先，人力资源部门在团队组建方面发挥着关键作用。他们需要根据项目的需求和特点，精心挑选具备相应技能和经验的团队成员。在组建过程中，人力资源部门注重团队成员之间的互补性和协同性，力求打造一个高效、和谐的团队。同时，他们还会根据项目的进展情况，适时调整团队的人员配置，以确保团队始终保持在最佳状态。

其次，人力资源部门在团队管理方面也发挥着重要作用。他们通过制定明确的团队规则和流程，确保团队成员能够各司其职、协同作战。同时，他们还会定期对团队的工作进行评估和反馈，及时发现和解决存在的问题。此外，人力资源部门还会关注团队成员的个人发展，为他们提供必要的培训和支持，帮助他们不断提升自己的能力和素质。

除了组建和管理团队，人力资源部门还是团队协作的推动者。他们通过制定激励政策、组织团队建设活动等方式，激发团队成员的积极性和创造力。这些激励政策不仅包括物质上的奖励，还包括精神上的鼓励和支持。通过这些措施，人力资源部门成功地将团队成员凝聚在一起，形成了一股强大的合力，共同推动成果转化工作的顺利进行。

（三）人力资源在培养创新文化中的引领作用

创新是成果转化的灵魂，是推动企业持续发展的不竭动力。而创新文化的培养，则离不开人力资源部门的精心引领。作为企业文化的塑造者和传播者，人力资源部门在培养创新文化中发挥着举足轻重的作用。

首先，人力资源部门通过制定创新政策，为创新文化的落地生根提供了有力的制度保障。这些政策不仅鼓励员工敢于尝试、勇于创新，还为员工提供了必要的创新资源和支持。通过这些政策的实施，人力资源部门成功地营造了一种积极向上的创新氛围，让员工在创新中感受到了企业的支持和认可。

其次，人力资源部门还通过搭建创新平台、举办创新竞赛等方式，为员工提供了展示创新成果和交流创新经验的舞台。这些平台不仅激发了员工的创新热情，还促进了员工之间的交流和合作。通过这些活动的举办，人力资源部门成功地推动了创新文化在员工中的广泛传播和深入人心。

此外，人力资源部门还倡导开放、包容、勇于尝试的创新精神。他们鼓励员工敢于挑战传统、勇于探索未知，对于员工的创新尝试给予充分的尊重和支持。这种开放、包容的态度，让员工在创新中感受到了自由和尊重，进一步激发了他们的创新潜力和创造力。

在人力资源部门的精心引领和有效推动下，企业逐渐形成以创新为核心的文化价值观。这种价值观不仅激发了员工的创新活力和创造力，还为企业的发展注入了源源不断的创新动力。正是这种创新文化的滋养和熏陶，使得企业在激烈的市场竞争中始终保持领先地位，不断创造出令人瞩目的业绩和成果。

二、人力资源在成果转化过程中的协调作用

（一）人力资源在资源调配中的关键作用

在成果转化过程中，资源的合理调配是确保项目顺利进行并取得预期成果的关键因素。而人力资源部门在这一环节中扮演着至关重要的角色。他们不仅需要全面了解和掌握项目对资源的需求和进度安排，还需要具备统筹规划和优化配置的能力，以确保项目在关键时刻能够获得足够的支持。

首先，人力资源部门通过与项目团队的紧密沟通，深入了解项目的具体需求和进度计划。他们根据项目的实际情况，评估所需的人力、物力、财力等资源类型和数量，并制定出详细的资源调配计划。这一计划不仅明确了各类资源的来源和分配方式，还充分考虑了资源的时效性和优先级，以确保项目在不同阶段都能得到及时、有效的支持。

其次，人力资源部门在资源调配过程中注重优化配置和提高使用效率。他们通过科学的分析和评估，确定各类资源的最佳配置方案，以最大限度地发挥

资源的效用。同时,他们还关注资源的共享和循环利用,避免资源的浪费和闲置。通过合理的调配和优化配置,人力资源部门不仅确保了项目的顺利进行,还为企业节约了成本,提高了整体运营效率。

此外,人力资源部门在资源调配中还具备灵活应变的能力。他们密切关注项目的进展情况和市场环境的变化,及时调整资源调配策略以适应新的形势。当项目面临突发情况或意外挑战时,人力资源部门能够迅速做出反应,重新调配资源以确保项目的稳定推进。这种灵活性和应变能力对于确保成果转化过程的顺利进行具有重要意义。

(二)人力资源在跨部门沟通中的桥梁作用

成果转化往往涉及多个部门和团队的协同合作,而跨部门之间的沟通是确保项目顺利进行的关键因素之一。在这个过程中,人力资源部门发挥着重要的桥梁作用,他们不仅负责搭建沟通平台、制定沟通机制,还积极协调各部门之间的关系,推动信息的顺畅传递和问题的有效解决。

首先,人力资源部门通过搭建沟通平台,为各部门之间提供了便捷、高效的沟通渠道。他们定期组织跨部门会议、研讨会等活动,让不同部门的成员有机会面对面交流、分享信息和经验。这些平台不仅促进了部门之间的了解和信任,还为及时解决项目中的问题提供了有力的支持。

其次,人力资源部门制定了一套完善的沟通机制,确保各部门之间能够及时、准确地传递信息。他们明确了信息传递的流程、责任人和时间节点,避免了信息的延误和失真。同时,他们还建立了问题反馈和解决机制,对于跨部门合作中出现的问题能够迅速作出反应并妥善处理。

此外,人力资源部门在跨部门沟通中还积极协调各部门之间的关系。他们深入了解各部门的工作职责和利益诉求,寻求共同点和合作空间。当部门之间出现矛盾或冲突时,人力资源部门能够发挥调解者的角色,通过协商和谈判化解分歧、达成共识。这种协调作用对于维护团队和谐、推动项目进展具有重要意义。

(三)人力资源在应对变化中的灵活调整作用

在成果转化过程中,市场需求、技术趋势等外部因素的变化往往会对项目产生重大影响。面对这些变化，人力资源部门需要发挥灵活调整的作用，及时调整人力资源策略以适应新的形势。他们不仅关注市场动态和技术发展趋势，还通过组织培训、引进新人才等方式提升团队应对变化的能力。

首先，人力资源部门密切关注市场动态和技术发展趋势。他们通过市场调研、行业分析等手段，及时了解市场需求的变化和技术发展的最新动态。这些信息对于调整项目方向和策略至关重要。当市场或技术出现重大变化时，人力资源部门能够迅速做出反应，与项目团队共同制定应对措施和调整方案。

其次，人力资源部门通过组织培训提升团队应对变化的能力。他们根据市场和技术的发展趋势，为团队成员提供有针对性的培训课程和学习资源。这些培训不仅帮助团队成员更新知识和技能，还提升了他们的学习能力和适应能力。通过培训和学习，团队能够更好地应对外部变化带来的挑战和机遇。

此外，人力资源部门还通过引进新人才为团队注入新的活力和创新力。他们积极招聘具备新技术、新思维的人才加入团队，为团队带来新的思路和解决方案。同时，他们还关注内部人才的挖掘和培养，为有潜力的员工提供晋升机会和发展空间。通过人才的引进和培养，人力资源部门成功地推动了团队的创新和发展。

三、人力资源对成果转化效率的影响

（一）人力资源配置对成果转化效率的影响

人力资源的配置是影响成果转化效率的关键因素之一。一个合理的人力资源配置能够确保项目团队具备所需的专业技能和知识背景，提高团队的整体素质和战斗力。人力资源部门通过科学的招聘、选拔和配置流程，为项目团队配备合适的人才。他们关注团队成员的技能匹配和互补性，力求打造一支高效协作的团队。在合理的人力资源配置下，项目团队能够更快地理解项目需求、制定实施方案并推动成果转化落地。

（二）激励机制对成果转化效率的影响

激励机制是激发团队成员积极性和创造力的重要手段，也是影响成果转化效率的关键因素之一。人力资源部门通过制定合理的薪酬体系、晋升机制和奖励政策等方式激励团队成员为成果转化贡献智慧和力量。他们关注团队成员的个性化需求和发展规划,为他们提供具有吸引力的职业发展通道和成长空间。在有效的激励机制下,团队成员能够更加投入地参与到成果转化工作中去,提高工作效率和质量。

(三)培训体系对成果转化效率的影响

培训体系是提升团队成员专业技能和综合素质的重要途径,也是影响成果转化效率的关键因素之一。人力资源部门通过制定完善的培训计划、组织多样化的培训活动等方式帮助团队成员不断提升自我。他们关注行业发展趋势和新技术应用动态,及时将最新的知识和理念引入培训体系中。在完善的培训体系下,团队成员能够保持与时俱进的专业素养和创新能力为成果转化提供有力的支持。

(四)组织文化对成果转化效率的影响

组织文化是塑造企业精神风貌和价值观的重要力量,也是影响成果转化效率的关键因素之一。人力资源部门通过倡导积极向上的组织文化、营造和谐的工作氛围等方式激发团队成员的归属感和使命感。他们关注企业文化的传承和创新发展努力将企业的核心价值观融入日常工作中去。在积极向上的组织文化熏陶下团队成员能够更加自觉地投入到成果转化工作中去形成强大的团队凝聚力和战斗力。

第二节 选拔与培养具有成果转化能力的人才

一、识别具有成果转化潜力的人才特征

(一)创新思维与敏锐洞察力

具有成果转化潜力的人才,其首要特征便是拥有创新思维与敏锐的洞察力。他们不会满足于现有的知识和技术,而是勇于挑战传统,从不同角度审视问题,并提出新颖的解决方案。这种创新思维不仅体现在对技术的探索上,更体现在

对市场趋势的敏锐捕捉上。他们能够准确预见未来的发展方向，从而为企业制定出有效的成果转化策略。

这种创新思维和洞察力并非一蹴而就，而是需要长期的积累和实践。具有成果转化潜力的人才通常具备广泛的知识储备和对多个领域的深入了解。他们善于从各种信息中提炼出有价值的观点，并将其融入自己的思考中。正是这种跨界的思维方式和敏锐的洞察力，使得他们能够在复杂的市场环境中发现潜在的商业机会，并快速做出反应。

（二）跨界融合与团队协作能力

在成果转化过程中，单一领域的知识和技能往往难以应对复杂多变的问题。因此，具备跨界融合和团队协作能力的人才显得尤为重要。他们能够跨越不同领域和学科的界限，将各种知识和资源进行有效整合，形成创新的解决方案。这种跨界融合的能力不仅要求他们具备广泛的知识储备，还要求他们具备强大的学习能力和适应能力，以便在面对新领域时能够迅速掌握相关知识并融入其中。

同时，团队协作能力也是成果转化过程中不可或缺的一部分。一个优秀的团队能够激发每个成员的潜力，共同应对各种挑战。具有成果转化潜力的人才通常具备良好的团队合作精神和协作能力，他们能够与团队成员保持紧密的沟通与合作，共同推进项目的进展。在面对困难和挑战时，他们能够相互支持、相互鼓励，共同寻找解决问题的方法。

（三）坚韧不拔与持续学习精神

成果转化往往是一个漫长而充满挑战的过程。在这个过程中，具有坚韧不拔精神和持续学习态度的人才更有可能取得成功。他们面对困难和挫折时能够保持积极的心态，不轻易放弃。即使遇到再大的困难，他们也会坚持不懈地寻求解决问题的方法，直到取得成功为止。

同时，他们还具备持续学习的精神。在快速发展的今天，新技术和新知识层出不穷。只有不断学习、不断进步，才能跟上时代的步伐并取得更好的成果。具有成果转化潜力的人才通常具备强烈的学习意愿和学习能力，他们善于从各种渠道获取新知识、新技能，并将其应用到实际工作中。这种持续学习的态度不仅有助于提升他们的个人素质和能力水平,也有助于推动企业的持续发展和创新。

二、建立针对成果转化能力的选拔机制

（一）明确选拔标准与流程

为确保选拔出具有成果转化能力的人才,企业首先需要制定明确的选拔标准和流程。选拔标准应涵盖上述提到的创新思维、跨界融合能力、团队协作能力以及坚韧不拔与持续学习精神等方面。同时,选拔流程应公开透明、公平公正,确保每个候选人都有平等的机会展示自己的能力和优势。

在制定选拔标准时,企业可以根据自身的业务需求和发展方向进行针对性设置。例如,对于技术型企业来说,可以重点考察候选人在技术创新和跨界融合方面的能力；对于市场导向型企业来说,可以更加注重候选人在市场洞察和团队协作方面的表现。同时,选拔标准还应具备一定的灵活性和可调整性,以便根据企业发展和市场变化进行适时调整。

在选拔流程方面,企业可以采用多种方式相结合的方式进行综合评估。例如,可以通过笔试、面试等传统方式初步了解候选人的基本素质和能力水平；再通过实际操作、项目演练等实践性考核方式进一步评估候选人的专业技能和实际操作能力；最后还可以借助心理测试、背景调查等手段对候选人的性格、价值观等方面进行深入了解。通过多轮次的考核和评估,确保选拔出的人才既符合企业的业务需求,又具备良好的个人素质和发展潜力。

（二）采用多元化选拔方式

在选拔具有成果转化能力的人才时,企业应注重采用多元化的选拔方式。除了传统的面试、笔试等考核方式外,还可以引入更多元化的评估手段和方法。例如,可以采用案例分析、小组讨论等方式考察候选人的分析问题和解决问题的能力；通过模拟项目运作、角色扮演等方式评估候选人的实际操作能力和团队协作精神；借助专业测评工具对候选人的性格特征、职业倾向等方面进行深入剖析。

同时,企业还可以积极借助外部资源拓宽选拔渠道。例如,可以与高校、

科研机构等建立合作关系，共同开展人才培养和选拔工作；通过社交媒体、专业论坛等渠道广泛发布招聘信息并吸引更多优秀人才前来应聘；还可以考虑引入猎头公司等第三方机构协助进行高端人才的寻访和推荐工作。通过多种渠道和方式的有机结合，确保选拔出的人才既具备丰富的实践经验又拥有广阔的视野和前瞻性的思维。

（三）建立人才储备库与动态管理机制

为确保持续选拔出具有成果转化能力的人才，企业应建立完善的人才储备库和动态管理机制。人才储备库可以收集并整理候选人的基本信息如教育背景、工作经历等以及专业技能、项目经验等关键信息为企业后续的选拔工作提供便利。同时通过对储备库中的人才进行定期评估、更新和维护确保信息的准确性和时效性从而为企业提供更加精准的人才推荐和匹配服务。

在动态管理机制方面，企业可以根据业务发展需求和市场变化对人才储备库进行适时调整和优化。例如对于新兴领域或关键岗位的人才需求可以加大寻访和储备力度；对于已入职的员工也可以根据其工作表现和职业发展情况进行动态调整和优化配置确保人才资源的最大化利用。

（四）强化选拔过程中的沟通与反馈

在选拔过程中企业应加强与候选人之间的沟通与反馈机制建设。通过及时有效的沟通企业可以更好地了解候选人的真实想法和需求，从而为制定更加符合实际的选拔策略提供有力依据。例如可以通过电话沟通、面对面交流等方式深入了解候选人的职业背景、发展规划以及对岗位的认知和期望等信息；还可以通过邮件、短信等方式及时向候选人传递选拔进度和结果反馈等信息保持双方信息的畅通和对称。

同时企业还应注重给予候选人及时具体的反馈意见。无论候选人是否成功入选都应给予其客观公正的评价和建议，帮助其更好地认识自己的优势和不足，为后续的自我提升和发展指明方向。对于成功入选的候选人来说及时的反馈可以帮助他们更快地融入企业并发挥出自己的最大潜力；对于未入选的候选人来说反馈意见也可以成为他们今后努力的方向和动力来源。

三、设计并实施成果转化能力培训计划

（一）制定针对性培训计划与目标

为提高员工的成果转化能力，确保企业的创新成果能够顺利转化为实际产品或服务，进而推动企业的持续发展，制定针对性的培训计划与目标至关重要。这些计划与目标需要紧密结合企业的战略发展方向和市场需求，同时充分考虑员工的实际情况和能力水平，确保培训内容的针对性和实用性。

培训计划应涵盖多个方面，包括创新思维培养、跨界知识学习、团队协作能力提升等。创新思维培养旨在激发员工的创新意识和探索精神，使他们能够不断提出新的想法和解决方案。跨界知识学习则鼓励员工跳出自己的专业领域，学习其他领域的知识和技能，以拓宽视野并增强解决问题的能力。团队协作能力提升则注重培养员工的沟通、协调、合作等能力，以提高团队的整体效能。

在制定培训目标时，需要明确具体、可衡量的指标。这些指标应与企业的战略发展目标保持一致，并能够反映员工在成果转化能力方面的提升。同时，还需要考虑员工的个人发展需求，确保培训目标既符合企业的需要，又能满足员工的成长期望。

（二）采用多样化培训方式与方法

在实施成果转化能力培训计划时，企业需要采用多样化的培训方式和方法，以激发员工的学习兴趣和积极性。传统的课堂讲授方式虽然能够传递知识，但往往缺乏互动性和实践性，不利于员工真正掌握和运用所学知识。

因此，企业需要引入更多互动性较强的培训方式，如案例分析、实践操作、小组讨论等。案例分析可以让员工通过分析真实的案例来学习和借鉴经验；实践操作则可以让员工亲自动手去尝试和解决问题；小组讨论则可以促进员工之间的交流和合作，共同探讨问题和解决方案。这些培训方式都能够让员工更加深入地参与学习过程，提高学习效果。

此外，企业还可以邀请行业专家或成功企业家进行授课或分享经验。这些专家和企业家往往具有丰富的实践经验和独特的见解，能够为员工提供更广阔的视野和更有价值的建议。通过与他们的交流和学习，员工可以更快地提升自

己的成果转化能力。

（三）加强培训过程的监控与评估

为确保培训计划的有效实施和取得预期效果，企业需要加强对培训过程的监控与评估。通过定期收集员工的反馈意见，企业可以及时了解员工对培训内容和方式的满意度以及他们的学习进展情况。这些反馈意见可以作为调整和优化培训计划的重要依据。

同时，企业还需要组织培训效果测试或评估活动，以检验员工的学习成果和转化能力是否得到了提升。这些测试或评估活动可以采用笔试、实操、项目评估等方式进行，具体形式应根据培训目标和内容来确定。通过测试结果的分析和比较，企业可以更加客观地评价培训计划的效果，为后续的培训工作提供指导。

此外，企业还可以建立培训成果与员工绩效考核挂钩的机制。通过将员工的学习成果和转化能力纳入绩效考核体系，企业可以激励员工更加积极地参与培训并努力提升自己的能力水平。这种挂钩机制不仅能够增强员工的学习动力，还能够促进企业的整体绩效提升。

（四）鼓励员工自主学习与持续成长

除了企业组织的培训计划，企业还应鼓励员工自主学习和持续成长。自主学习是员工提升自身能力的重要途径之一，它能够让员工根据自己的兴趣和需求进行有针对性的学习。

为了支持员工的自主学习，企业可以建立学习资源共享平台，提供丰富的学习资源和资料供员工自由选择和学习。这些资源可以包括在线课程、电子书籍、行业报告、研究论文等，涵盖各个领域和方面的知识内容。通过学习资源共享平台，员工可以随时随地进行学习，不受时间和地点的限制。

同时，企业还可以提供学习经费支持，为员工报销购买学习资料或参加外部培训课程的费用。这种经费支持能够减轻员工的学习负担，增加他们的学习动力。此外，企业还可以设立学习成果奖励机制，对在学习和成果转化方面取得突出成绩的员工给予一定的奖励和荣誉，以激励更多的员工积极投身学习和创新实践。

为了促进员工之间的知识共享和经验交流，企业还可以建立员工学习成果展示和交流的平台。通过这个平台，员工可以分享自己的学习心得、创新成果和经验教训，与其他员工进行交流和讨论。这种交流和分享不仅能够促进员工之间的互相学习和进步，还能够增强企业的凝聚力和创新力。

四、持续跟踪与评估人才培养效果

为确保人才培养计划的有效性和持续性，企业需要建立一套完善的效果评估体系，对人才培养效果进行持续跟踪与评估。这一体系不仅有助于客观评价人才培养成果，还能为企业未来的人才培养策略调整提供有力支持。

（一）建立人才培养效果评估体系

首先，企业应明确评估指标，这些指标应涵盖创新能力、团队协作能力、项目完成情况等关键方面，确保全面反映员工的综合素质和能力提升情况。评估方法上，企业可以采用定量与定性相结合的方式，如通过问卷调查收集员工对培训内容和方式的反馈意见，运用360度反馈法了解员工在团队协作、沟通能力等方面的表现。同时，根据人才培养计划的周期和目标，设定合理的评估周期，确保及时获取评估结果并做出相应调整。

（二）定期收集并分析人才培养数据

企业应定期收集并分析人才培养相关数据，包括培训参与度、培训效果反馈、员工能力提升情况等。通过对这些数据的深入挖掘和分析，企业可以更加直观地了解人才培养计划的执行情况和效果。例如，通过对比培训前后的员工能力评估数据，企业可以明确培训对员工能力提升的具体贡献；通过分析不同部门或岗位员工的培训参与度差异，企业可以发现培训资源分配或员工学习动力方面存在的问题。这些数据为企业提供了宝贵的决策依据，有助于企业针对存在的问题制定改进措施和优化策略。

（三）及时调整并优化人才培养策略

根据人才培养效果评估结果和数据分析情况，企业需要及时调整并优化人才培养策略。具体而言，针对评估中发现的问题和不足，企业应制定针对性的改进措施和计划。例如，如果培训内容与员工实际需求脱节，企业应调整培训内容或方式以增强其实用性和吸引力；如果员工在团队协作能力方面存在短板，企业应加强团队建设活动和沟通技巧培训。同时，企业还需要根据市场变化和技术发展趋势对人才培养策略进行前瞻性的调整和创新。例如，随着新兴技术的不断发展，企业可能需要加大对员工在新技术应用方面的培训力度以提升其竞争力。

（四）强化人才培养与业务发展的联动效应

最后，企业需要强化人才培养与业务发展的联动效应。这意味着企业需要将人才培养与战略规划、业务创新等紧密结合起来以实现共同发展。具体而言，企业可以通过制定与业务发展相匹配的人才培养计划来确保员工具备推动业务创新所需的知识和技能；同时也可以通过为员工提供实际业务场景中的实践机会来检验和提升其所学知识的应用能力。此外，企业还可以建立一种文化氛围鼓励员工在日常工作中不断学习和成长并将其所学应用于实际工作中以推动业务创新和发展。通过这种联动效应企业可以培养出一支既具备专业素质又能够适应市场变化的高素质员工队伍为企业的长远发展奠定坚实基础。

第三节 建立激励成果转化的人力资源管理体系

一、制定与成果转化挂钩的薪酬激励政策

在推动成果转化的过程中，制定与成果转化挂钩的薪酬激励政策是至关重要的。薪酬激励政策是企业激发员工工作积极性和创造力的重要手段，而与成果转化挂钩的薪酬激励政策则能够直接引导员工将个人努力与企业目标紧密结合，共同推动有价值的成果得以转化和应用。

（一）设立成果转化专项奖金

为了鼓励员工积极参与成果转化工作，企业应设立专门的成果转化专项奖金。这种专项奖金的设立能够直接激励员工在成果转化方面做出更大的努力和贡献。奖金的发放标准应与成果转化效果直接挂钩，确保奖金的公平性和激励

效果。

具体来说,企业可以根据成果转化后的经济效益、社会效益等因素来评估员工的贡献,并据此确定奖金的发放额度和范围。同时,为了鼓励员工在不同阶段和层面上都能积极参与成果转化工作,企业还可以设立不同层次的奖金,如项目启动奖、阶段性成果奖、最终成果奖等。

此外,为了确保专项奖金的发放能够真正起到激励作用,企业还需要建立完善的奖金管理制度和评审机制。通过公开、透明的评审过程,确保奖金的发放公平、公正,让员工真正感受到自己的付出得到了应有的回报。

(二)实施股权激励计划

除了专项奖金,企业还可以考虑实施股权激励计划。股权激励是一种将员工的利益与企业的长远发展紧密绑定的激励方式,通过给予员工一定的股权或股票期权,让员工成为企业的"合伙人",共同分享企业成果转化的收益。

实施股权激励计划不仅能够激发员工的归属感和忠诚度,提高员工对成果转化的投入程度,还能够促进企业的长远发展。因为员工持有股权后,将更加关注企业的长期利益和未来发展,从而更加积极地参与成果转化工作,为企业的创新发展贡献自己的力量。

在实施股权激励计划时,企业需要制定合理的股权分配方案和管理机制。首先,要确保股权的分配公平、公正,避免出现内部人控制或利益输送等问题。其次,要建立健全的股权管理机制,包括股权转让、退出等规定,确保股权激励的可持续性和稳定性。最后,还需要加强对员工的股权教育和引导,帮助员工正确理解股权激励的意义和价值,从而更好地发挥股权激励的激励作用。

(三)建立灵活的薪酬调整机制

为了更好地适应市场变化和企业发展需求,企业还需要建立灵活的薪酬调整机制。这种机制能够根据员工的成果转化贡献、市场薪酬水平等因素,及时调整员工的薪酬待遇,确保员工的薪酬与其付出相匹配。

灵活的薪酬调整机制不仅能够保持企业内部薪酬的公平性和竞争力,还能够有效地激发员工的工作积极性和创新精神。因为当员工看到自己的薪酬与努力程度和市场价值相匹配时,将更加有动力去提升自己的工作能力和业绩表现。

同时，企业也可以通过定期的薪酬调研和分析，了解市场薪酬动态和员工需求变化，为制定更具针对性的薪酬激励政策提供有力支持。

此外，在建立灵活的薪酬调整机制时，企业还需要注意以下几点：一是要确保薪酬调整的及时性和准确性，避免出现滞后或不合理的情况；二是要加强与员工的沟通和交流，让员工了解薪酬调整的原因和依据；三是要建立完善的薪酬管理制度和流程，确保薪酬调整的规范性和合法性。

二、建立成果转化的绩效评价体系

为了确保薪酬激励政策的有效性和公平性，在企业内部，建立与薪酬激励政策相匹配的成果转化绩效评价体系显得尤为关键。这一体系不仅是对员工工作成果的一次全面检验，更是激发员工潜能、引导企业创新发展的重要工具。在构建这一体系时，我们应注重科学性、系统性和可操作性，确保评价结果能够真实、客观地反映员工的贡献和价值。

（一）明确成果转化绩效评价指标

在制定成果转化绩效评价体系时，首要任务是明确具体的评价指标。这些指标应当能够涵盖员工在成果转化过程中的关键阶段和核心要素，从而全面衡量其工作绩效。具体来说，我们可以从成果的创新性、实用性、市场前景以及经济效益等多个维度出发，构建一套完整、科学的评价指标体系。

创新性指标：主要衡量员工在成果转化过程中提出的新思路、新方法以及新技术的创新程度。这可以通过专利申请数量、论文发表质量以及参与的技术创新项目等指标来具体量化。

实用性指标：关注的是员工所转化的成果在实际应用中的价值和效果。这可以通过成果转化后的市场占有率、用户满意度以及产品迭代速度等指标来评估。

市场前景指标：主要考察员工所转化的成果在未来市场中的潜力和发展趋势。这可以通过市场调研报告、行业分析数据以及专家评估意见等方式进行预判和评估。

经济效益指标：直接关联到企业的盈利能力和成本控制水平。在评价员工成果转化绩效时，我们应关注其成果对企业销售额、利润率以及成本控制等方面的贡献。

除了以上四个主要维度,还可以根据企业的实际情况和市场环境,制定一些具有针对性的评价指标。例如,对于高新技术企业而言,可以加大对创新性指标的权重;对于市场竞争激烈的企业,则可以更加注重实用性和市场前景指标。总之,评价指标的制定应既全面又灵活,确保能够真实、准确地反映员工的成果转化绩效。

(二)采用多元化的评价方法

在明确了具体的评价指标后,接下来需要选择适当的评价方法。为了更全面地评估员工的成果转化绩效,我们应采用多元化的评价方法,包括定量评价和定性评价相结合、自我评价与他人评价相结合等方式。

定量评价和定性评价相结合:定量评价是通过具体的数据和指标来衡量员工的成果转化效果,具有客观性和可比较性。例如,可以统计员工在一段时间内申请的专利数量、发表的论文篇数以及参与的项目数量等。然而,定量评价往往无法涵盖员工在工作中的全部表现,特别是那些难以量化的方面。因此,我们还需要结合定性评价,通过员工的工作态度、合作精神、创新能力等方面来评估其对成果转化的贡献。定性评价可以通过问卷调查、360度反馈以及专家评审等方式进行。

自我评价与他人评价相结合:自我评价是员工对自己在成果转化工作中的表现和贡献进行的主观评价。它可以帮助员工更好地认识自己,发现自己的优点和不足。然而,自我评价往往存在主观性过强的问题。因此,我们还需要结合他人评价,从多个角度获取对员工绩效的全面反馈。他人评价可以包括上级评价、同事评价以及客户评价等。在评价过程中,应注重评价的客观性和公正性,避免主观偏见和人为因素的影响。

(三)建立公正、透明的评价机制

为了确保绩效评价的公正性和透明度,企业需要建立一套完善的评价机制。这包括制定明确的评价流程和标准、组建专业的评价团队以及确保评价过程的公开和透明等。评价流程和标准应详细说明评价的步骤、方法、权重以及评分标准等,确保评价工作的规范性和一致性。评价团队应由具有专业知识和丰富经验的专家组成，他们应具备客观、公正的评价能力。同时，评价过程应公开透明，避免出现暗箱操作和不公平现象。对于评价结果，应及时向员工进行反馈和沟通，帮助他们了解自己的绩效表现和不足之处。这不仅可以增强员工对评价结果的认同感和接受度，还可以为他们提供改进的方向和动力。

（四）强化绩效评价与薪酬激励的关联

最后，为了确保薪酬激励政策的有效性，企业需要强化绩效评价与薪酬激励的关联。具体来说，可以将员工的绩效评价结果与薪酬待遇直接挂钩，设定明确的奖励标准和晋升机制。这样不仅可以激发员工的工作积极性和创造力，还可以提升他们对企业的忠诚度和归属感。在实施过程中，企业应注重薪酬激励的公平性和合理性，避免出现内部矛盾和不和谐现象。同时，还应定期对薪酬激励政策进行评估和调整，确保其与企业发展目标和市场环境保持一致。

三、提供成果转化所需的资源与支持

除了薪酬激励和绩效评价，企业还需要提供成果转化所需的资源与支持，为员工创造一个良好的工作环境和条件。这些资源和支持不仅关系到员工的工作效率和成果质量，还直接影响到企业的创新能力和市场竞争力。因此，企业应高度重视这方面的工作，确保员工能够顺利开展成果转化工作并取得良好效果。

（一）提供充足的研发经费和设备支持

成果转化是一个复杂而漫长的过程，需要充足的研发经费和设备支持。缺乏经费和设备往往会导致研发工作受阻甚至中断，严重影响员工的积极性和企业的创新进程。因此，企业应根据员工的研发需求和项目进展情况，及时提供必要的经费和设备支持。这包括为研发团队提供足够的资金用于购买实验材料、测试设备等；提供先进的研发设备和实验室设施以满足项目需求；以及为员工提供必要的技术培训和操作指导以确保设备的有效利用。通过提供充足的研发经费和设备支持，企业不仅可以保证研发工作的顺利进行，还能够提高员工的工作效率和成果质量。同时，这也能够增强员工对企业的归属感和忠诚度，为企业的长远发展奠定坚实基础。

（二）加强技术培训和知识更新

随着科技的不断进步和市场需求的不断变化，员工需要不断学习和更新自己的知识和技能以适应新的工作环境和挑战。因此，企业应加强对员工的技术培训和知识更新工作，为员工提供定期的培训课程和学习机会。具体来说，可以组织内部或外部专家进行专题讲座或培训班；鼓励员工参加行业会议、研讨会等活动以获取最新的行业动态和技术信息；提供在线学习平台或资源以便员工随时随地进行自我学习等。通过这些措施，企业可以帮助员工保持与时俱进的知识水平和技术能力，更好地应对成果转化过程中的挑战和问题。同时，这也有助于提升企业的整体创新能力和市场竞争力。

（三）建立良好的沟通与合作机制

成果转化需要团队之间的紧密合作和有效沟通。企业应建立良好的沟通与合作机制，鼓励员工之间进行经验分享、技术交流和项目协作。这可以通过定期组织团队会议、项目研讨会等活动来促进信息共享和资源整合；建立内部通讯平台或社交媒体群组以便员工随时交流和讨论问题；鼓励跨部门、跨领域的合作项目以打破条块分割和促进协同创新等。通过这些措施，企业可以营造一个开放、包容的工作氛围，激发员工的创新意识和合作精神，共同推动成果转化工作的顺利进行。同时，这也能够提升企业的凝聚力和向心力，为企业的长远发展注入强大动力。

此外，企业还可以积极寻求与外部机构和专家的合作与交流机会。通过与高校、科研院所等机构的合作，企业可以获取更多的创新资源和技术支持；通过与行业专家的交流和合作，企业可以及时了解市场动态和行业发展趋势，为成果转化提供有力的指导和支持。这种产学研用一体化的合作模式不仅可以加快成果转化的速度和质量，还能够提升企业的品牌影响力和市场竞争力。同时，这也能够为员工提供更广阔的发展空间和职业机会，促进他们的个人成长和职业发展。

第四节 人力资源管理策略与成果转化的持续优化

一、制定长期的人力资源管理规划以支持成果转化

（一）明确人力资源需求与目标

为实现成果转化的持续优化和企业的长远发展，制定长期的人力资源管理规划至关重要。这一规划的首要任务是明确企业未来的人力资源需求。这包括对各类人才的需求分析，如技术研发、市场营销、生产运营等关键领域的人才数量预测，以及针对特定岗位的专业技能和知识结构的详细规划。通过这样的需求分析，企业可以清晰地了解到未来在人力资源方面的发展方向，为后续的招聘、培训和开发工作奠定坚实基础。

同时，规划还需要设定明确的人力资源管理目标。这些目标应与企业的整体战略和业务目标保持一致，旨在提高员工满意度、降低人才流失率、优化人才结构等。例如，通过设定员工满意度提升目标，企业可以关注员工的工作环境和福利待遇，从而营造更加积极的工作氛围；通过降低人才流失率目标，企业可以加强员工的职业发展规划和晋升通道建设，增强员工的忠诚度和归属感；通过优化人才结构目标，企业可以引进更多高素质、高潜力的人才，提升企业整体的创新能力和竞争力。

明确的人力资源需求与目标不仅为企业的人力资源管理工作提供了方向指引，还有助于确保各项工作能够有针对性地支持成果转化。通过满足特定领域和岗位的人才需求，以及实现各项人力资源管理目标，企业可以更加高效地推动成果转化工作，实现技术与市场的有效对接，为企业的持续发展注入强大动力。

（二）制定人才培养与发展计划

在明确了人力资源需求与目标后，企业需要着手制定详细的人才培养与发展计划。这一计划应涵盖新员工的入职培训、在职员工的技能提升培训以及关键岗位的人才储备计划等多个方面。

首先，新员工入职培训是人才培养计划的重要组成部分。通过为新员工提供系统的入职培训，包括企业文化、规章制度、岗位职责等方面的内容，可以

帮助他们迅速融入企业环境,了解并认同企业的价值观和发展目标。同时,入职培训还可以为新员工提供必要的职业技能和知识储备,为他们的后续发展奠定坚实基础。

其次,针对在职员工的技能提升培训同样重要。随着技术的不断进步和市场的不断变化,企业需要不断提升员工的专业技能和知识水平,以适应新的发展需求。为此,企业可以定期组织各类培训课程、研讨会等活动,邀请行业专家或内部优秀员工分享经验、传授技能。通过这样的培训活动,不仅可以提升员工的个人素质和工作能力,还有助于激发员工的创新思维和团队协作精神,为企业的成果转化工作注入新的活力。

最后,关键岗位的人才储备计划也是人才培养与发展计划中不可或缺的一部分。对于企业发展至关重要的关键岗位,如技术研发、市场营销等核心领域的领军人物或关键技术人员,企业需要提前进行人才储备和规划。通过制定明确的人才储备计划,包括选拔标准、培养方案、晋升通道等方面的内容,可以确保在关键时刻能够迅速补充和替换人才,保障企业的正常运营和持续发展。

(三)完善人力资源政策与制度

为确保人力资源管理规划的顺利实施并取得预期效果,企业需要完善相关的人力资源政策与制度。这些政策与制度应涵盖招聘与选拔、薪酬福利、绩效考核、员工晋升与职业发展通道等多个方面,以确保企业在各个环节都能够做到公平、公正、激励并举。

首先,招聘与选拔制度是人力资源政策与制度的基础。企业需要制定明确的招聘流程和选拔标准,确保能够吸引到符合企业需求的高素质人才。同时,在选拔过程中要注重公平性和公正性,避免人为干扰或暗箱操作的情况发生。通过公开透明的选拔机制,可以激发员工的竞争意识和进取心,为企业的成果转化工作选拔出更加优秀的人才。

其次,薪酬福利制度是激励员工的重要手段之一。企业需要制定合理的薪酬福利政策,确保员工的付出与回报得到有效匹配。这包括基本工资、绩效奖金、福利待遇等多个方面的考虑。通过设定具有竞争力的薪酬福利水平,可以吸引和留住更多优秀的人才,提高员工的工作积极性和满意度。

此外，绩效考核制度也是人力资源政策与制度中的重要组成部分。企业需要建立科学、公正的绩效考核体系，对员工的工作表现进行全面、客观的评价。这有助于发现员工的优点和不足，为后续的培训和发展提供依据。同时，绩效考核结果还可以作为员工晋升和奖惩的重要依据，进一步激发员工的积极性和创造力。

最后，员工晋升与职业发展通道是人力资源政策与制度中不可或缺的一部分。企业需要为员工提供清晰的职业发展路径和晋升机会，以满足员工自我实现和职业成长的需求。通过设定明确的晋升通道和职业发展规划，可以帮助员工明确自己的发展方向和目标，增强员工的归属感和忠诚度。同时，这也有助于企业培养更多高素质、高潜力的人才，为成果转化提供持续的人才保障。

二、优化人力资源配置以提高成果转化效率

（一）合理配置人才资源

优化人力资源配置是提高成果转化效率的关键环节。为实现这一目标，企业需要根据业务需求和岗位特点，合理配置人才资源。具体来说，对于关键岗位和核心业务领域，如技术研发、市场营销等关键部门或重要项目团队，企业应优先配置高素质、高技能的人才。这些人才往往具有丰富的经验和专业知识，能够迅速投入工作并产生显著成果。通过为这些关键岗位配置优秀人才，企业可以确保核心业务的顺利推进和高效执行。

同时，对于辅助岗位和非核心业务领域，如行政后勤、客服支持等部门或一些临时性、辅助性的工作任务，企业可以适当配置一般素质的员工。这些岗位的工作内容相对简单、重复性较高，不需要过高的专业技能或知识水平。通过合理配置一般素质的员工，企业可以降低人力成本，同时确保这些岗位的工作得到有效执行。

在配置人才资源时，企业还需要注重人才结构的合理性和多样性。不同领域和背景的人才往往具有不同的思维方式和专业技能，他们的相互碰撞和融合有助于产生新的创意和解决方案。因此，在配置人才资源时，企业应充分考虑人才的互补性和协同性，打造多元化、高效能的人才队伍。

（二）建立灵活的人力资源调配机制

为应对市场变化和业务调整带来的挑战，企业需要建立灵活的人力资源调配机制。这一机制应能够快速响应业务需求变化，实现人才资源的优化配置和高效利用。具体来说，企业可以采取以下措施。

首先，建立内部岗位轮换制度。通过定期或不定期地让员工在不同岗位之间轮换，可以帮助员工全面了解企业的业务流程和运营模式，提高员工的综合素质和适应能力。同时，岗位轮换还有助于发现员工的潜在能力和优势，为企业挖掘更多的人才资源提供机会。

其次，实施跨部门人才共享策略。当某个部门或项目团队面临人员短缺或技能不足的问题时，企业可以从其他部门或团队中调配具有相关技能和经验的人才进行支援。这种共享策略不仅可以缓解人员压力，还可以促进部门之间的交流和合作，实现资源共享和优势互补。

最后，组建临时性项目团队。针对一些临时性、突发性的工作任务或项目需求，企业可以迅速组建由不同领域和背景的人才组成的临时性项目团队。这些团队可以根据任务需求快速响应、高效执行，并在任务完成后及时解散。通过临时性项目团队的组建和运营，企业可以更加灵活地应对市场变化和业务需求挑战。

（三）强化人才梯队建设

为实现成果转化的持续发展，企业需要强化人才梯队建设。这一举措旨在确保人才队伍的连续性和稳定性，为成果转化提供持续的人才支持。具体来说，企业可以采取以下措施。

首先，建立多层次、多通道的人才培养体系。针对不同层次和类型的员工，企业应制定个性化的培养计划和发展路径。例如，对于新员工和基层员工，可以通过入职培训、导师制度等方式帮助他们快速融入企业并提升基本技能；对于中层管理人员和核心技术人员，可以通过内部培训、外部研修等方式提高他们的管理能力和专业水平；对于高层管理人员和领军人物，可以通过战略规划、领导力发展等方式培养他们的战略思维和决策能力。通过这样的多层次、多通道的人才培养体系，企业可以全面提升员工的综合素质和专业技能水平。

其次，关注关键岗位的人才储备和继任计划。针对企业发展至关重要的关键岗位，如技术研发、市场营销等领域的核心人才或领导岗位上的关键人物等，企业需要提前进行人才储备和规划。通过制定明确的继任计划和培养方案，包括选拔标准、培养周期、晋升通道等方面的内容，可以确保在关键人物离职或岗位空缺时能够迅速找到合适的人选进行替补或晋升。这样可以有效避免人才断层或青黄不接的情况发生，保障企业的正常运营和持续发展。

最后，营造良好的企业文化和工作环境以吸引和留住人才。企业文化是员工共同的价值观和行为准则的体现，它对员工的归属感和忠诚度有着重要影响。通过营造积极向上、开放包容的企业文化氛围以及舒适宜人的工作环境和福利待遇等措施，企业可以增强员工的认同感和归属感，提高员工的工作满意度和忠诚度。这样可以有效降低人才流失率并吸引更多优秀的人才加入企业团队共同推动成果转化工作向前发展。

三、定期评估并调整人力资源管理策略以适应成果转化需求

（一）建立定期评估机制

为确保人力资源管理策略的持续有效性，并使其紧密适应成果转化的需求，企业必须建立一套科学、系统的定期评估机制。这一机制应涵盖人力资源管理的各个方面，包括人力资源规划、招聘与选拔、培训与发展、绩效管理、薪酬福利等，确保各项工作均受到全面、客观的评估。

在人力资源规划方面，评估应关注规划是否与企业战略目标相一致，是否充分考虑了企业未来发展的需要以及市场、技术等因素的变化。招聘与选拔方面，应评估招聘渠道的多样性、选拔标准的合理性以及招聘流程的效率等。培训与发展方面，应重点评估培训内容的针对性、培训方式的多样性以及培训效果的实际转化等。绩效管理方面，应评估绩效考核体系的公正性、激励作用以及考核结果的应用等。薪酬福利方面，则需关注薪酬体系的公平性、竞争性以及福利政策的满足度等。

评估的频率可以根据企业的实际情况进行设定，一般建议每年至少进行一次全面评估。此外，当企业面临重大变革或市场环境发生显著变化时，也应适

时进行专项评估,以确保人力资源管理策略能够快速响应并适应新的形势。

(二)及时调整人力资源管理策略

基于定期评估的结果,企业必须勇于面对并接受评估中发现的问题和挑战,及时调整和优化人力资源管理策略。这种调整和优化不仅是对现有问题的修正,更是对未来发展的预见和准备。

在调整策略时,企业应首先明确调整的目标和原则,确保调整后的策略既符合企业的战略需求,又能有效支撑成果转化的实现。具体调整措施可能包括优化招聘流程、更新培训内容、改进绩效考核方式、调整薪酬福利政策等。每一项调整都需要经过深思熟虑和充分论证,确保其科学性和可行性。

同时,企业还应关注调整后策略的实施和监控。通过设立专门的实施团队、制定详细的实施计划以及建立持续的监控机制,企业可以确保调整后的策略能够得到有效执行,并及时发现和解决执行过程中出现的问题。

(三)关注员工反馈与需求

员工是企业最宝贵的资源,也是成果转化过程中最活跃的因素。因此,在调整人力资源管理策略时,企业必须高度关注员工的反馈和需求。

通过定期的员工满意度调查、座谈会、个别访谈等方式,企业可以收集到员工对人力资源管理各方面的意见和建议。这些反馈不仅能帮助企业了解员工的满意度和忠诚度,还能揭示出管理中存在的问题和潜在风险。

在收集到员工反馈后,企业应认真分析并归类整理这些意见和建议,找出问题的根源和解决方案。对于员工普遍关注的问题,企业应优先处理并给出明确的改进计划和时间表。对于个别员工的问题或需求,企业也应给予关注并提供必要的帮助和支持。

通过关注员工反馈与需求并及时做出响应和调整,企业可以建立起一种积极、开放、包容的文化氛围,使员工更加愿意参与到成果转化的过程中来,为企业的持续发展贡献自己的力量。

四、建立持续改进的文化氛围以促进成果转化的持续发展

（一）倡导持续改进的理念

要实现成果转化的持续发展，企业必须在内部建立一种倡导持续改进的文化氛围。这种文化氛围的核心是鼓励员工不断追求卓越、勇于创新，并始终保持对现状的不满足和对改进的渴望。

为了倡导这种理念，企业可以通过各种渠道进行宣传和教育。例如，在内部会议上强调持续改进的重要性，分享行业内外的成功改进案例，邀请专家进行专题讲座等。此外，企业还可以将持续改进的理念融入企业的愿景、使命和价值观中，使其成为企业文化的重要组成部分。

通过持续的宣传和教育，企业可以逐渐培养起员工对持续改进的认同感和责任感，使员工自觉地将这一理念融入自己的日常工作中。

（二）建立持续改进的机制

除了倡导理念，企业还需要建立一套科学、系统的持续改进机制，以确保改进工作能够持续、有效地进行。这套机制应包括改进建议的收集、分析、实施和评估等环节。

首先，企业应设立专门的渠道和平台，鼓励员工积极提出改进建议。这些建议可以涉及工作流程的优化、产品质量的提升、客户服务的改进等方面。为了激发员工的参与热情，企业还可以设立奖励制度，对提出有益建议的员工给予表彰和奖励。

其次，企业应建立专门的团队或部门负责收集和分析这些改进建议。这个团队应具备跨部门的协作能力，能够对建议进行全面、客观的分析，并制定出具体的改进计划和实施方案。

最后，企业应建立评估机制对改进成果进行客观的评价和总结。这包括定期回顾改进计划的执行情况、评估改进成果的实际效果以及收集员工对改进工作的反馈意见等。通过评估机制，企业可以及时发现改进过程中存在的问题和不足，为下一轮的改进工作提供借鉴和指导。

(三)关注过程管理与结果导向

在建立持续改进的文化氛围时,企业需要平衡过程管理与结果导向的关系。过程管理强调对改进工作的全程跟踪和监控,确保每一步都符合预期的目标和要求。这包括明确改进目标、制定详细的实施计划、分配必要的资源以及建立持续的监控机制等。通过过程管理,企业可以确保改进工作的顺利进行,并及时发现和纠正偏差。

然而,仅有过程管理是不够的。企业还需要以结果为导向,以实际的成果来评价和改进工作的价值。这意味着在改进过程中,企业应关注改进成果的实际效果和影响,并将其作为衡量改进工作成功与否的重要标准。通过结果导向的管理方式,企业可以确保改进工作能够真正为企业带来实际的效益和提升。

(四)强化团队协作与沟通

团队协作与沟通是建立持续改进文化氛围的重要支撑。在改进过程中,企业需要打破部门壁垒和消除信息孤岛,促进不同部门和员工之间的紧密合作与有效沟通。

为了强化团队协作与沟通,企业可以采取多种措施。首先,可以定期组织跨部门的沟通和协作活动,如团队建设活动、项目合作等。这些活动有助于增进员工之间的相互了解和信任,促进信息的共享和资源的整合。其次,企业可以建立开放、透明的沟通渠道和平台,鼓励员工积极表达自己的观点和想法。这些渠道和平台可以是定期的会议、内部论坛、即时通信工具等。最后,企业还应注重培养员工的团队协作精神和沟通技巧。通过培训和指导,帮助员工提升团队协作能力和沟通效率。

通过强化团队协作与沟通,企业可以建立起一种积极向上、开放包容的文化氛围,使每个员工都能积极参与到持续改进的过程中来,共同为企业的持续发展贡献力量。

第五章 市场营销与成果转化

第一节 市场营销在成果转化中的作用

一、市场营销对提升成果转化效率的影响

市场营销在成果转化过程中扮演着至关重要的角色，其对于提升成果转化效率的影响不容忽视。

（一）精准定位市场需求，加速成果转化

市场营销的核心在于深入了解并精准定位市场需求。通过市场调研，企业可以获取关于目标市场的翔实信息，包括消费者的需求偏好、竞争对手的产品情况以及市场趋势等。这些信息为企业制定成果转化策略提供了有力支持，帮助企业迅速找到市场空白点或改进空间，从而加速成果转化进程。

（二）构建高效营销渠道，提升成果转化效率

市场营销还涉及构建高效营销渠道的任务。通过合理的渠道布局和渠道管理，企业可以将产品快速、准确地传达给目标客户群，缩短成果转化周期。例如，利用互联网平台进行线上营销，不仅可以迅速覆盖广泛的目标受众，还能通过数据分析精准投放广告，提高营销效率和成果转化效率。

（三）强化品牌建设，提高成果转化价值

品牌建设是市场营销的重要组成部分。一个强大的品牌不仅可以提升企业的知名度和美誉度，还能增加产品的附加值，提高成果转化价值。通过品牌传播、品牌体验等手段，企业可以在消费者心中建立起独特的品牌形象，使消费者对产品产生信任感和忠诚度，从而促进成果的转化和价值的实现。

二、市场营销策略与成果转化目标的对接

为了实现成果转化的目标，市场营销策略需要与之紧密对接。以下是对接过程中的几个关键点。

（一）明确成果转化目标，制定针对性营销策略

企业在制定市场营销策略时，首先要明确成果转化的目标，包括转化的数量、速度、价值等。然后，根据目标制定针对性的营销策略，确保每一项营销活动都紧密围绕成果转化目标展开，避免无效投入和资源浪费。

（二）创新营销手段，突破成果转化瓶颈

在面对市场竞争激烈、消费者需求多变的挑战时，企业需要创新营销手段，突破成果转化的瓶颈。例如，利用大数据技术进行精准营销、开发个性化定制产品满足消费者差异化需求、通过社交媒体与消费者建立紧密互动等，都是有效的创新手段。这些手段可以帮助企业更好地适应市场变化，提升成果转化效果。

（三）强化市场反馈机制，优化成果转化过程

市场营销与成果转化是一个相互影响、相互促进的过程。企业需要建立完善的市场反馈机制，及时收集和分析市场反馈信息，了解营销活动的效果和成果转化的情况。然后，根据反馈信息进行策略调整和优化，确保市场营销与成果转化始终保持良性互动。

（四）协同内外部资源，形成合力推动成果转化

市场营销需要协同内外部资源共同推动成果转化。企业内部需要建立跨部门协同机制，确保研发、生产、销售等部门在成果转化过程中形成合力；企业外部则需要与合作伙伴、行业协会等建立紧密合作关系，共同开拓市场、推广产品。通过内外部资源的协同作用，可以形成强大的推动力，加速成果转化的进程。

三、市场营销在促进成果接受度与认可度中的作用

市场营销在促进成果接受度与认可度方面发挥着重要作用，具体体现在以下几个方面。

（一）提高市场认知度，促进成果接受

市场营销通过广告宣传、公关活动、促销活动等手段，将产品信息传达给目标受众，提高市场对产品的认知度。当消费者对产品有了一定的了解和认识后，他们更容易接受并尝试使用新产品。因此，市场营销在提高市场认知度方面发挥着至关重要的作用，为成果的接受创造了良好的条件。

（二）塑造品牌形象，提升成果认可度

品牌形象是消费者对产品或企业的整体印象和评价。良好的品牌形象可以提升消费者对产品的信任度和忠诚度，从而提高成果的认可度。市场营销通过品牌传播、品牌体验等手段塑造积极、正面的品牌形象，使消费者对产品产生好感和信赖感。这种信赖感会促使消费者更愿意尝试和接受新产品，进而推动成果的转化和应用。

（三）建立口碑效应，扩大成果影响力

口碑效应是指消费者在使用产品后形成的良好评价，并通过口口相传的方式将评价传播给更多人。口碑效应对于促进成果接受度和认可度具有显著影响。市场营销通过提供优质的产品和服务、积极回应消费者反馈等方式建立良好的口碑效应。当越来越多的消费者对产品给予正面评价时，这种口碑效应会不断扩散和放大，吸引更多潜在消费者关注和尝试新产品。

（四）激发消费者需求，创造市场需求空间

市场营销不仅满足消费者现有需求，还通过创新手段激发消费者潜在需求，创造新的市场需求空间。例如，通过开发新产品功能、提供个性化定制服务等方式满足消费者差异化需求；通过举办体验活动、打造消费场景等方式激发消费者购买欲望。这些创新手段可以帮助企业拓展市场份额，提高成果接受度和认可度。同时，也为成果的进一步转化和应用创造了更大的市场空间。

第二节 制定促进成果转化的市场营销策略

一、明确成果转化目标与市场营销定位

在制定促进成果转化的市场营销策略之初,企业必须清晰地设定其成果转化目标和市场营销定位。这两个要素是构建整个策略体系的基石,不仅为策略制定指明方向,而且确保所有市场营销活动都紧密围绕核心目标展开。

(一)确定成果转化目标

成果转化是将研究成果、技术创新等转化为具有市场竞争力的产品或服务的过程。因此,确定成果转化目标是整个市场营销策略制定的第一步。这些目标应该与企业的长期发展战略相契合,同时反映市场需求和行业趋势。

在制定成果转化目标时,企业需要综合考虑多个因素。首先,要评估成果的潜在市场价值,包括市场规模、增长潜力、客户接受度等。这将有助于确定成果在市场中的定位和发展空间。其次,要考虑技术的成熟度和可行性。技术成熟度高的成果更容易实现商业化,而技术可行性则决定了成果是否能够在实际应用中发挥作用。此外,还需要分析竞争状况,包括竞争对手的产品、市场份额、营销策略等。这将有助于企业找到自身的差异化竞争优势,并制定针对性的市场营销策略。

具体来说,成果转化目标可以包括提高市场占有率、增强品牌影响力、实现技术领先等。提高市场占有率意味着企业要在市场中占据更大的份额,这通常需要通过扩大产品线、提高产品质量、优化定价策略等方式实现。增强品牌影响力则要求企业在市场中塑造独特的品牌形象和价值主张,这可以通过广告宣传、公关活动、客户体验等方式实现。实现技术领先则意味着企业要在技术创新方面保持领先地位,这需要企业持续投入研发资源,跟踪行业最新技术动态,并不断完善自身技术体系。

(二)明确市场营销定位

市场营销定位是企业在目标市场中塑造的独特形象和价值主张,它决定了企业在市场中的竞争地位和发展方向。为了有效地推动成果转化,企业必须明

确自身的市场营销定位。

首先，要确定目标客户群体。不同的客户群体有不同的需求和偏好，因此企业需要深入了解目标客户的特征、需求和行为模式，以便为他们提供有针对性的产品或服务。通过市场细分，企业可以将市场划分为不同的子市场或群体，每个子市场都具有相似的需求和特征。这样可以帮助企业更准确地定位目标客户群体，并制定针对性的市场营销策略。

其次，要进行差异化竞争优势分析。差异化竞争优势是企业与竞争对手相比所具有的独特优势或特点。这些优势可以来自产品、服务、品牌、渠道等多个方面。通过分析自身的差异化竞争优势，企业可以更好地满足客户需求，提升市场竞争力。同时，差异化竞争优势也是企业制定市场营销策略的重要依据之一。

最后，要确定市场营销定位的具体表述。市场营销定位应该简洁明了地阐述企业的独特价值主张和竞争优势。它应该包括目标客户群体、产品或服务的特点、差异化竞争优势等元素，以便在市场上塑造独特的品牌形象和认知度。

（三）制定成果转化路线图

在明确了成果转化目标和市场营销定位后，企业需要制定详细的成果转化路线图。这份路线图将作为整个市场营销策略实施的指南，确保所有活动都紧密围绕目标展开。

成果转化路线图应该包括关键里程碑、时间节点和资源需求等要素。关键里程碑是指在整个转化过程中具有标志性意义的事件或节点，如产品研发完成、市场测试成功、销售渠道建立等。时间节点则明确了各个里程碑的完成时间和进度安排。资源需求则列出了实现各个里程碑所需的人力、物力、财力等资源投入。

通过制定详细的成果转化路线图，企业可以确保整个转化过程的顺利进行。同时，它也为后续的市场营销策略实施提供了有力支持，确保所有活动都按照既定的时间表和计划进行。

二、选择适合成果转化的市场营销组合策略

在明确了成果转化目标和市场营销定位后,企业需要选择适合的市场营销组合策略来推动成果的商业化和市场化。市场营销组合策略包括产品策略、价格策略、渠道策略和促销策略四个主要方面。

(一)产品策略

产品策略是市场营销组合策略的核心,它直接决定了企业能够提供什么样的产品或服务来满足市场需求。对于成果转化而言,产品策略的制定尤为关键。

首先,企业需要根据市场需求和竞争状况来确定产品的功能、设计和品质等方面的要求。这意味着企业需要对市场进行深入的调研和分析,了解客户的实际需求和期望,以便为他们提供有价值的产品或服务。同时,企业还需要关注竞争对手的产品特点和优势,以便找到自身的差异化竞争点。

其次,产品策略应注重突出成果的创新性和实用性。创新性是指产品或服务与市场上现有产品相比所具有的新颖性和独特性。实用性则是指产品或服务能够实际解决客户的问题或满足他们的需求。通过突出创新性和实用性,企业可以更好地吸引客户的注意并提升市场竞争力。

此外,企业还需要关注产品的生命周期管理。任何产品都会经历引入期、成长期、成熟期和衰退期等不同的生命周期阶段。因此,企业需要根据产品的不同阶段来调整和完善产品策略,以保持市场竞争力。例如,在引入期,企业可以通过广告宣传和免费试用等方式来提高产品的知名度和吸引力;在成长期和成熟期,企业可以通过扩大产品线、提高产品质量和优化定价策略等方式来巩固市场地位;在衰退期,企业则需要考虑如何更新产品或开发新的替代产品来保持市场竞争力。

(二)价格策略

价格策略是影响产品销售的重要因素之一。在制定价格策略时,企业需要综合考虑成本、市场需求和竞争状况等多个因素。对于成果转化而言,价格策略的制定尤为关键,因为它直接决定了企业能否从市场中获得足够的回报来支持进一步的研发和创新活动。

首先，企业需要确定合适的定价方法。常见的定价方法包括成本导向定价、竞争导向定价和市场导向定价等。成本导向定价是指根据产品的成本加上一定的利润来确定价格；竞争导向定价是指根据竞争对手的价格来制定自身产品的价格；市场导向定价则是指根据市场需求和消费者的支付能力来确定价格。企业需要根据自身的实际情况和市场环境来选择合适的定价方法。

其次，企业需要制定灵活的价格调整策略。市场环境和竞争状况是不断变化的，因此企业需要随时调整产品价格以适应市场的变化。例如，当市场需求增加时，企业可以适当提高产品价格以获得更高的利润；当竞争对手降价时，企业也需要考虑是否跟进降价以保持市场份额。

最后，企业还需要关注价格与品牌形象之间的关系。价格不仅是产品销售的重要因素，也是塑造品牌形象的重要手段之一。高价产品往往被视为高品质和高档次的象征，而低价产品则可能被视为低品质和低档次的象征。因此，企业在制定价格策略时需要考虑价格与品牌形象之间的平衡。

（三）渠道策略

渠道策略涉及产品的分销渠道选择和管理。对于成果转化而言，选择合适的销售渠道是确保产品能够覆盖目标市场并实现销售的关键。

首先，企业需要评估不同的销售渠道对产品销售的影响。常见的销售渠道包括直销、代理商销售、经销商销售、线上销售等。不同的销售渠道有不同的优缺点和适用范围，企业需要根据产品的特点、目标市场和竞争状况来选择合适的销售渠道。例如，对于技术含量高、专业性强的产品，直销可能更为合适；而对于大众消费品，线上销售和经销商销售可能更为有效。

其次，企业需要加强对分销渠道的管理和协调。这包括与渠道合作伙伴建立良好的合作关系、制定明确的销售目标和计划、提供必要的支持和培训等。通过加强对分销渠道的管理和协调，企业可以确保产品的顺畅流通并提高销售效率。

最后，企业还需要关注销售渠道的多元化和灵活性。随着市场环境的变化和消费者需求的多样化，企业可能需要调整或增加新的销售渠道来适应市场的变化。因此，保持销售渠道的多元化和灵活性对于企业的长期发展至关重要。

(四)促销策略

促销策略是企业通过各种手段来刺激消费者购买行为的活动。对于成果转化而言,促销策略的制定和实施对于提高产品的知名度和吸引力至关重要。

首先,企业需要确定合适的促销方式。常见的促销方式包括广告宣传、公关活动、销售促进等。广告宣传是通过各种媒体向消费者传递产品信息和品牌形象;公关活动是通过与公众建立良好的关系来提升品牌形象和知名度;销售促进则是通过提供优惠、赠品等方式来刺激消费者的购买行为。企业需要根据产品的特点、目标市场和预算等因素来选择合适的促销方式。

其次,企业需要制定详细的促销计划。这包括确定促销目标、选择合适的促销时机和频率、制定具体的促销方案等。通过制定详细的促销计划,企业可以确保促销活动的有效性和针对性。

最后,企业还需要关注促销活动的执行和评估。执行阶段需要确保所有促销活动都按照既定的计划进行,并及时调整和优化活动方案以适应市场的变化;评估阶段则需要对促销活动的效果进行客观的评价和总结,以便为后续的促销活动提供借鉴和指导。

三、创新市场营销模式以加速成果转化

为了加速成果转化过程,企业需要摒弃传统的市场营销模式,勇于创新,探索新的营销理念和手段。以下是对创新市场营销模式的详细探讨。

(一)引入数字化营销手段

数字化营销已成为当今市场营销的主流趋势,其以互联网为基础,通过社交媒体、搜索引擎优化(SEO)、内容营销等多种手段,实现了品牌与消费者之间的高效互动。为了加速成果转化,企业必须紧跟数字化营销的步伐。

首先,社交媒体是数字化营销的重要阵地。企业可以通过微博、微信、抖音等社交媒体平台,发布产品信息、分享行业动态、与消费者互动,从而扩大品牌曝光度,提升消费者认知度。其次,搜索引擎优化(SEO)能够帮助企业网站在搜索引擎中获得更高的排名,提高网站的访问量和转化率。此外,内容营销也是一种有效的数字化营销手段。企业可以通过撰写博客、发布视频、举

办网络研讨会等方式，提供有价值的内容，吸引潜在客户的关注，进而促进成果转化。

数字化营销手段不仅提高了营销效率，还降低了营销成本。通过大数据分析，企业可以更精准地了解客户需求和市场趋势，为产品优化和策略调整提供有力支持。因此，引入数字化营销手段是企业加速成果转化的重要途径。

（二）开展产学研合作

产学研合作是企业与高校、科研机构等合作开展技术创新和成果转化的重要方式。这种合作模式可以充分发挥各方的优势资源，实现技术创新和成果转化的高效协同。

在产学研合作中，企业可以获取高校和科研机构的先进技术和研发成果，缩短产品研发周期，降低研发风险。同时，高校和科研机构也可以从企业中获取市场需求和实际应用场景，使研发成果更具针对性和实用性。这种合作模式不仅促进了技术创新和成果转化，还加强了企业与高校、科研机构之间的紧密联系，为未来的合作奠定了坚实基础。

为了有效开展产学研合作，企业需要建立完善的合作机制和沟通渠道。首先，企业需要与高校、科研机构建立长期的战略合作关系，明确合作目标和任务分工。其次，企业需要设立专门的合作管理团队，负责与合作方的日常沟通和协调工作。最后，企业需要制定合理的利益分配机制，确保合作各方的利益得到保障。

（三）探索个性化营销策略

随着消费者需求的多样化和个性化趋势的加剧，传统的市场营销模式已经无法满足不同客户群体的需求。因此，企业需要探索个性化营销策略，以满足客户的独特需求。

个性化营销策略的核心是以客户为中心，根据客户的喜好、需求和行为等特征，提供定制化的产品或服务。例如，企业可以通过客户调研和数据分析，了解客户的消费习惯和偏好，然后推出符合客户需求的定制化产品或服务。同时，企业还可以利用社交媒体和大数据等技术手段，实时监测客户的反馈和需求变化，及时调整产品和服务策略，以保持与客户的紧密互动和高度满意。

个性化营销策略不仅可以提升客户满意度和忠诚度,还可以帮助企业发掘新的市场机会和增长点。通过深入了解客户需求和提供定制化解决方案,企业可以建立起独特的竞争优势,从而在激烈的市场竞争中脱颖而出。

四、评估与调整市场营销策略以确保成果转化效果

为了确保市场营销策略的有效性并促进成果转化,企业需要定期评估策略执行情况并根据市场反馈进行调整。以下是对评估与调整市场营销策略的详细阐述。

(一)监测市场动态以把握机遇与挑战

市场动态是企业制定和调整市场营销策略的重要依据。企业需要密切关注行业发展、竞争对手动态、政策法规变化等信息,以便及时发现市场机遇和挑战。通过定期收集和分析行业动态报告、竞争对手情报以及政策法规变动等信息,企业可以把握市场脉搏,为策略调整提供有力支持。此外,企业还应关注消费者需求变化和新兴技术的发展趋势,以便及时调整产品策略和创新方向。

(二)收集客户反馈以优化产品与服务

客户反馈是企业了解客户需求和满意度的重要途径。为了收集真实有效的客户反馈,企业需要建立多渠道、多形式的反馈机制。例如,可以通过在线调查、电话访问、社交媒体互动等方式收集客户对产品和服务的评价及改进建议。同时,企业还应重视客户的投诉和抱怨,认真分析原因并采取措施进行改进。通过收集和分析客户反馈,企业可以及时发现产品存在的问题和不足,为产品优化和服务提升提供有力依据。

(三)分析销售数据以衡量策略效果

销售数据是衡量市场营销策略效果的重要指标。企业需要定期收集和分析销售额、销售量、客户增长率等关键数据的变化趋势。通过对销售数据的深入挖掘和分析,企业可以评估市场营销策略的执行效果,发现策略中存在的问题和不足之处。同时,销售数据还可以为企业预测未来市场趋势和制定更合理的销售策略提供有力支持。

(四)持续改进与优化市场营销策略

市场营销策略的制定和实施是一个持续改进和优化的过程。企业需要根据市场变化、客户需求和竞争状况等因素的变化，不断调整和优化市场营销策略。例如，当发现某一营销策略效果不佳时，企业需要及时调整策略方向或优化执行方式；当市场出现新的竞争对手或产品时，企业需要迅速调整产品定位和营销策略以应对挑战。同时，企业还需要加强对市场营销人员的培训和管理，提高他们的专业素养和执行能力。通过持续改进和优化市场营销策略，企业可以更好地推动成果转化工作的发展并实现长期的市场竞争优势。

第三节　市场营销与成果转化的协同机制

一、建立市场营销与研发团队的紧密合作

（一）明确共同目标与责任

市场营销与研发团队之间的紧密合作是实现企业成果转化的关键。为实现这一协同目标，双方团队必须首先明确共同的目标和责任。这些目标和责任不仅关乎各自团队的工作内容和职责范围，更在于形成一种共同的使命感，推动双方在协同工作中形成合力，确保整个成果转化的顺利进行。

市场营销团队在了解研发团队的技术成果和产品特点方面扮演着至关重要的角色。他们需要深入了解产品的技术细节、独特卖点以及潜在的市场竞争优势，以便能够准确地传递产品价值给目标客户群体。同时，市场营销团队还需要密切关注市场动态和客户需求变化，为研发团队提供及时、准确的市场反馈，帮助他们不断优化产品设计和功能。

而研发团队则需要对市场营销团队的需求和市场反馈保持高度敏感和响应。他们需要不断地根据市场需求和客户反馈来优化产品设计和功能，确保产品能够满足市场的实际需求。同时，研发团队还需要与市场营销团队保持密切沟通，共同解决在市场推广过程中遇到的技术问题和挑战。

通过明确共同的目标和责任，市场营销与研发团队可以更加高效地开展工

作。双方可以在协同机制中充分发挥各自的专业优势，形成互补效应，共同推动成果转化取得更好的效果。这种紧密的合作关系不仅有助于提升企业的市场竞争力，还能够为企业的长期发展奠定坚实的基础。

（二）加强沟通与信息共享

在市场营销与研发团队之间建立紧密合作的过程中，加强沟通与信息共享是至关重要的一环。双方团队需要定期举行会议，就市场趋势、客户需求、产品进展等方面进行深入的交流和讨论。这种定期的沟通机制有助于双方及时了解彼此的工作进展和面临的挑战，从而能够迅速调整策略、优化产品，以更好地满足市场需求。

除了定期会议，市场营销与研发团队还应建立信息共享平台，实时更新市场动态、技术进展等重要信息。这有助于双方团队保持对市场和技术变化的敏感性，及时捕捉潜在的市场机会和技术创新点。通过信息共享，双方团队可以更加全面地了解市场和技术的整体状况，为制定更加精准的市场营销策略和产品研发计划提供有力支持。

加强沟通与信息共享不仅有助于提升市场营销与研发团队的工作效率，还能够增强双方团队的互信和合作精神。当面对复杂多变的市场环境和技术挑战时，双方团队可以更加团结一致，共同应对挑战，推动企业的成果转化工作取得更好的成果。

（三）共同制定市场推广计划

市场营销与研发团队共同制定市场推广计划是确保产品成功上市并取得良好市场表现的关键步骤。在制定市场推广计划时，双方团队需要充分考虑市场需求、竞争态势、产品定位等关键因素，以确保推广策略与市场需求的高度契合。

首先，双方团队需要对目标市场进行深入的分析和研究，了解消费者的需求偏好、购买习惯以及竞争对手的产品特点和市场策略。通过市场调研和数据分析，双方团队可以更加准确地把握市场趋势和潜在机会，为制定有针对性的市场推广计划提供有力依据。

其次，双方团队需要就产品的定位、目标受众、推广渠道等方面进行深入的讨论和交流。市场营销团队可以根据市场调研结果提出具有针对性的推广策略和建议，而研发团队则可以从产品特点和技术优势出发，为推广策略提供有力的支持。通过双方的共同努力，可以制定出既符合市场需求又体现产品独特卖点的市场推广计划。

最后，双方团队还需要就推广过程中的关键节点、预期目标等达成共识。这有助于确保双方在推广过程中保持一致性和协同性，共同为产品的市场表现和成果转化效果负责。通过共同制定市场推广计划，市场营销与研发团队可以更加紧密地协作，形成合力，推动产品在市场上取得更好的成绩。

（四）建立激励机制与评价体系

为保持市场营销与研发团队的持续合作动力，建立相应的激励机制与评价体系至关重要。企业应认识到，这两个团队的紧密合作是推动成果转化的关键因素，因此需要通过合理的激励和评价机制来激发他们的积极性和创造力。

首先，对于在协同工作中表现突出的团队和个人，企业应给予相应的奖励和晋升机会。这种奖励不仅限于物质层面，如提供额外的奖金、晋升机会等，还应包括精神层面的激励，如颁发荣誉证书、举办表彰大会等。这些措施可以让团队成员感受到自己的付出得到了认可，从而增强他们的归属感和忠诚度。

其次，企业需要定期对协同工作的效果进行评价。这种评价应该是全面而客观的，既要考虑到短期的成果，也要关注长期的发展潜力。通过收集客户反馈、分析市场数据、评估产品性能等方式，企业可以对市场营销与研发团队的协同工作效果进行量化评估。这种评估结果不仅可以作为改进工作的依据，还可以为未来的激励机制调整提供参考。

最后，企业需要建立一个公平、透明的评价体系。这个体系应该明确评价标准、评价周期和评价方式，确保每个团队成员都能清楚地了解自己的工作目标和评价标准。同时，评价体系还应注重团队成员的参与和反馈，鼓励他们提出改进意见和建议，以便不断完善和优化评价机制。

通过建立合理的激励机制与评价体系，企业可以更加有效地推动市场营销与研发团队的紧密合作。这种合作不仅可以提升企业的市场竞争力，还可以为企业的长期发展奠定坚实的基础。同时，这种合作模式也有助于培养团队成员的团队协作精神和创新能力，为企业的持续发展注入新的活力。

二、实现市场营销策略与成果转化计划的同步

（一）确保策略一致性

市场营销策略与成果转化计划的同步是实现企业整体战略目标的重要环节。首先，双方需要确保策略一致性，即市场营销策略应围绕成果转化计划的核心目标展开，确保市场活动的方向、定位和推广手段与成果转化计划相匹配。这种一致性有助于形成统一的战略方向，避免资源浪费和内部竞争。

为实现策略一致性，市场营销团队与研发团队需要保持密切沟通，共同制定市场营销策略和推广计划。双方应就市场定位、目标客户、竞争状况等进行深入分析，确保市场推广活动与产品研发方向相契合。同时，企业还应建立跨部门协同机制，促进市场营销、研发、生产、销售等部门之间的信息共享和资源整合，共同推动成果转化和市场营销的成功实施。

（二）动态调整与优化

市场环境和客户需求的变化要求企业不断对市场营销策略和成果转化计划进行动态调整与优化。市场营销团队应密切关注市场动态和客户反馈，及时发现市场机会和潜在威胁，调整推广策略和活动方案以适应市场变化。同时，研发团队也应根据市场反馈和技术进展不断优化产品设计和功能，提升产品的市场竞争力。

为实现动态调整与优化，企业需要建立灵活的市场营销和研发流程，鼓励团队成员积极创新、勇于尝试。同时，企业还应加强内部培训和学习，提升团队成员的专业素养和市场敏感度，确保他们具备应对市场变化的能力。此外，企业还应建立定期评估机制，对市场营销策略和成果转化计划的执行效果进行全面评估，及时发现问题并进行改进。

（三）强化跨部门协同

市场营销与成果转化涉及多个部门和环节，强化跨部门协同是实现策略与计划同步的关键。企业应建立跨部门协作机制，明确各部门在市场营销和成果转化过程中的角色和职责，加强信息共享和资源整合。通过定期召开跨部门会议、建立联合工作小组等方式，促进市场营销、研发、生产、销售等部门之间

的紧密合作，共同推动成果转化的成功。

此外，企业还应注重培养跨部门的沟通和协作能力。通过组织团队建设活动、开展跨部门培训等方式，提升团队成员的团队协作意识和沟通技巧，确保各部门在协同工作中能够顺畅沟通、高效协作。这种跨部门协同的工作模式有助于打破部门壁垒，提高企业内部的工作效率和创新能力。

（四）注重长期规划与短期目标的平衡

在实现市场营销策略与成果转化计划同步的过程中，企业需要注重长期规划与短期目标的平衡。长期规划为企业指明发展方向和目标，而短期目标则是实现长期规划的具体步骤和阶段性成果。企业在制定市场营销策略和成果转化计划时，应充分考虑长期规划的要求，确保策略与计划符合企业的整体发展战略。

同时，企业还应设定切实可行的短期目标，确保市场营销策略和成果转化计划能够在短期内取得明显成效。这些短期目标应既具有挑战性又可实现，能够激发团队成员的积极性和创造力。通过不断实现短期目标，企业可以逐步积累经验和资源，为实现长期规划奠定坚实基础。

在平衡长期规划与短期目标时，企业需要保持灵活性和适应性。当市场环境或客户需求发生变化时，企业应及时调整市场营销策略和成果转化计划，以适应新的市场形势。同时，企业还应关注内外部环境的变化趋势，预测未来可能出现的机会和挑战，提前制定应对措施以确保企业的持续发展。

三、构建面向市场的成果转化评估与反馈体系

（一）确立评估标准与指标

为客观评价成果转化的市场效果，必须构建一套全面、细致且具备可操作性的评估标准与指标。这些标准与指标不仅要涵盖市场需求满足度、客户满意度以及产品竞争力等核心方面，还要确保能够真实、准确地反映成果转化的实际效果和市场表现。

市场需求满足度是评估成果转化的首要标准。企业需要深入了解市场趋势和消费者需求，通过市场调研、数据分析等方式，确保研发的产品或服务能够紧密贴合市场需求。客户满意度则直接关系到企业的品牌形象和市场口

碑。通过客户调研、问卷调查等方式，收集客户对产品或服务的真实反馈，以便及时发现问题并进行改进。产品竞争力则是企业在市场中立足的根本。企业需要关注同类产品的性能、价格、品质等方面，确保自己的产品在市场中具备竞争优势。

为确保评估工作的有效性和可操作性，评估标准与指标还应具备可量化性。企业可以通过设定具体的量化指标，如销售额、市场份额、客户满意度评分等，对成果转化的市场效果进行量化评估。这将有助于企业更加清晰地了解成果转化的实际效果，为后续的决策和改进提供有力支持。

（二）建立多渠道反馈机制

为确保评估结果的全面性和准确性，企业需要建立多渠道反馈机制，从多个角度收集市场反馈。直接反馈方面，企业可以通过客户调研、市场问卷等方式，直接了解客户对产品或服务的满意度、需求以及改进意见。这些反馈信息将为企业优化产品设计、提升服务质量提供重要参考。间接反馈方面，企业可以通过分析销售数据、市场份额等指标，了解产品在市场中的表现以及竞争态势。这些数据将有助于企业把握市场趋势，及时调整市场营销策略和产品研发方向。

此外，企业还应关注社交媒体、行业论坛等渠道上的舆论反馈。这些渠道上的信息往往能够反映出消费者对产品的真实态度和市场趋势。通过监测和分析这些舆论反馈，企业可以及时发现问题并进行应对，避免潜在的市场风险。

（三）定期评估与持续改进

为确保评估结果的时效性和准确性，企业应定期对成果转化进行评估。评估周期可以根据项目进展和市场变化进行调整，以确保评估结果能够及时反映市场变化和企业实际情况。在评估过程中，企业应遵循客观、公正的原则，对收集到的反馈信息进行深入分析，找出存在的问题和不足。

针对评估中发现的问题和不足，企业应建立持续改进机制。这包括制定具体的改进措施和计划，明确改进目标和时间节点，并落实到相关责任人和部门。通过持续改进，企业可以不断优化成果转化流程和市场推广策略，提高产品竞争力和市场占有率。

（四）强化评估结果的应用

评估结果的应用是构建面向市场的成果转化评估与反馈体系的关键环节。企业应将评估结果作为调整市场营销策略、优化产品设计和改进生产流程的重要依据。通过深入分析评估结果，企业可以更加精准地把握市场需求和消费者偏好，从而调整产品定位和市场推广策略。

同时，评估结果还可以为企业优化资源配置提供有力支持。根据评估结果，企业可以更加清晰地了解各项工作的投入产出比和市场效果，从而优化资源配置方案，提高资源利用效率。此外，评估结果还可以为企业制定长期发展规划和战略决策提供重要参考。

四、优化资源配置以支持市场营销与成果转化的协同

（一）确保关键资源投入

为实现市场营销与成果转化的协同，企业必须确保对关键资源的充足投入。这些关键资源包括资金、人才、技术等，它们是支持市场推广、产品研发和成果转化等核心活动的基础。企业应根据实际需求和市场趋势，制定科学合理的资源投入计划，确保各项工作的顺利开展。

在资金投入方面，企业应确保有足够的预算用于市场推广和产品研发。同时，还应建立灵活的资金调配机制，以便在市场变化时及时调整投入策略。在人才投入方面，企业应注重培养和引进具备市场营销和科技成果转化能力的高端人才，打造专业、高效的团队。在技术投入方面，企业应关注行业技术发展趋势，及时引进和更新先进技术，提升产品竞争力和市场竞争力。

（二）提高资源配置效率

优化资源配置的关键在于提高配置效率。企业应建立科学的资源配置机制，根据市场营销和成果转化的实际需求进行动态调整。这要求企业加强内部沟通与协作，确保各部门之间能够顺畅沟通、协同工作。通过定期召开跨部门会议、建立信息共享平台等方式，促进企业内部的信息流通和资源共享，避免资源浪费和重复投入。

此外，企业还应注重提升资源配置的灵活性和响应速度。在市场变化时，

能够迅速调整资源配置方案,确保资源能够及时投入到最需要的领域。这要求企业建立灵活的组织架构和决策机制,以便在市场变化时能够快速响应和调整。

(三)强化资源整合能力

为更好地支持市场营销与成果转化的协同,企业应注重提升资源整合能力。这包括整合内外部资源、优化供应链管理、拓展合作伙伴关系等方面。通过整合内外部资源,企业可以更加高效地利用现有资源,降低运营成本,提高市场竞争力。优化供应链管理有助于企业确保原材料和产品的稳定供应,降低库存成本和市场风险。拓展合作伙伴关系则可以为企业带来更多的市场机会和资源共享,提升整体竞争力。

在强化资源整合能力的过程中,企业还应注重提升自身的品牌影响力和行业地位。通过积极参与行业交流、加强品牌建设等方式,提升企业在行业中的知名度和影响力,为资源整合和市场拓展创造更多机会。

(四)关注资源配置的长期效益

在优化资源配置时,企业不能仅关注短期效益,还应充分考虑长期效益。这要求企业在制定资源配置方案时,充分考虑市场发展趋势、技术变革等因素,确保资源配置具有前瞻性和可持续性。通过关注长期效益,企业可以为市场营销与成果转化的协同提供持续稳定的资源支持,推动企业的持续发展。

为实现长期效益的优化资源配置,企业还应建立定期评估和调整机制。定期对资源配置方案进行评估和审查,根据市场变化和企业发展需求进行调整和优化。同时,还应关注资源配置过程中的风险管理和成本控制,确保资源的安全、高效利用。

五、利用数字化工具提升市场营销与成果转化的协同效率

(一)应用数字化营销工具

在当今这个数字化的时代,市场营销已经不再局限于传统的广告和推广方式。数字化营销工具,如 CRM 系统(客户关系管理系统)和自动化营销平台,已经成为市场营销团队不可或缺的武器。这些工具不仅能够帮助团队更加精准地识别目标客户,还能优化推广策略,提高客户参与度,从而实现营销效果的

最大化。

CRM 系统通过收集和分析客户数据,为市场营销团队提供了全面的客户视图。这使得团队能够深入了解客户的消费习惯、偏好和需求,从而制定出更加个性化的营销策略。自动化营销平台则进一步提高了营销活动的执行效率。通过这些平台,市场营销团队可以自动化地管理邮件营销、短信营销、社交媒体营销等多个渠道,确保信息能够准确、及时地传达给目标客户。

数字化营销工具的应用还带来了显著的成本效益。传统的营销方式往往需要投入大量的人力和物力,而数字化营销工具则可以在保证效果的前提下,显著降低营销成本。通过自动化和精准化的操作,市场营销团队可以更加高效地利用资源,实现营销目标的同时,也为企业节省了宝贵的成本。

(二)引入项目管理软件

对于研发团队而言,成果转化是一个复杂而漫长的过程。为确保项目能够按计划推进,引入项目管理软件成了一个明智的选择。这些软件,如 Asana、Trello 等,提供了强大的任务分配、进度跟踪和团队协作功能,使得研发团队能够更加高效地管理成果转化项目。

通过项目管理软件,团队成员可以清晰地了解自己的工作职责和进度要求。软件中的任务分配功能可以确保每个成员都能够明确自己的任务目标和完成时间,从而避免工作重叠和延误。进度跟踪功能则可以让团队实时掌握项目的进展情况,及时发现并解决问题,确保项目能够按计划推进。

此外,项目管理软件还提供了强大的团队协作功能。通过软件中的即时通讯、文件共享和在线讨论等功能,团队成员可以更加便捷地进行沟通和协作。这不仅可以提高团队的工作效率,还能够增强团队的凝聚力和向心力,为成果转化项目的成功实施提供有力保障。

(三)利用数据分析工具优化决策

在市场营销和成果转化过程中,数据扮演着至关重要的角色。通过对市场数据和业务数据的深入分析,企业可以发现市场趋势、客户需求以及潜在机会,为优化市场营销策略和成果转化计划提供有力支持。因此,利用数据分析工具如 Tableau、Power BI 等成了企业不可或缺的选择。

数据分析工具可以帮助企业更加深入地挖掘数据中的价值。通过对历史数据的分析，企业可以发现市场趋势和客户需求的变化规律，从而预测未来的市场走向。同时，数据分析工具还可以帮助企业发现潜在的市场机会和竞争对手的弱点，为制定更加精准的市场营销策略提供有力支持。

此外，数据分析工具还可以帮助企业评估协同工作的效果。通过对市场营销和成果转化过程中的数据进行监控和分析，企业可以实时了解各项工作的进展情况和效果，及时发现并解决问题。同时，数据分析工具还可以帮助企业找出改进方向，持续优化市场营销策略和成果转化计划，实现协同工作的最大化效益。

（四）构建统一的数字化平台

为实现市场营销与成果转化的高效协同，构建统一的数字化平台成了企业的必然选择。这个平台应整合上述各类数字化工具的功能，确保市场营销与研发团队可以在同一个平台上进行工作、沟通和协作。通过构建统一的数字化平台，企业可以打破部门壁垒、提高信息传递效率并降低沟通成本，从而推动市场营销与成果转化的协同工作迈向新的高度。

统一的数字化平台可以实现信息的实时共享和更新。市场营销团队可以及时将市场信息和客户需求反馈给研发团队，而研发团队也可以将最新的产品研发进展和成果转化情况告知市场营销团队。这种实时的信息共享和更新可以确保两个团队始终保持在同一频道上，共同应对市场变化和挑战。

此外，统一的数字化平台还可以提供强大的协同工作功能。通过平台中的任务分配、进度跟踪、在线讨论等功能，市场营销和研发团队可以更加紧密地协作在一起，共同推进项目的进展。这种协同工作方式不仅可以提高工作效率，还能够增强团队之间的信任和默契，为企业的长期发展奠定坚实基础。

第六章　财务管理与成果转化

第一节　财务管理在成果转化中的重要性

在企业的成果转化过程中，财务管理扮演着至关重要的角色。它不仅涉及资金的筹集、分配和使用，还贯穿于整个转化过程的始终，对企业的经营成果和长期发展产生深远影响。

一、确保资金充足与合理使用

在成果转化过程中，资金的需求和使用是至关重要的。财务管理在这方面发挥着举足轻重的作用，主要体现在以下几个方面。

（一）资金筹集

成果转化需要大量的资金投入，包括研发费用、市场推广费用、生产设备购置等。财务管理部门需要通过各种渠道筹集资金，如银行贷款、股权融资、政府补助等，确保项目的顺利进行。同时，还需要对筹集到的资金进行合理配置，以满足不同阶段的资金需求。

（二）预算编制与监控

为了确保资金的合理使用，财务管理部门需要制定详细的预算计划，并对实际支出进行实时监控。通过预算编制，企业可以明确各阶段的资金需求和来源，避免资金短缺或浪费。同时，通过实时监控，企业可以及时发现预算执行过程中的偏差，并采取相应措施进行纠正。

（三）成本控制与效益分析

在成果转化过程中，成本控制是提高项目效益的关键。财务管理部门需要对各项成本进行详细核算和分析，找出成本控制的关键点，并提出降低成本的措施。同时，还需要对项目效益进行定期评估，以确保资金投入能够产生预期的回报。

二、提高财务决策的科学性

在成果转化过程中，企业需要做出许多与财务相关的决策，如投资决策、融资决策、利润分配决策等。财务管理在这方面发挥着重要的参谋作用，主要体现在以下几个方面。

（一）提供决策依据

财务管理部门通过收集、整理和分析各种财务信息，如财务报表、市场分析数据等，为企业的财务决策提供有力依据。这些信息可以帮助企业了解自身的财务状况和市场环境，从而做出更加科学合理的决策。

（二）评估决策风险与收益

在做出财务决策时，企业需要权衡风险与收益的关系。财务管理部门可以通过风险评估和收益预测等方法，对各项决策进行深入分析，帮助企业了解不同决策方案的风险程度和预期收益，从而选择最优方案。

（三）制定应急预案

在成果转化过程中，可能会出现各种预料之外的情况和风险。财务管理部门需要提前制定应急预案，明确应对措施和责任人，以确保在突发情况下能够迅速做出反应，保障项目的顺利进行。

（四）参与战略规划与实施

财务管理部门还需要积极参与企业的战略规划与实施过程。通过参与制定长期发展战略和年度经营计划等活动，财务管理部门可以深入了解企业的战略目标和实施路径，从而更好地为企业的财务决策提供支持和建议。

三、增强成果转化过程的透明度

在成果转化过程中，保持透明度是提高管理效率的关键。财务管理在这方面发挥着重要的监督作用，主要体现在以下几个方面。

（一）建立信息披露制度

财务管理部门需要建立完善的信息披露制度，定期向企业内部和外部利益相关者提供财务信息和非财务信息，如财务报表、项目进展报告等。这有助于增强企业的透明度，提高利益相关者的信任度和支持度。

（二）加强内部审计与监控

为了确保财务信息的真实性和准确性，财务管理部门需要加强内部审计与监控工作。通过定期对各项财务活动进行审计和检查，企业可以及时发现并纠正存在的问题和违规行为，保障成果转化过程的顺利进行。

（三）促进利益相关者参与

除了向利益相关者提供信息外，财务管理部门还需要积极促进利益相关者的参与和合作。通过邀请利益相关者参与项目决策、监督项目实施等活动，企业可以增强与利益相关者的沟通和互动，共同推动成果转化过程的顺利进行。

第二节　优化财务资源配置以促进成果转化

一、明确成果转化所需的财务资源

成果转化作为科技创新的关键环节，其推进过程中所需的财务资源具有多样性和动态性。为了确保成果转化的顺利进行，企业必须首先明确所需的各类财务资源。

（一）研发资金

研发资金是成果转化最基础且最重要的财务资源。从实验室研究到产品开发，再到市场应用，每一个环节都需要充足的资金支持。研发资金的投入不仅关乎技术创新的深度和广度，更直接影响成果转化的速度和效率。因此，企业必须根据研发项目的实际情况，科学合理地规划研发资金的投入。

（二）市场推广费用

市场推广是成果转化不可或缺的一环。再好的产品，如果没有有效的市场推广,也难以被市场接受和认可。市场推广费用包括品牌宣传、广告投放、营销活动策划等多个方面。企业需要根据产品的市场定位和目标客户群体,合理安排市场推广费用,确保产品能够快速占领市场。

(三)人才引进与培训费用

人才是成果转化的核心要素。企业需要引进具有专业技能和丰富经验的研发人才、市场营销人才等,为成果转化提供智力支持。同时,企业还需要对现有员工进行定期的培训,提升他们的专业技能和综合素质。人才引进与培训费用是企业必须投入的重要财务资源之一。

(四)风险投资基金

成果转化过程中充满了不确定性和风险。为了降低风险,企业需要建立风险投资基金,用于支持高风险但具有潜力的研发项目。风险投资基金的运作需要遵循市场规律,实行科学决策和严格管理,确保资金的安全和有效使用。

二、优化财务资源的配置策略

在企业的成果转化过程中,优化财务资源的配置策略显得尤为重要。明确成果转化所需的财务资源后,如何确保这些资源得到合理、高效的使用,是企业在激烈的市场竞争中立于不败之地的关键。

(一)制定科学的财务规划

财务规划是企业优化财务资源配置的基石,它涉及企业资金的筹集、使用、管理和风险控制等多个方面。在制定财务规划时,企业需要结合自身的发展战略和成果转化的实际需求,进行全面、深入的分析和预测。通过科学、合理的财务规划,企业可以明确未来的资金需求和使用方向,为优化财务资源配置提供有力的指导。

具体来说,制定科学的财务规划需要考虑以下几个方面:首先,要对企业的财务状况进行全面梳理和分析,包括资产、负债、收入、支出等各个方面,以了解企业的财务实力和潜在风险;其次,要结合企业的发展战略和成果转化目标,制定具体的财务目标和计划,包括资金筹集方式、使用方向、投资规模等;最后,要建立完善的财务管理制度和风险控制机制,确保财务规划的有效实施和风险防范。

（二）实施动态的资金管理

资金管理是企业优化财务资源配置的核心环节。在成果转化过程中，企业需要根据研发项目的进展情况、市场需求的变化等因素，及时调整资金的投入和使用。通过实施动态的资金管理，企业可以确保资金在关键时刻发挥最大的效用，支持成果转化的顺利进行。

为了实现动态的资金管理，企业需要采取以下措施：首先，要建立完善的资金管理体系，包括资金筹集、使用、监控和评估等各个环节；其次，要加强对市场动态和政策变化的关注和分析，及时获取相关信息并做出反应；最后，要加强与金融机构和合作伙伴的沟通和协作，共同应对资金需求和风险挑战。

（三）强化成本控制与效益分析

成本控制和效益分析是企业优化财务资源配置的重要手段。在成果转化过程中，企业需要对各项成本进行严格的控制和分析，找出成本节约的潜力和空间。同时，还需要对投入产出的效益进行科学的评估和分析，为未来的财务资源配置提供决策依据。

为了强化成本控制与效益分析，企业需要采取以下措施：首先，要建立完善的成本控制体系，包括成本核算、成本分析、成本预测等各个环节；其次，要加强对成本控制人员的培训和管理，提高其成本控制意识和能力；最后，要定期对成果转化过程中的成本效益进行分析和评估，及时发现问题并采取措施进行改进。

（四）建立多元化的融资渠道

融资渠道的多元化是企业优化财务资源配置的重要保障。为了确保成果转化的顺利进行和企业的持续发展，企业需要积极开拓多种融资渠道，如银行贷款、股权融资、政府补贴等。通过多元化的融资渠道，企业可以获取稳定的资金来源，降低融资成本和风险。

为了建立多元化的融资渠道，企业需要采取以下措施：首先，要加强对金融市场的了解和分析，掌握各种融资方式的特点和优势；其次，要积极与金融机构和政府部门建立联系和沟通机制，争取更多的政策支持和优惠条件；

最后，要完善企业的信用体系和财务管理制度，提高企业的融资信誉和融资能力。

三、建立动态调整与监控机制

为了确保财务资源配置的持续优化和成果转化的顺利进行，企业需要建立动态调整与监控机制。这一机制旨在实时跟踪和评估财务资源的配置情况和使用效果，及时发现和解决问题，确保财务资源的高效利用。

（一）设立专门的财务管理机构

企业应设立专门的财务管理机构，负责全面管理和监控财务资源的配置和使用。该机构应具备专业的财务管理知识和丰富的实践经验，能够结合企业的实际情况和市场需求，制定并执行科学合理的财务资源配置方案。财务管理机构的设立可以提高企业对财务资源的掌控能力和使用效率，为成果转化的顺利进行提供有力保障。

（二）制定灵活的资金使用计划

在成果转化过程中，市场需求、项目进度等因素都可能发生变化，因此企业需要制定灵活的资金使用计划。该计划应根据实际情况进行调整和优化，确保资金能够及时、准确地投入到最需要的环节。同时，资金使用计划还应考虑风险因素，为可能出现的突发情况预留一定的资金余地。通过制定灵活的资金使用计划，企业可以更好地应对变化和挑战，确保成果转化的顺利进行。

（三）实施定期的财务评估与审计

为了确保财务资源配置的合理性和有效性，企业需要实施定期的财务评估与审计。评估与审计的内容应包括财务资源的筹集、分配、使用和效果等各个方面。通过定期的评估与审计，企业可以及时发现财务资源配置中存在的问题和不足，并采取相应的措施进行改进和优化。同时，评估与审计的结果还可以为企业未来的财务决策提供重要的参考依据。

（四）建立风险预警与应对机制

成果转化过程中充满了不确定性和风险，如市场变化、技术更新、政策调整等。为了降低这些风险对企业的影响，企业需要建立风险预警与应对机制。

该机制应密切关注市场动态和政策变化，及时发现潜在的风险因素，并向企业发出预警信号。同时，企业还需要制定相应的应对措施和预案，以便在风险发生时能够迅速做出反应，将损失降到最低程度。通过建立风险预警与应对机制，企业可以更好地应对成果转化过程中的挑战和风险，确保企业的稳健发展。

第三节 财务管理与成果转化的风险控制

一、识别与评估财务风险

在财务管理与成果转化的错综复杂过程中，识别与评估财务风险无疑是企业稳健前行的关键所在。这一过程不仅要求企业对内外部环境有深入的了解，还需要运用科学的方法和技术手段，精准地锁定潜在风险点，并对其可能产生的影响进行全面而深入的剖析。

（一）识别财务风险类型

在市场经济的浪潮中，财务风险犹如隐藏在平静水面下的暗礁，随时可能对企业的航行造成威胁。这些风险多种多样，每一种都可能对企业的财务状况产生不同程度的影响。市场风险，这一与市场价格波动紧密相连的风险，如同海上的风浪，不时地考验着企业的定力。无论是利率、汇率还是股价的变动，都可能对企业的资金成本、投资收益和现金流产生重大影响。信用风险，则像是交易中的隐形陷阱，一旦对手方违约，企业可能面临资金损失甚至业务中断的风险。流动性风险，则是企业短期内资金周转不灵的潜在威胁，一旦资金链断裂，企业的正常运营将难以为继。而操作风险，更多地源于企业内部管理的疏漏和人为失误，这些看似不起眼的小问题，却可能在关键时刻演变成大危机。

（二）评估财务风险影响程度

识别出财务风险后，接下来的任务就是对这些风险进行量化和定性评估。这一过程需要运用概率统计、数学模型等科学工具，结合企业的实际情况和市场环境，对风险发生的可能性、发生后对企业造成的损失程度以及风险的持续时间等进行全面分析。通过这一步骤，企业可以对各类财务风险有一个清晰的认识，为后续的风险控制和资源分配提供有力依据。

（三）确定财务风险优先级

在财务风险的大海中，并非所有的风险都需要企业投入同等的关注和资源。因此，确定财务风险的优先级就显得尤为重要。这一步骤需要企业综合考虑风险的大小、发生的可能性以及企业自身的风险承受能力等因素，对各类风险进行排序。对于高优先级的风险，如那些发生概率大、损失程度高且持续时间长的风险，企业应给予重点关注，投入更多的资源进行防范和应对。而对于低优先级的风险，则可以采取相对灵活的策略，如通过保险、分散投资等方式进行风险转移或降低。

二、制定风险控制措施与应急预案

在识别与评估了财务风险后，企业需要制定一套行之有效的风险控制措施和应急预案。这些措施和预案不仅要能够降低风险的发生概率，还要能够在风险发生时迅速响应，减轻损失并尽快恢复正常运营。

（一）建立风险控制体系

一个完善的风险控制体系是企业抵御财务风险的重要屏障。这一体系应包括风险管理制度、风险管理流程以及风险管理组织架构等核心要素。风险管理制度是企业风险管理的纲领性文件，它明确了企业风险管理的目标、原则和方法，为企业的风险管理活动提供了基本遵循。风险管理流程则是一套标准化的操作流程，它指导企业在风险识别、评估、控制和监控等各个环节中应该如何行动。而风险管理组织架构则是企业风险管理的组织保障，它明确了各部门和人员在风险管理中的职责和权限，确保了风险管理工作的有效开展。为了保持风险控制体系的持续有效性和适应性，企业还应定期对风险管理制度和流程进行审查和更新，以适应外部环境的变化和企业内部业务的发展需要。

（二）制定风险控制措施

针对不同类型的财务风险，企业需要制定相应的风险控制措施。这些措施应具有针对性和可操作性，能够切实降低风险的发生概率和影响程度。对于市场风险，企业可以通过多元化投资策略来分散风险，降低单一资产价格波动对企业的影响；同时，也可以利用金融衍生工具进行对冲交易，锁定成本或收益，减少市场波动带来的损失。对于信用风险，企业可以加强信用管理，建立完善的客户信用评估体系和收款机制；在合同签订前对客户进行全面的信用调查，确保交易对手的履约能力；在合同履行过程中密切关注客户的经营状况和财务状况变化，及时发现潜在违约风险并采取相应措施。对于流动性风险，企业可以通过优化资金结构来增强资金的流动性；建立流动性储备制度，确保企业在面临短期资金压力时能够及时获得资金支持；同时，也可以加强与金融机构的合作，拓宽融资渠道和降低融资成本。

（三）制定应急预案

除了常规的风险控制措施，企业还应制定应急预案以应对突发风险事件。这些预案应明确在风险事件发生时企业应该如何迅速响应、调动资源、减轻损失并尽快恢复正常运营。应急预案的制定需要充分考虑各种可能的风险场景和影响因素，确保预案的全面性和有效性。同时，企业还应建立风险事件的监测与预警机制，通过定期的风险排查和数据分析及时发现潜在风险点并采取相应措施进行防范；建立应急响应程序和资源调配方案，确保在风险事件发生时能够迅速调动人力、物力和财力资源进行应对；建立信息沟通与报告机制，确保在风险事件发生时能够及时向上级管理部门和相关利益相关者报告情况并寻求支持。通过定期的应急演练和培训提高企业对突发风险事件的应对能力和处理效率；检验应急预案的有效性和可行性并及时进行修订和完善；提高员工的安全意识和风险防范意识并培养一支具备专业素养和应变能力的应急队伍。

三、强化财务监管与内部审计

强化财务监管和内部审计是确保风险控制措施有效执行、维护企业财务安全、推动成果转化的重要保障。通过加强这两个方面的工作，企业可以构建坚实的财务防线，及时发现和纠正存在的问题，确保财务信息的准确性和真实性，为企业的稳健运营提供有力支撑。

(一)完善财务监管制度

建立完善的财务监管制度是强化财务监管的基础。企业应明确财务监管的目标、原则、内容和方法,确保监管工作有的放矢、有章可循。同时,要建立健全的内部控制体系,通过科学合理的制度和流程设计,确保各项财务活动的合规性和有效性。这包括建立完善的审批流程、明确岗位职责分离、建立有效的信息沟通与反馈机制等。

此外,企业还应定期对财务制度进行审查和修订,以适应外部监管要求的变化和企业内部管理的需要。在审查修订过程中,要重点关注制度的执行情况、存在的问题和改进的方向,确保财务制度始终与时俱进、贴近实际。

(二)加强内部审计工作

内部审计是企业财务监管的重要组成部分,具有独立性、客观性和公正性。企业应设立独立的内部审计部门,配备专业的审计人员,确保审计工作的独立性和权威性。同时,要明确审计工作的职责和权限,规范审计程序和方法,提高审计工作的质量和效率。

内部审计应重点关注企业财务管理和风险控制的关键环节,如财务报表的真实性、合规性、完整性,内部控制体系的有效性,以及重大经济决策的合理性等。通过定期或不定期的审计活动,及时发现和纠正财务管理中的问题和漏洞,提出改进意见和建议,推动财务管理水平的提升。

(三)强化责任追究机制

为了确保财务监管和内部审计的有效性,企业必须强化责任追究机制。对于在财务管理和风险控制工作中存在失职、渎职等行为的人员,应依法依规进行严肃处理,包括经济处罚、纪律处分甚至法律追究等。这样可以形成有效的威慑力,促使相关人员切实履行职责、规范操作。

同时,企业还应建立健全的激励机制,鼓励员工积极参与财务管理和风险控制工作。对于在财务管理和风险控制工作中表现突出的员工,应给予相应的奖励和表彰,以激发员工的积极性和创造力。通过奖惩并举的措施,可以营造良好的工作氛围,推动财务管理和风险控制工作的深入开展。

四、建立风险防控的长效机制

为了确保财务管理与成果转化的长期稳定发展,企业必须建立风险防控的长效机制。这一机制旨在通过持续的风险管理、定期的评估审查以及不断完善的内控制度,确保企业能够在复杂多变的市场环境中保持稳健的运营态势。具体来说,可以从以下几个方面入手。

(一)持续监测与评估风险

企业应定期对各类财务风险进行监测和评估,以及时发现和应对潜在的风险点。这需要建立一套科学、全面的风险评估体系,明确评估的标准、方法和程序。同时,要结合企业实际情况进行定期的调整和优化,确保评估结果的准确性和有效性。在风险评估过程中,应重点关注市场风险、信用风险、流动性风险等关键领域,以及重大经济决策和重要业务流程中的风险点。

此外,企业还应加强与外部专业机构的合作,获取更多的风险信息和专业建议。通过与行业协会、咨询机构、金融机构等的沟通交流,可以及时了解行业动态和市场趋势,掌握最新的风险管理理念和方法,为企业的风险防控提供有力支持。

(二)完善内控制度与流程

内控制度是防范财务风险的第一道防线。企业应不断完善内控制度与流程,确保各项财务活动都在严格的制度框架下进行。这包括完善审批流程、强化岗位职责分离、建立信息沟通与反馈机制等。通过持续优化内控制度,可以堵塞管理漏洞、防范舞弊行为、提高运营效率。

同时,企业还应注重内控制度的执行和监督。要确保各项制度得到有效执行,防止出现"有制度不执行、执行制度不严格"的情况。对于违反内控制度的行为,要及时发现、严肃处理,并追究相关人员的责任。通过加强内控制度的执行和监督,可以形成有效的约束机制,保障企业的财务安全和稳健运营。

(三)加强员工培训与教育

员工是企业风险防控的主体力量。企业应加强员工培训与教育,提高员工的风险意识和风险应对能力。这包括定期开展风险管理培训、组织应急演练活动、鼓励员工参与风险管理知识竞赛等。通过培训和教育，可以使员工更加深入地了解风险管理的重要性和必要性，掌握基本的风险管理知识和技能，提高在实际工作中的风险识别和应对能力。

此外，企业还应注重培养员工的风险责任感和使命感。要让员工认识到自身在风险管理中的责任和角色，明确自己的工作职责和要求。通过加强员工的思想教育和引导，可以激发员工的积极性和创造力，为企业的风险防控贡献力量。

（四）建立风险防控的文化氛围

最后，企业还应积极营造风险防控的文化氛围。通过宣传风险管理理念、树立风险管理标杆、举办风险管理主题活动等方式，将风险防控意识深入到企业的每一个角落。当每一位员工都能自觉遵守风险管理制度、积极参与风险防控工作时，企业的财务管理与成果转化才能真正实现长期稳健的发展。

为了营造浓厚的文化氛围，企业可以利用内部刊物、网站、微信公众号等渠道进行广泛宣传；可以开展形式多样的风险管理主题活动，如知识竞赛、案例分析会、经验交流会等；还可以邀请行业专家或知名企业家进行授课或分享经验。通过这些措施的实施，可以逐步建立起以风险管理为核心的企业文化体系。

第四节 财务管理策略的创新以支持成果转化

一、引入市场化运作与投融资模式

（一）建立市场化运作机制

为推动成果转化，建立市场化运作机制至关重要。这一机制的核心在于使财务管理与市场需求紧密相连，确保企业的财务决策和市场需求保持高度一致。通过深入进行市场调研和分析，企业可以准确把握市场动态和消费者需求，进而确定成果转化的市场潜力和商业化前景。这种市场导向的财务管理策略，不仅有助于企业制定更为精准的财务计划，还能为投资决策提供更为可靠的市场依据。

同时，引入市场化评价机制也是建立市场化运作机制的重要一环。这种评价机制强调对成果转化的经济效益和社会效益进行全面、科学的评估。通过设定明确的评价指标和方法，企业可以对成果转化的实际效果进行量化分析，从而确保投资决策的准确性和有效性。这种以市场为导向、以效益为目标的评价方式，有助于企业在激烈的市场竞争中保持领先地位，实现可持续发展。

（二）拓展投融资渠道

成果转化是一个资金密集型的过程，需要大量的资金投入。因此，拓展投融资渠道成为企业推动成果转化的关键一环。除了传统的银行贷款和股权融资外，企业还应积极探索其他多元化融资方式，如政府补贴、产业基金、风险投资等。这些融资方式各具特色，可以为企业提供不同层次的资金支持。

与各类投资机构建立紧密合作关系也是拓展投融资渠道的重要途径。通过与投资机构建立长期稳定的合作关系，企业可以获得更为便捷和灵活的资金支持，同时也有助于提升企业的市场信誉和品牌形象。此外，企业还可以通过与投资机构共同设立专项基金等方式，进一步加大对成果转化的资金投入，推动项目的顺利实施。

（三）优化投资结构

在投融资过程中，优化投资结构对于确保资金的有效利用和降低风险具有重要意义。企业应根据自身的战略目标和市场定位，对投资项目进行精心筛选和评估。优先支持那些创新性强、技术领先、市场潜力大的项目，这些项目往往具有较高的投资回报率和较低的市场风险。

同时，关注产业链的协同发展也是优化投资结构的重要方面。企业应加强与上下游企业的合作与投资，形成紧密的产业链合作关系。通过共同研发、共享资源等方式，推动产业链的升级和转型，提升整个产业的竞争力。这种以产业链为纽带的投资模式，有助于实现资源共享、优势互补，推动成果转化的顺利实施。

（四）完善风险管理机制

市场化运作和投融资活动伴随着一定的风险，因此完善风险管理机制至关重要。企业应对成果转化过程中的市场风险、技术风险、财务风险等进行全面识别、评估和控制。通过建立完善的风险管理体系，制定科学的风险应对策略，降低各类风险对企业的影响。

具体来说，企业可以建立风险预警系统，实时监测各类风险指标的变化情况，及时发现潜在风险并采取相应的应对措施。同时，制定应急预案也是应对风险的重要手段。企业应针对可能出现的风险事件制定详细的应急预案，明确应对措施和责任人，确保在风险事件发生时能够迅速响应并妥善处理。

二、利用信息技术提升财务管理效率

（一）实现财务管理信息化

在信息化时代，企业应积极引入先进的信息技术，实现财务管理的信息化。通过建立财务管理系统，将财务数据进行集中存储和处理，实现财务信息的实时共享和查询。这种信息化的管理方式不仅可以提高财务信息的准确性和时效性，还有助于加强企业内部各部门之间的沟通与协作。

同时，利用大数据、云计算等技术手段对财务数据进行深度挖掘和分析也是实现财务管理信息化的重要方面。通过对海量数据的挖掘和分析，企业可以发现隐藏在数据背后的规律和趋势，为决策提供更为准确和全面的信息支持。这种基于数据的决策方式有助于提升企业的决策效率和准确性，推动企业持续健康发展。

（二）优化财务管理流程

信息技术的引入为优化财务管理流程提供了有力支持。企业应对现有的财务管理流程进行全面梳理和分析，找出存在的问题和瓶颈。然后利用信息技术手段对流程进行再造和优化，实现财务管理的简洁高效。例如，通过引入自动化流程管理系统，实现财务审批、报销等流程的自动化处理，减少人工干预和错误发生的可能性；通过在线支付系统实现资金的快速结算和支付，提高资金的使用效率等。

优化财务管理流程不仅可以提高企业的财务管理效率和质量，还有助于降低企业的运营成本和风险。通过简化流程、减少冗余环节和降低人为错误等方式，企业可以更加高效地处理财务事务，提升企业的整体运营水平。

（三）建立财务共享服务中心

为进一步提高财务管理效率和质量，企业可以建立财务共享服务中心。该中心将分散在各个部门的财务职能进行集中管理，实现财务资源的共享和优化配置。通过财务共享服务中心，企业可以统一处理日常财务事务如会计核算、报表编制、税务申报等；提供标准化的财务服务如费用报销、资金管理等；降低财务管理成本如人员开支、系统维护费用等。

建立财务共享服务中心有助于提升企业的财务管理水平和效率，同时也有助于加强企业内部的风险控制和合规管理。通过集中管理和标准化服务，企业可以更加规范地处理财务事务，降低违规操作的风险；通过优化资源配置和降低成本开支，企业可以更加灵活地应对市场变化和挑战。

三、构建多元化的财务支持体系

（一）设立专项资金支持成果转化

为有效推动成果转化项目的实施，设立专项资金显得尤为重要。这些资金将专门用于支持项目的研发、试验、推广等各个环节，确保项目从理论走向实践、从实验室走向市场的过程中资金不断链。专项资金的来源可以多样化，包括企业自有资金、政府拨款、社会捐赠等，形成一个多渠道、多层次的资金筹集体系。

在使用专项资金时，必须建立严格的审批和监督机制。企业应设立专门的资金管理委员会或类似机构，负责资金的审批、分配和监督使用。所有使用专项资金的项目都必须经过严格的评估和审核，确保资金的安全和有效使用。同时，企业还应定期对资金的使用情况进行检查和评估，及时发现问题并采取措施加以解决。

通过设立专项资金支持成果转化，企业不仅可以确保项目的顺利进行，还可以提高资金的使用效率，降低财务风险。这种有针对性的资金支持方式有助于激发企业的创新活力，推动科技成果向现实生产力的转化。

（二）提供税收优惠政策降低企业负担

政府在推动成果转化过程中扮演着重要角色，其中提供税收优惠政策是一种非常有效的手段。通过给予企业在研发投入、技术转让等方面的税收减免或优惠税率等政策，可以降低企业在成果转化过程中的税收负担，增加企业的可支配收入。

这些税收优惠政策可以针对不同阶段和不同类型的成果转化项目制定不同的政策。例如，对于处于研发阶段的项目，可以给予研发投入的税收抵扣或加计扣除等优惠；对于已经实现技术转让的项目，可以给予技术转让所得的税收减免等。这些政策有助于鼓励企业加大在科技创新和成果转化方面的投入，推动产业升级和经济发展。

同时，政府还应加强对税收优惠政策的宣传和推广，让更多的企业了解并享受到这些政策带来的实惠。通过举办政策宣讲会、发布政策解读文件等方式，帮助企业更好地理解和运用税收优惠政策，降低企业的财务成本和税收风险。

（三）建立产学研合作机制促进协同创新

产学研合作是推动科技创新和成果转化的重要途径之一。通过建立产学研合作机制，企业可以与高校、科研机构等紧密合作，共同推进成果转化的研究和实施。这种合作模式有助于实现技术创新和产业升级的协同发展。

在产学研合作中，企业可以提供市场需求和产业化经验，高校和科研机构则可以提供先进的科研成果和技术支持。通过合作研发、共享资源等方式，双方可以共同攻克技术难关，推动科技成果的转化和应用。同时，产学研合作还可以促进人才培养和技术交流，为企业提供更多的人才支持和智力保障。

为建立有效的产学研合作机制，企业应积极与高校、科研机构等建立联系，签署合作协议，明确合作目标、任务和分工。同时，还应建立定期沟通机制，加强双方在项目实施过程中的沟通和协作。通过产学研合作机制的建立和实施，可以推动科技创新和成果转化的深度融合，实现企业与高校、科研机构的互利共赢。

四、加强与外部机构的财务合作与交流

（一）与金融机构建立紧密合作关系

金融机构作为企业融资的重要渠道之一，在推动成果转化过程中发挥着重

要作用。为加强与金融机构的紧密合作关系，企业应主动与各类金融机构建立联系，包括银行、证券公司、保险公司等。通过深入了解金融机构的产品和服务，企业可以选择适合自己的融资方式和金融工具，为成果转化提供及时的资金支持。

在与金融机构的合作过程中，企业应注重建立长期稳定的合作关系。通过签署战略合作协议、定期举办银企对接会等方式，加深双方的了解和信任。同时，企业还应积极向金融机构披露自身的经营情况和财务状况，提高信息透明度，降低融资风险。通过与金融机构的紧密合作，企业可以更好地把握市场动态和融资政策变化，为成果转化提供有力的金融保障。

（二）引入外部战略投资者共同推进成果转化

外部战略投资者具有丰富的行业经验和资源优势，可以为企业成果转化提供有力的支持。为引入外部战略投资者，企业应积极寻找具有共同愿景和发展目标的合作伙伴。这些合作伙伴可以是同行业的企业、上下游产业链的关联企业或其他具有相关经验和资源的机构。

通过引入外部战略投资者，企业可以获得更多的资金支持和市场渠道。同时，外部战略投资者还可以为企业带来先进的管理经验和技术支持，推动企业的快速发展。在合作过程中，企业应注重与外部战略投资者的沟通和协作，共同制定和实施成果转化战略。通过股权合作、共同研发等方式实现资源共享和优势互补，共同推动成果转化项目的成功实施。

（三）参与国际合作与交流拓展视野

国际合作与交流是企业获取先进技术和管理经验的重要途径之一。为拓展国际视野和引进先进技术和管理模式，企业应积极参与国际合作与交流活动。这些活动可以包括国际展览、论坛、研讨会等，通过与国外企业和专家的交流与合作，了解国际市场的动态和趋势。

在国际合作与交流中,企业应注重学习和借鉴国外先进的技术和管理经验。通过与国际领先企业的合作与交流，可以推动企业技术创新和产业升级。同时，企业还应积极参与国际标准的制定和修订工作，提高企业在国际市场上的话语权和竞争力。通过国际合作与交流的深入参与，企业可以不断提升自身的综合实力和国际地位，为成果转化创造更加有利的条件。

（四）加入行业协会组织获取更多资源支持

行业协会组织作为企业之间的桥梁和纽带，在推动行业发展和促进企业间合作方面发挥着重要作用。为获取更多的行业资源支持和发展机会，企业应积极加入相关的行业协会组织。通过参与行业协会组织的各类活动和交流，企业可以及时了解行业动态和政策变化，获取更多的市场信息和商机。

同时，行业协会组织还可以为企业提供政策解读、项目申报、技术推广等方面的支持和帮助。通过与行业协会组织的紧密合作，企业可以更好地把握行业发展趋势和市场机遇，为成果转化创造更加有利的外部环境。此外，加入行业协会组织还可以提升企业的品牌形象和知名度，为企业的长远发展奠定坚实基础。

第七章 创新管理与成果转化

第一节 创新管理对成果转化的推动作用

一、创新管理的定义与核心理念

（一）创新管理的定义

创新管理，作为一个综合性的管理理念和方法，旨在引领企业走向持续的创新与发展。它不仅仅是对创新活动的简单组织和执行，更是一个涉及战略制定、资源配置、团队建设、文化培育以及风险控制等多个层面的复杂系统。创新管理的核心目标在于获取并把握创新的机遇，进而提升企业的整体创新能力，确保创新目标的实现。

为了实现这一目标，创新管理需要对企业的创新活动进行全面的计划、组织、领导、控制与优化。这包括对企业内外部资源的有效整合，如技术、资金、人才、市场等，以形成一个有利于创新的环境。同时，创新管理还强调创新团队的组建和培育，通过打造高效、协作、创新的团队来推动创新项目的实施。此外，创新文化的培育也是创新管理不可或缺的一部分，它旨在激发员工的创新意识和创新精神，使创新成为企业的核心价值观。最后，创新管理还需要对创新风险进行有效的管控，以确保创新活动的顺利进行并降低潜在的风险。

（二）创新管理的核心理念

创新管理的核心理念是企业在追求创新过程中所坚守的价值观和指导原则。这些理念贯穿于创新管理的始终，指导着企业的创新行为和发展方向。具体来说，创新管理的核心理念包括以人为本、市场导向、持续创新和系统优化。

1.以人为本

以人为本是创新管理的首要理念。创新活动本质上是一种智力密集型劳动，它需要员工发挥主观能动性,积极投入思考和实践。因此,创新管理必须尊重员工的主体地位,关注员工的需求和发展,激发员工的创新意识和创新精神。这包括为员工提供良好的工作环境和创新氛围,提供必要的培训和支持,以及建立合理的激励机制等。

2.市场导向

市场导向是创新管理的重要原则。创新活动的最终目的是满足市场需求,实现商业价值。因此,创新管理必须紧密关注市场动态和消费者需求的变化,以市场需求为导向来制定创新战略和研发计划。这意味着企业需要深入了解市场趋势和竞争对手的情况,及时调整产品设计和营销策略,以确保创新成果能够符合市场需求并实现商业成功。

3.持续创新

持续创新是创新管理的核心目标。在快速变化的市场环境中,企业只有不断进行技术创新、产品创新和管理创新,才能保持竞争优势并实现持续发展。因此,创新管理需要建立一种鼓励持续创新的机制和文化,使创新成为企业的日常行为和核心价值观。这包括鼓励员工提出创新想法和建议,为创新项目提供持续的支持和资源保障,以及及时总结和分享创新经验等。

4.系统优化

系统优化是创新管理的重要手段。创新活动是一个涉及多个部门和环节的复杂过程,需要企业从整体上进行优化和协调。因此,创新管理需要运用系统思维和方法,将创新活动与企业战略、组织、文化等各个方面相结合,形成一个协同创新的良好局面。这包括建立跨部门的创新团队和协作机制,优化创新流程和决策机制,以及整合内外部资源等。通过系统优化,企业可以更加高效地推动创新项目的实施和成果转化。

二、创新管理在识别与培育创新机会中的作用

创新机会是创新活动的起点和源泉,它可能来自于市场需求的变化、技术进步的推动、竞争格局的变动等多个方面。对于企业来说,如何有效地识别和培育创新机会,是实现持续创新和成果转化的关键。创新管理在这一过程中发

挥着重要的作用。

(一)市场洞察与趋势预测

创新管理通过深入的市场洞察和趋势预测,帮助企业及时发现潜在的创新机会。市场洞察是指对市场环境、消费者需求、竞争对手等进行全面、深入的分析和理解。通过市场洞察,企业可以及时发现市场中的空白点、痛点或潜在需求,从而为创新提供方向和目标。趋势预测则是对未来市场发展趋势的科学预测和判断。通过趋势预测,企业可以把握行业技术的发展方向、竞争格局的演变趋势等,从而为创新战略的制定提供有力支持。

为了实现有效的市场洞察和趋势预测,创新管理需要运用多种方法和工具。例如,通过市场调研和数据分析来了解消费者需求和市场动态;通过参加行业会议和展览来把握行业发展趋势和最新技术动态;通过与合作伙伴、供应商和客户的交流来获取第一手的市场信息等。这些方法和工具的运用,可以帮助企业更加全面、准确地了解市场情况,为创新机会的识别提供有力支持。

(二)创意收集与筛选

创意是创新活动的起点和灵魂,它可能来自于员工的灵感闪现、客户的反馈建议、合作伙伴的创意碰撞等多个方面。对于企业来说,如何有效地收集和筛选创意,是实现创新机会识别和培育的重要环节。创新管理在这一环节中发挥着关键的作用。

创新管理鼓励企业内部员工积极提出创新创意,并通过建立创意收集与筛选机制来实现对创意的有效管理。首先,企业需要建立一种鼓励创意提出的文化和氛围,使员工敢于表达自己的想法和建议。这可以通过设立创新奖励制度、定期举办创新研讨会等方式来实现。其次,企业需要建立一种有效的创意收集机制,如设立创新建议箱、开展创新竞赛等,以吸引员工积极参与并提出有价值的创意。最后,企业还需要建立一种科学的创意筛选机制,对收集到的创意进行评估和筛选,以确定哪些创意具有潜在的商业价值和发展前景。这可以通过组建由专家组成的评审团队、制定科学的评估标准等方式来实现。

通过创意收集与筛选机制的运行,企业可以及时发现并筛选出具有潜力的创新项目或想法。这些项目或想法经过进一步的研发和完善后,有可能成为企业的新产品、新服务或新业务模式，从而为企业带来新的增长点和竞争优势。

（三）创新项目孵化与加速

对于筛选出的具有潜力的创新项目或想法，创新管理需要通过提供资金、技术、人才等支持来推动其孵化和加速。这包括为创新项目提供必要的研发资金和设备支持；组建由专业人才组成的研发团队来负责项目的研发和实施；提供必要的技术指导和培训以确保项目的顺利进行等。通过这些支持措施的实施，企业可以降低创新项目的风险和成本，提高其成功率和市场竞争力。

同时，创新管理还需要建立完善的项目管理机制来确保创新项目按照既定目标顺利推进。这包括制定详细的项目计划和时间表；设立专门的项目管理团队来负责项目的组织和协调；建立有效的沟通机制和问题解决机制以确保项目团队之间的顺畅合作等。通过这些管理措施的实施，企业可以更加高效地推动创新项目的实施和成果转化。

（四）创新文化建设与激励

创新文化是企业创新活动的重要土壤和支撑力量。它是指在企业内部形成的一种鼓励创新、宽容失败、追求卓越的文化氛围和价值观。对于创新管理来说，培育和建设创新文化是实现创新机会识别和培育的重要保障。

创新管理需要通过多种方式来培育和建设创新文化。首先，企业需要制定明确的创新战略和目标，并将其传达给全体员工，以激发员工的创新意识和创新精神。其次，企业需要建立一种鼓励尝试和容错的文化氛围，使员工敢于冒险、敢于创新、敢于承担责任。这可以通过设立创新奖励制度、开展创新竞赛等方式来实现。最后，企业还需要注重员工的培训和发展，提升员工的创新能力和素质。这可以通过提供必要的培训和学习机会、建立合理的晋升机制等方式来实现。

同时，创新管理还需要建立有效的激励机制来激发员工的创新意识和创新精神。这包括为员工提供具有竞争力的薪酬待遇和福利保障；设立创新奖励制度以表彰在创新活动中做出突出贡献的员工；提供晋升机会和职业发展空间以吸引和留住优秀人才等。通过这些激励措施的实施，企业可以更加有效地激发员工的创新意识和创新精神，为创新机会的识别和培育提供有力保障。

三、创新管理对资源配置和优化的影响

创新管理在当今企业中扮演着至关重要的角色，它不仅能够激发企业的创新活力，还能够对资源配置和优化产生深远的影响。以下将详细阐述创新管理在资源配置和优化方面的四个主要影响。

（一）资源的高效利用

创新管理的核心任务之一就是通过合理的资源配置和优化，确保企业有限的资源能够高效利用。在传统的管理模式下，资源的分配往往存在诸多不合理之处，如资源闲置、重复配置和浪费等现象屡见不鲜。然而，在创新管理的引领下，企业能够根据创新项目的具体需求和优先级，精准地分配人力、物力和财力等资源。这种以需求为导向的资源配置方式，不仅避免了资源的无谓浪费，还确保了每个创新项目都能获得必要的资源支持。

此外，创新管理还强调资源的动态调整和优化。随着创新项目的推进和市场环境的变化，企业对资源的需求也会发生相应的变化。创新管理要求企业建立灵活的资源调整机制，根据实际需求及时调整资源配置方案，确保资源始终能够高效利用。这种动态调整和优化的过程，不仅提升了企业的资源利用效率，还为成果转化提供了充足的资源保障。

（二）跨部门的协同合作

在传统的企业管理模式中，各部门之间往往存在着严重的壁垒和信息孤岛现象。这种现象不仅阻碍了企业内部资源的共享和优势互补，还导致了创新活动的碎片化和低效化。然而，在创新管理的推动下，企业开始打破部门壁垒，强调跨部门的协同合作。

通过建立跨部门的创新团队和协作机制，企业能够将不同部门的优势和资源汇聚在一起，形成强大的创新合力。这种协同合作的方式不仅促进了企业内部资源的共享和优势互补，还提升了整体的创新能力和成果转化效率。在跨部门协同合作的过程中，各部门之间能够相互学习、相互启发，共同研发新技术、新产品和新服务，从而推动企业的持续创新和发展。

（三）外部资源的整合与利用

在当今开放的市场环境中，企业仅仅依靠内部资源进行创新活动已经难以满足市场竞争的需求。因此，创新管理不仅关注企业内部资源的配置和优化，还注重外部资源的整合与利用。通过与合作伙伴、科研机构、政府部门等建立紧密的合作关系，企业能够获取更多的外部资源和支持，共同研发新技术、新产品和新服务。

外部资源的整合与利用不仅弥补了企业自身资源的不足，还提升了企业的创新能力和市场竞争力。通过与合作伙伴的协同创新和资源共享，企业能够加速创新成果的研发和转化进程，抢占市场先机。同时，与科研机构和政府部门的合作还能够为企业带来更多的政策支持和资金扶持，降低创新活动的风险和成本。

（四）持续的资源优化与更新

市场环境和技术条件的变化要求企业必须对资源进行持续的优化和更新。创新管理通过建立动态的资源调整机制，确保企业能够及时淘汰过时和无效的资源，引入新的、更具潜力的资源。这种持续的资源优化与更新过程不仅保持了企业资源的活力和竞争力，还为持续创新和成果转化提供了有力支持。

在持续的资源优化与更新过程中，企业需要密切关注市场趋势和技术发展动态，及时发现新的资源机会和潜在威胁。同时，企业还需要建立完善的资源评估体系，对现有资源进行全面评估和分析，确定哪些资源需要保留、哪些资源需要淘汰或更新。通过持续的优化和更新过程，企业能够始终保持资源的先进性和有效性，为创新活动提供源源不断的动力和支持。

四、创新管理在加速成果转化过程中的作用

创新管理作为企业管理的重要组成部分，对于加速成果转化过程具有显著的作用。以下将从四个方面详细阐述创新管理在加速成果转化过程中的具体作用。

（一）明确成果转化目标与路径

创新管理通过制定明确的成果转化目标和路径，为企业指明了方向并提供了行动指南。在传统的管理模式下，企业往往缺乏明确的成果转化目标和路径

规划，导致创新成果难以顺利转化为具有市场竞争力的产品或服务。然而，在创新管理的指导下，企业能够结合市场需求、技术趋势和自身实际情况，制定切实可行的成果转化计划。这些计划不仅明确了转化的具体目标和时间表，还详细规划了实现这些目标所需的路径和措施。通过明确的成果转化目标与路径规划，企业能够更有针对性地开展创新活动，提高成果转化的成功率和效率。

（二）优化成果转化流程与机制

成果转化涉及研发、生产、销售等多个环节以及部门之间的协作与配合。在传统的企业管理模式下，这些环节和部门之间往往存在着沟通不畅、协作不力等问题，导致成果转化过程效率低下、质量难以保证。然而，在创新管理的推动下，企业开始优化成果转化流程和机制，建立高效的沟通渠道和协作平台。通过这些平台和渠道，各部门之间能够实现信息共享和协同工作，减少重复劳动和无效沟通。同时，优化后的成果转化流程和机制还能够确保每个环节都能够紧密衔接、高效运转，从而缩短成果转化周期、提高转化效率和质量。

（三）强化成果转化的市场导向

市场是检验创新成果是否具有价值的最终标准。然而，在传统的管理模式下，企业往往过于关注技术创新本身而忽视了市场需求和反馈，导致创新成果难以被市场接受和认可。为了解决这个问题，创新管理注重强化成果转化的市场导向。它要求企业紧密关注消费者需求和市场反馈，及时调整产品设计和营销策略。通过深入了解市场需求和竞争格局以及与客户保持密切互动和合作，企业可以更好地将创新成果转化为满足市场需求的产品或服务。这种以市场为导向的成果转化方式不仅提升了企业的市场竞争力还确保了创新成果能够真正为社会和消费者带来价值。

（四）建立成果转化的持续改进机制

成果转化是一个持续不断的过程，需要企业不断进行改进和优化。然而，在传统的管理模式下，企业往往缺乏对成果转化效果的评估和反馈机制，导致难以及时发现存在的问题和不足并进行相应的改进。为了解决这个问题，创新管理要求企业建立持续改进机制对成果转化的效果进行定期评估和反馈。通过收集和分析市场反馈、客户意见以及内部数据等信息，企业可以及时发现成果转化过程中存在的问题和不足,并采取相应的措施进行改进和优化。这种持续改进的机制不仅有助于企业在成果转化过程中不断积累经验、提升能力还为未来的创新活动奠定了坚实的基础。同时,通过持续改进机制,企业还可以不断优化自身的创新管理体系和流程,提升整体的创新效率和质量。

第二节 建立有利于成果转化的创新管理体系

在当今日益竞争激烈的市场环境中,企业要想保持持续的创新力和竞争力,就必须建立一套有利于成果转化的创新管理体系。这一体系不仅要能够激发员工的创新意识和积极性,还要能够确保创新成果能够有效地转化为企业的实际效益。以下是对这一创新管理体系的详细阐述。

一、设立明确的创新战略与目标

(一)明确创新方向与市场定位

在当今快速变化的市场环境中,企业要想保持竞争力,就必须不断进行创新。而创新的首要任务,就是明确创新方向与市场定位。这要求企业要对市场进行深入细致的调研,了解行业的发展趋势、竞争对手的状况以及客户的需求变化。通过对市场的全面把握,企业可以确定自己在哪些领域具备创新的优势和潜力,从而有针对性地开展创新活动。

明确创新方向和市场定位的过程中,企业需要关注多个方面。首先,要密切关注行业技术的发展趋势,了解新技术、新材料、新工艺等的应用前景和市场需求。其次,要深入了解竞争对手的产品和服务,分析其优缺点和市场占有率,从而找到自身的突破口。最后,也是最重要的一点,就是要深入了解客户的需求和期望,以客户为中心进行产品和服务的设计和创新。只有满足了客户的需求,企业才能在市场中立足并获得持续发展。

(二)制定具体的创新目标与指标

在明确了创新方向和市场定位后,企业需要进一步制定具体的创新目标和指标。这些目标和指标应该既具有挑战性又具有可实现性，能够激发员工的创新热情和积极性。同时，这些目标和指标还应该与企业的整体战略和业务发展目标相衔接，确保创新活动能够为企业带来实际的效益和价值。

制定创新目标和指标时，企业需要考虑多个因素。首先，要根据自身的资源和能力来确定创新的规模和范围，避免盲目跟风或过度扩张。其次，要注重创新的质量和效益，确保创新成果能够符合市场的需求和期望。最后，要注重创新的可持续性和长期发展，避免短期行为或一次性投入。

为了实现这些创新目标和指标，企业还需要建立一套完善的考核和评价机制。通过对员工的创新成果进行定期的评估和反馈，可以激励员工更加积极地投入到创新活动中去。同时，企业还可以根据评估结果对创新战略和目标进行适时的调整和优化，确保创新活动始终保持在正确的轨道上。

（三）建立动态的创新战略调整机制

市场环境和客户需求的变化是不断进行的，这就要求企业的创新战略也需要不断地进行调整和优化。为了应对这种变化，企业需要建立一套动态的创新战略调整机制。这一机制需要包括对市场环境的持续监测、对客户需求的及时反馈以及对创新战略的灵活调整等多个环节。

通过建立动态的创新战略调整机制，企业可以及时发现和把握市场机会和挑战，对创新战略进行适时的调整和完善。这种调整可以包括对产品设计的改进、对生产流程的优化、对营销策略的更新等等。通过不断地调整和优化，企业可以保持创新战略的灵活性和适应性，确保创新活动始终与市场需求和企业目标保持一致。

同时，动态的创新战略调整机制还可以帮助企业及时应对各种风险和挑战。在创新过程中，难免会遇到各种困难和挫折，如技术难题、市场变化等。通过建立灵活的调整机制，企业可以迅速应对这些挑战，避免或减少损失，确保创新活动的顺利进行。

二、构建灵活且高效的创新组织架构

（一）建立跨部门的创新协作机制

创新活动往往需要跨部门、跨领域的协作和配合。然而，在传统的组织架构中，各部门之间往往存在壁垒和利益分割，导致创新资源无法有效整合和利用。为了打破这种局面，企业需要建立一套灵活且高效的创新组织架构，其中跨部门的创新协作机制是至关重要的一环。

通过建立跨部门的创新协作机制，企业可以促进不同部门和人员之间的交流与合作，汇聚不同领域的专业知识和技能，形成强大的创新合力。这种协作机制可以通过定期召开跨部门会议、设立联合项目组、建立信息共享平台等方式来实现。通过这些措施，企业可以打破部门壁垒，促进资源共享和优势互补，推动创新成果的快速转化和应用。

同时，跨部门的创新协作机制还有助于培养企业的团队合作精神和创新文化。在协作过程中，员工可以相互学习、相互启发，共同探索新的创新思路和方法。这种团队协作和创新的氛围可以激发员工的创造力和创新精神，为企业的持续发展注入源源不断的动力。

（二）设立专门的创新管理机构

为了更好地管理和推动创新活动，企业需要设立专门的创新管理机构。这一机构可以负责全面规划、组织、协调和监督企业的创新活动，确保创新战略的有效实施和创新目标的顺利实现。创新管理机构可以由企业的高层领导直接负责，配备专业的创新管理团队，拥有足够的资源和权限来推动创新活动的开展。

创新管理机构的主要职责包括制定创新战略和计划、筛选和评估创新项目、配置和协调创新资源以及推广和应用创新成果等。通过制定明确的创新战略和计划，创新管理机构可以确保企业的创新活动始终与市场需求和企业目标保持一致。同时，通过对创新项目的筛选和评估，可以确保投入的资源能够得到有效的利用和回报。此外，创新管理机构还需要与企业的其他部门进行紧密的协作和配合，共同推动创新成果的转化和应用。

通过设立专门的创新管理机构，企业可以更加系统和专业地开展创新管理活动，提高创新效率和质量。同时，这一机构还可以成为企业培养创新人才和团队的重要平台，为企业的长期发展提供有力的人才保障和支持。

（三）培养多元化的创新团队

创新需要不同背景、不同思维方式和不同技能的人才共同参与。因此，企业需要培养多元化的创新团队来支持其创新活动。多元化的创新团队可以包括技术研发人员、市场营销人员、产品设计人员以及用户研究人员等不同领域的人才。这些人才可以从多个角度和层面思考问题，发现更多的创新机会和解决方案。同时，不同背景的人才之间还可以相互学习和启发，推动创新成果的不断完善和优化。

为了培养多元化的创新团队，企业需要采取多种措施。首先，要注重人才的引进和培养，积极招聘具有不同背景和专业技能的人才加入创新团队。其次，要加强团队内部的交流和合作，建立良好的团队协作机制和文化氛围。最后，要注重对创新团队的激励和支持，为团队成员提供充足的资源和机会来开展创新活动并实现自我价值。

通过培养多元化的创新团队，企业可以更加全面地了解市场需求和客户需求的变化趋势，发现更多的商业机会和创新点。同时，多元化的创新团队还可以提高企业的创新能力和竞争力，为企业的长期发展奠定坚实的基础。

（四）建立开放式的创新合作平台

在当前的市场环境中，企业很难单凭自身的力量完成所有的创新活动。因此，建立开放式的创新合作平台就显得尤为重要。通过这一平台，企业可以与外部的研究机构、高校、企业以及个人等建立广泛的合作关系，共同开展创新研究和项目开发。这种合作可以是技术研发、产品设计、市场营销等多个方面的合作，旨在整合和利用外部资源和智慧，加速创新成果的转化和应用。

建立开放式的创新合作平台需要企业采取积极的措施来推动合作的开展。首先，要明确合作的目标和范围，确保合作双方能够在共同的目标下开展工作。其次，要建立有效的合作机制和管理制度，确保合作过程的顺利进行和合作成果的有效保护。最后，要注重对合作成果的评估和反馈，及时总结经验教训并调整合作策略和方向。

通过建立开放式的创新合作平台，企业可以充分利用外部资源和智慧来推动自身的创新活动。这种合作不仅可以加速创新成果的转化和应用，还可以帮助企业拓展市场渠道、提高品牌知名度并增强综合竞争力。同时，开放式的创新合作平台还可以促进企业与外部环境的交流和互动，为企业的长期发展注入新的活力和动力。

三、实施全面的创新管理与评估机制

（一）建立完善的创新项目管理制度

创新是企业持续发展的核心动力，而建立完善的创新项目管理制度则是确保这一动力源源不断的关键。创新项目管理制度不仅要涵盖项目的立项与审批流程，确保每一个创新项目都经过严格的筛选和评估，从而确保其与企业战略目标的契合度；还要明确项目的组织与实施细则，包括项目团队的组建、资源的调配以及项目计划的制定与执行等，以确保项目能够高效有序地推进。此外，制度的另一个重要方面是对项目的进度与质量管理进行明确规定，通过设立定期的检查点、里程碑以及质量评估标准等，确保项目能够按时按质完成。最后，项目的验收与评估环节也是不可或缺的一部分，它可以帮助企业对项目的成果进行全面客观的评价，从而为后续的创新活动提供宝贵的经验和教训。

具体来说，在立项与审批环节，企业应设立专门的创新项目评审委员会，由来自不同部门的专家组成，以确保项目的多样性和全面性。评审标准应明确、公开、透明，既要注重项目的创新性、实用性，也要考虑其可行性和风险性。在组织与实施环节，企业应明确项目团队的职责和权力，建立有效的沟通机制和协作平台，确保团队成员能够各司其职、协同作战。同时，企业还应为项目提供必要的资源支持，包括资金、设备、技术等，以确保项目的顺利进行。在进度与质量管理环节，企业应制定详细的项目计划和时间表，明确各个阶段的目标和任务。同时，还应建立严格的质量管理体系，对项目的过程和结果进行全面监控和评估。在验收与评估环节，企业应组织专业的验收团队对项目进行全面细致的检查和测试，确保项目成果符合预期要求。同时，还应建立有效的评估机制，对项目的效果和贡献进行客观公正的评价。

通过建立完善的创新项目管理制度，企业不仅可以提高创新项目的成功率和效率，还可以降低创新风险，提升企业的整体创新能力和竞争力。同时，这也有助于激发员工的创新意识和积极性，推动企业形成更加开放、包容、创新的文化氛围。

（二）实施定期的创新成果评估与反馈

在快速发展的市场中，企业要想保持竞争力，就必须不断创新。然而，创新并非一蹴而就，而是需要持续投入、不断试错、逐步优化的过程。在这个过程中，实施定期的创新成果评估与反馈机制显得尤为重要。这种机制有助于企业及时发现问题、调整方向、优化资源分配，从而确保创新活动的有效性和高效性。

具体来说，定期的创新成果评估可以通过组织专家评审、市场调研、用户反馈等多种方式进行。评估的内容应包括创新成果的技术水平、市场前景、用户满意度以及对企业战略目标的贡献度等。通过全面、客观的评估，企业可以更加清晰地了解创新成果的实际价值和潜在风险，从而为后续决策提供有力依据。

同时，反馈机制也是创新管理中不可或缺的一环。通过及时、准确的反馈，企业可以将评估结果转化为具体的改进措施和行动计划。这不仅可以帮助企业及时纠正创新过程中的偏差和错误，还可以激发团队成员的积极性和创造力，推动创新活动不断向前发展。

在实施定期的创新成果评估与反馈机制时，企业需要注意以下几点：首先，要确保评估标准的科学性和合理性，既要注重量化指标也要考虑质性因素；其次，要保持评估过程的公正性和透明度，避免主观因素和人为干扰；最后，要重视反馈结果的实用性和可操作性，确保改进措施能够真正落地执行。

（三）建立创新激励机制与奖惩制度

为了持续推动创新活动的发展，企业需要建立一套完善的创新激励机制与奖惩制度。这一机制旨在通过物质和精神双重激励，激发员工的创新意识和积极性，同时对于创新成果显著或表现突出的员工进行表彰和奖励。具体而言，企业可以设立创新奖金、晋升机会、员工持股计划等多元化的激励方式，让员工在创新活动中获得实实在在的收益和成长机会。

同时，对于在创新活动中表现不佳或造成损失的员工，企业也需要有相应的惩罚和处理措施。这不仅可以维护企业的正常运营秩序和创新文化氛围，还可以对其他员工起到警示和教育作用。在制定惩罚措施时，企业应遵循公平、公正、公开的原则，确保处理结果的合理性和可接受性。

通过建立创新激励机制与奖惩制度，企业可以营造一个更加积极向上、充满活力的创新环境。在这种环境中，员工会更加愿意投入时间和精力去尝试新事物、探索新领域、创造新价值，从而为企业的持续发展提供源源不断的动力和支持。同时，这也有助于企业吸引和留住更多优秀人才，提升企业的整体竞争力和市场地位。

四、强化创新人才培养与激励机制

（一）制定长期的人才培养计划

创新人才的培养是企业持续创新的重要保障。为了确保人才队伍的稳定性、专业性和创新性，企业需要制定长期的人才培养计划。这一计划应该结合企业的战略目标和业务发展方向，明确未来一段时间内所需的人才类型、数量和素质要求。同时，计划还应包括具体的培养措施、时间表和预期成果等，以确保培养工作的有序进行和实际效果。

在制定培养计划时，企业还需要充分考虑员工的个人发展需求和职业规划。通过为员工提供有针对性的培训和发展机会，帮助他们提升专业技能、拓展知识领域、增强创新意识，从而实现企业与员工的共同发展。此外，企业还可以通过与高校、科研机构等合作，共同培养符合企业需求的高素质创新人才。这种产学研结合的培养模式不仅可以缩短人才培养周期，还可以提高人才培养的质量和效率。

（二）提供多元化的学习与发展机会

为了满足员工多样化的学习和发展需求，企业需要提供多元化的学习与发展机会。这些机会可以包括内部培训、外部培训、在线课程、工作轮换、项目参与等多种形式。通过提供这些机会，企业可以帮助员工不断提升自己的知识储备、技能水平和综合素质，为企业的创新活动提供有力的人才支持。

内部培训是企业最常用的一种人才培养方式。通过组织定期的培训课程、专题讲座、经验分享等活动，企业可以让员工及时了解最新的行业动态和技术发展趋势，掌握新的工作方法和工具。外部培训则可以借助外部专业机构或专家的力量，为员工提供更加系统、深入的学习体验。在线课程则是一种灵活便捷的学习方式，员工可以根据自己的时间和进度安排进行学习，实现工作与学习的平衡。

除了培训，企业还可以通过工作轮换和项目参与等方式为员工提供实践锻炼的机会。工作轮换可以让员工在不同的岗位和部门之间流动，了解不同业务领域的运作方式和挑战，从而拓宽视野、增强适应能力。项目参与则可以让员工直接参与到企业的创新项目中来，与团队成员一起协作、攻坚克难，从而提升自己的创新意识和团队协作能力。

（三）建立公平且具激励性的薪酬体系

薪酬是员工最为关心的问题之一，也是企业激励员工创新的重要手段。为了激发员工的创新意识和积极性，企业需要建立公平且具激励性的薪酬体系。这一体系应该根据员工的岗位价值、工作绩效以及创新贡献等因素来确定员工的薪酬水平。同时，企业还应设立一些额外的奖励和津贴，如创新奖金、技能津贴、项目补贴等，以鼓励员工在创新活动中做出更大的贡献。

在建立薪酬体系时，企业需要遵循公平、公正、公开的原则，确保同岗同酬、多劳多得、优绩优酬。此外，企业还应定期对薪酬体系进行审视和调整，以适应市场变化和业务发展需求。通过建立公平且具激励性的薪酬体系，企业可以吸引和留住更多优秀人才，推动创新活动的持续进行和企业的长期发展。

（四）营造开放包容的创新文化氛围

最后但同样重要的是，企业需要营造开放包容的创新文化氛围。这种氛围应该鼓励员工敢于尝试、勇于失败、乐于分享和善于学习。为了实现这一目标，企业可以从以下几个方面入手：首先，领导层需要树立创新意识，积极倡导并践行创新理念；其次，建立鼓励创新的机制和平台，如设立创新基金、举办创新大赛等；再次，加强团队之间的沟通和协作，打破部门壁垒和思维定式；最后，注重员工的心理健康和人文关怀，让员工在轻松愉悦的环境中迸发出更多的创新火花。

通过营造开放包容的创新文化氛围,企业可以激发员工的创新意识和创造力,推动创新活动的蓬勃发展。同时,这也有助于提升企业的整体形象和品牌价值,吸引更多优秀人才加盟。在这个快速变化的时代里,只有不断创新、与时俱进的企业才能立于不败之地。

第三节 创新文化与成果转化

一、创新文化的内涵及其对成果转化的意义

(一)创新文化的内涵

创新文化,作为一种特定的组织文化形态,其核心在于以创新为驱动力,推动组织的持续发展和进步。这种文化不仅仅是一种表面的口号或标语,而是深深植根于组织的日常运作之中,影响并引导着组织成员的思维和行为模式。具体来说,创新文化的内涵可以从创新的理念、创新的行为、创新的制度和创新的环境等多个维度进行解读。

首先,创新的理念是创新文化的灵魂。它要求组织成员持续地追求新知识、新技术和新方法,勇于挑战传统观念和做法,以创新的思维去审视和解决问题。这种理念鼓励成员不断超越自我,追求卓越,将创新视为组织发展的核心动力。

其次,创新的行为是创新文化的具体体现。在创新文化的引导下,组织成员会积极主动地探索新的可能性,勇于尝试新的方法和策略。他们不仅关注问题的解决,更注重在解决问题的过程中发掘新的机会和价值。

再次,创新的制度是创新文化的有力保障。一个鼓励创新的组织通常会建立一套完善的创新管理制度,包括创新项目的立项、研发、评估和推广等各个环节。这些制度不仅为创新活动提供了明确的指导和规范,也为创新成果的转化和应用创造了有利条件。

最后,创新的环境是创新文化的重要支撑。一个充满活力和创造力的创新

环境能够激发组织成员的灵感和热情，促进创新思维的产生和发展。这种环境通常具有开放、包容、协作和共享的特点，能够为成员的创新活动提供必要的资源和支持。

（二）创新文化对成果转化的意义

创新文化对于成果转化具有至关重要的意义，它不仅是创新活动的催化剂，也是创新成果得以有效应用和推广的重要保障。具体来说，创新文化在成果转化过程中的作用主要体现在以下几个方面。

首先，创新文化可以激发组织成员的创造力和创新精神。在创新文化的熏陶下，组织成员会形成一种勇于探索、敢于尝试的思维模式，这种思维模式有助于他们在面对复杂问题时发现新的解决方案和途径。这种创造力和创新精神是成果转化的重要动力来源，能够为组织带来源源不断的创新成果。

其次，创新文化强调开放合作和持续学习。在创新文化的引导下，组织成员会形成一种开放的心态，愿意与他人分享自己的知识和经验，同时也积极吸收他人的优点和长处。这种开放合作的精神有助于促进组织内外部的知识交流和资源共享，从而为成果转化提供必要的知识和技术支持。此外，持续学习的理念也鼓励成员不断更新自己的知识和技能，以适应不断变化的市场环境和技术趋势，为成果转化提供持续的动力。

最后，创新文化鼓励勇于尝试和宽容失败。在创新过程中，失败是不可避免的。然而，在创新文化的熏陶下，组织成员会形成一种勇于尝试、敢于面对失败的心态。他们知道，只有通过不断地尝试和失败，才能找到最终的成功之路。这种勇于尝试和宽容失败的精神为成果转化提供了良好的实验环境和容错机制，有助于降低创新风险，提高成果转化的成功率。

二、培育支持性创新文化的策略与方法

为了在组织内部培育出一种支持性的创新文化，以下是一些具体的策略和方法。

（一）明确创新价值观

首先，组织需要明确以创新为核心的价值观，并将其贯穿于组织的愿景、

使命和战略目标中。这意味着组织要清晰地阐述创新对于组织发展的重要性，以及创新在组织各个层面和环节中的具体体现。通过宣传和倡导这些创新价值观，可以引导组织成员形成共同的创新理念和行为准则。例如，组织可以通过内部培训、研讨会等方式向成员传达创新的重要性，并鼓励他们在日常工作中践行创新理念。

（二）营造开放包容的氛围

其次，组织需要营造一种开放包容的氛围，鼓励成员提出新的想法和观点。这要求组织在决策过程中充分尊重成员的意见和建议，允许不同声音的存在和表达。同时，组织还应建立有效的沟通机制，促进组织内外部的信息交流和资源共享。例如，可以设立定期的团队建设活动或跨部门沟通会议，为成员提供交流和合作的机会。此外，组织还可以通过设立建议箱、开展匿名调研等方式收集成员的意见和建议，以更好地了解他们的需求和期望。

（三）提供创新支持

为了推动创新活动的顺利进行，组织需要提供必要的创新支持。这包括资金、技术、人才等多个方面。例如，组织可以设立专门的创新基金，用于支持具有潜力的创新项目；建立技术研发中心或实验室，为成员提供先进的研发设备和技术支持；引进具有创新经验和专业技能的人才，为团队注入新的活力和创意。这些支持措施可以为成员的创新活动提供有力的保障和支持，降低创新风险，提高创新效率。

（四）建立激励机制

最后，为了激发成员的创新动力，组织需要建立有效的激励机制。这可以通过设立创新奖项、实施股权激励计划、提供晋升机会等方式实现。例如，组织可以定期评选并表彰在创新活动中做出突出贡献的成员或团队；为具有创新潜力的员工提供股权或期权等长期激励；为优秀的创新人才提供晋升和职业发展的机会。这些激励机制可以激发成员的创新热情和积极性，促使他们更加投入地参与到创新活动中来。同时，激励机制也有助于在组织内部形成一种积极向上的竞争氛围，推动创新活动的持续开展和进步。

三、领导层在塑造创新文化中的角色

领导层在塑造组织创新文化中扮演着举足轻重的角色。他们的言行举止、决策和行动都直接影响着组织内部的创新氛围和员工的行为。以下将从四个方面详细阐述领导层在塑造创新文化中的具体作用。

（一）树立榜样作用

领导层作为组织的核心力量，应以身作则，成为创新的倡导者和实践者。他们通过自身的言行举止，向员工传递创新的价值观和行为准则，引导组织成员形成共同的创新理念。在日常工作中，领导层应积极探索新的思路和方法，勇于尝试和承担风险，以实际行动为员工树立榜样。同时，他们还应鼓励员工提出新的想法和建议，对于员工的创新行为给予及时的认可和支持，让员工感受到创新的价值和意义。

领导层的榜样作用不仅体现在具体的创新行为上，还体现在他们的思维方式和态度上。领导层应具备开放、包容的心态，鼓励员工敢于挑战传统、打破常规，为组织的创新活动营造宽松的氛围。通过领导层的榜样作用，员工可以更加清晰地认识到创新的重要性，从而更加积极地投入到创新活动中去。

（二）制定创新战略

领导层应制定明确的创新战略，并将其与组织的整体战略目标相结合。创新战略是组织创新活动的指导纲领，它明确了创新的方向、目标和路径，为组织的创新活动提供了有力的战略支持。在制定创新战略时，领导层应充分考虑组织的实际情况和市场环境，确保创新战略既具有前瞻性又具有可行性。

同时，领导层还应将创新战略与组织的整体战略目标相结合，确保创新活动与组织的长期发展保持一致。通过制定创新计划、明确创新资源和时间节点等措施，领导层可以为组织的创新活动提供有力的保障和支持。在实施创新战略的过程中，领导层还应密切关注市场动态和技术发展趋势，及时调整和优化创新战略，确保组织始终保持领先地位。

（三）推动制度创新

领导层应推动组织的制度创新，为创新文化的培育提供制度保障。制度创新是组织创新活动的重要组成部分,它涉及组织架构、管理制度、创新机制等多个方面。通过优化组织架构、完善管理制度、建立创新机制等措施,领导层可以打破传统束缚和障碍,为创新活动提供更加灵活和高效的组织环境。

在推动制度创新的过程中,领导层应充分考虑员工的意见和建议,确保制度创新能够真正反映员工的需求和期望。同时,领导层还应关注制度创新的实施效果,及时发现和解决存在的问题和不足,确保制度创新能够真正为组织的创新活动提供有力的支持。通过制度创新,组织可以更加高效地配置和利用资源,提高创新活动的效率和质量。

(四)关注员工成长

领导层应关注员工的成长和发展,为员工的创新活动提供必要的支持和帮助。员工是组织创新活动的主体力量,他们的创新能力和参与度直接影响着组织的创新成果。因此,领导层应重视员工的成长和发展需求,为员工提供充分的培训和发展机会。通过提供专业技能培训、搭建职业发展平台、关注员工福利等措施,领导层可以激发员工的创新潜力和工作热情,提高员工的创新能力和参与度。

同时,领导层还应关注员工的心理健康和工作状态,及时发现和解决员工面临的问题和困难。通过建立良好的沟通机制和反馈渠道,领导层可以及时了解员工的想法和需求,为员工提供更加个性化的支持和帮助。这种关注员工成长的做法不仅可以提高员工的满意度和忠诚度,还可以为组织的创新活动提供源源不断的人才支持。

四、创新文化对员工创造力与参与度的影响

创新文化作为一种独特的组织文化现象,对员工创造力与参与度产生着深远的影响。以下将从三个方面详细阐述创新文化对员工创造力与参与度的具体影响。

(一)激发员工创造力

创新文化可以激发员工的创造力,使员工更加愿意尝试新的想法和方法。在创新文化的熏陶下,员工会更加关注市场变化和客户需求,积极寻找解决

问题的新思路和新途径。这种创造力的激发不仅来源于员工自身的内在动力，还受到创新文化的引导和激励。创新文化鼓励员工敢于挑战传统、打破常规，为员工提供更加广阔的创新空间和机会。同时，创新文化还强调团队协作和跨界融合，促进不同领域和背景的员工相互交流和合作，从而激发出更多的创新火花。

（二）提高员工参与度

创新文化可以提高员工的参与度，使员工更加积极地参与到组织的创新活动中来。在创新文化的氛围下，员工会感受到自己的价值和贡献被认可，从而更加愿意为组织的创新活动贡献自己的力量。这种参与度的提高不仅体现在员工对创新活动的投入程度上，还体现在员工对创新成果的关注和期待上。员工会更加关注创新活动的进展和成果，积极为创新活动提供建议和支持，从而促进创新活动的顺利进行和取得更好的成果。同时，创新文化还强调员工的自主性和主动性，鼓励员工主动发现问题、提出解决方案并付诸实践，从而提高员工的自我效能感和成就感。

（三）增强员工的归属感

创新文化可以增强员工的归属感，使员工更加认同组织的价值观和目标。在创新文化的引导下，员工会形成共同的创新理念和行为准则，从而更加紧密地团结在一起为组织的创新活动提供有力的支持。这种归属感的增强不仅来源于员工对组织的认同和信任，还受到创新文化的熏陶和感染。创新文化强调开放、包容、协作的精神，为员工提供更加宽松、自由的工作环境和发展空间。同时，创新文化还注重员工的成长和发展需求，为员工提供充分的培训和发展机会，从而增强员工对组织的忠诚度和归属感。这种归属感的增强可以进一步激发员工的创新潜力和工作热情，为组织的创新活动提供源源不断的动力支持。

第八章 知识产权管理与成果转化

第一节 知识产权在成果转化中的价值

一、知识产权作为成果转化的核心资产

(一) 知识产权是成果转化的基石

在科技日新月异的时代,知识产权已经从一个抽象的概念转变为实实在在的经济资产和市场竞争的利器。尤其在成果转化这一关键环节中,知识产权的作用显得尤为突出。成果转化是将科学研究、技术创新等产生的知识成果转化为具有市场价值的产品或服务的过程。在这一过程中,知识产权不仅为创新成果提供了法律保护,更是确保成果转化顺利进行的重要基石。

首先,知识产权为创新成果提供了法律保障。在科技创新的过程中,研究人员、企业和投资机构等都面临着巨大的投入和风险。知识产权制度通过赋予创新者对其创新成果的独占性使用权,确保了创新成果不被他人非法使用或侵犯,从而保护了创新者的合法权益。这种法律保障为创新者提供了稳定的预期和信心,进一步激发了创新热情和投入。

其次,知识产权为成果转化提供了独占性优势。在市场竞争中,拥有核心知识产权的企业或研究机构往往能够占据有利地位。这是因为知识产权的独占性使得创新成果具有排他性,能够抵御竞争对手的模仿和抄袭。这种独占性优势为创新者赢得了市场份额和利润空间,为成果转化的成功提供了有力支撑。

此外,知识产权还有助于提升创新者的市场地位。拥有核心知识产权的企业或研究机构通常被视为行业内的领先者和创新者,这有助于吸引更多的合作伙伴、投资者和人才。这种市场地位的提升不仅为成果转化提供了更多的机会和资源,还有助于形成良性循环,进一步推动创新成果的产出和转化。

（二）知识产权提升成果转化价值

知识产权作为一种法律赋予的独占性权利，对于提升成果转化价值具有重要的作用。在成果转化过程中，知识产权通过其独占性、排他性等特点，为创新成果提供了法律保护，并有效提升了成果转化的价值。

首先，知识产权通过保护创新成果，确保了创新者在市场上的竞争优势。拥有知识产权的企业或研究机构可以独家享有其创新成果的使用权、转让权和收益权等，从而避免了他人非法使用或模仿的风险。这种竞争优势使得创新成果在市场上具有更高的吸引力和价值，为创新者带来了更多的商业机会和经济回报。

其次，知识产权通过促进技术转移和许可使用等方式，实现了创新成果的价值最大化。拥有知识产权的企业或研究机构可以通过技术转让、许可使用等方式与其他企业合作，将创新成果应用于实际生产中，从而获取经济回报。这种技术转移和许可使用不仅推动了创新成果的商业化进程，还有助于实现创新成果的价值最大化。

此外，知识产权还可以通过质押融资等方式为成果转化提供资金支持。创新者可以将其拥有的知识产权作为质押物向金融机构申请贷款，从而获取资金支持用于成果转化的研发、生产和市场推广等环节。这种质押融资方式不仅为创新者提供了灵活的资金来源，还有助于降低融资成本和风险。

（三）知识产权促进产学研合作

在科技创新和成果转化过程中，产学研合作是一种重要的合作模式。这种合作模式将企业、高校和研究机构等各方利益紧密联系在一起，共同推动创新成果的转化和应用。而知识产权作为连接各方利益的重要纽带，在产学研合作中发挥着不可替代的作用。

首先，知识产权明确了合作各方的权益和责任。在产学研合作中，各方通常会对创新成果的知识产权归属和利益分配进行明确约定。这种明确的约定不仅保护了各方的合法权益，还有助于激发各方的合作热情和投入。同时，知识产权的归属和利益分配也是合作能否顺利进行的重要因素之一。通过明确约定和合理分配知识产权利益，可以确保合作各方的利益得到保障和平衡，促进合作的顺利进行。

其次,知识产权促进了企业、高校和研究机构之间的紧密合作。在产学研合作中,各方通常具有不同的优势和资源。企业拥有市场渠道和资金支持,高校和研究机构则拥有先进的科研设备和人才储备。通过明确知识产权归属和利益分配机制,可以将各方的优势资源进行整合和优化配置,实现资源共享和优势互补。这种紧密的合作模式不仅可以加速创新成果的商业化进程,还可以促进人才培养和技术交流,为产业发展注入新的活力。

此外,知识产权还有助于推动产学研合作的可持续发展。在产学研合作中,知识产权的创造、运用和保护是一个持续不断的过程。随着合作的深入进行,新的创新成果将不断涌现,知识产权的归属和利益分配也将随之发生变化。通过合理的知识产权管理和保护机制,可以确保合作各方的利益得到持续保障和平衡发展,推动产学研合作的长期稳定和可持续发展。

二、知识产权对增强成果转化竞争力的作用

(一)提高市场竞争力

在激烈的市场竞争中,知识产权的重要性日益凸显。拥有核心知识产权的企业或研究机构,能够通过技术的独占性和创新性,在市场中获得差异化竞争优势。这种竞争优势不仅表现在产品或服务的质量上,更体现在品牌形象、市场份额和盈利能力等多个方面。通过知识产权的保护,企业可以确保自身技术的领先地位,防止竞争对手的模仿和抄袭,从而稳固和提升市场竞争力。

首先,知识产权可以为企业提供法律保护,确保技术创新的成果不被他人非法使用或侵犯。这种法律保护为企业创造了稳定的市场环境,降低了技术创新的风险和不确定性。其次,知识产权的独占性特点使得企业能够独占市场,获得更高的利润回报。这种回报不仅来自于产品的销售收益,还包括因技术领先而带来的品牌溢价和市场份额的提升。最后,知识产权的积累和应用还能够提升企业的品牌形象和声誉。拥有众多专利和商标的企业往往被视为技术实力雄厚的代表,这有助于提升企业在消费者和投资者心中的信任度和好感度。

（二）增强技术创新能力

知识产权制度是激发和保护技术创新的重要手段。通过申请专利、商标等知识产权保护措施，企业可以确保自身技术创新成果的安全和合法使用。这种保护不仅有助于激发企业的创新积极性，还能够为创新者提供经济回报和荣誉认可。

首先，知识产权制度通过明确产权归属和利益分配机制，为创新者提供了强有力的激励。这种激励能够激发企业和个人的创新热情，推动更多的创新资源投入到技术研发和成果转化中。其次，知识产权的保护还能够降低创新的风险和成本。通过申请专利等保护措施，企业可以确保自身技术的独占性和排他性，避免被他人非法使用或侵犯。这有助于降低创新过程中的技术泄露和侵权风险，减少因技术纠纷而带来的经济损失。最后，知识产权的积累和应用还能够提升企业的技术水平和创新能力。通过不断申请专利和商标等知识产权，企业可以形成自己的技术储备和专利池，为未来的技术创新和成果转化提供有力支撑。

（三）促进国际合作与交流

在全球化背景下，知识产权的国际保护制度为企业和研究机构开展国际合作与交流提供了有力保障。通过加入国际知识产权组织、签署国际条约等方式，企业可以加强与其他国家和地区的合作与交流，共同推动创新成果的全球化应用和发展。

首先，知识产权的国际保护制度为企业提供了更为广阔的合作空间和市场机会。通过与国际合作伙伴共享知识产权资源和技术创新成果，企业可以拓展海外市场和资源渠道，实现互利共赢。其次，国际合作与交流还能够引进先进的技术和管理经验，为企业的技术创新和成果转化提供新的思路和方向。通过与国外企业和研究机构的合作，企业可以了解国际最新的技术动态和市场趋势，为自身的技术创新和成果转化提供有力支持。最后，国际合作与交流还能够提升企业和研究机构的国际影响力和竞争力。通过参与国际知识产权保护和交流活动，企业可以展示自己的技术创新实力和成果，提升在国际舞台上的地位和声誉。

(四）提升产业链整体竞争力

知识产权在产业链中具有举足轻重的地位。通过加强知识产权的保护和管理，可以提升整个产业链的竞争力和创新能力。拥有核心知识产权的企业可以带动上下游企业的发展和创新，形成紧密的产业链合作关系。

首先，核心知识产权的掌握可以确保产业链关键环节的技术优势。通过拥有核心专利和技术秘密，企业可以在产业链中占据主导地位，引领上下游企业的技术创新和产业升级。其次，知识产权的共享和转让可以促进产业链内的技术转移和扩散。通过许可、转让等方式，企业可以将自身的知识产权与上下游企业共享或转让，推动产业链整体技术水平的提升。最后，知识产权的保护和管理还能够促进产业链内的公平竞争和合作氛围。通过加强知识产权执法和维权力度，可以打击侵权行为和不正当竞争行为，维护产业链内的良好秩序和合作环境。

三、知识产权在促进创新与经济发展中的角色

（一）激发创新活力

知识产权制度通过保护创新成果和创新者的权益，为创新活动提供了良好的法律环境和激励机制。这种制度可以激发企业和个人的创新活力，鼓励他们积极投入到科技创新活动中去。

首先，知识产权制度为创新成果提供了法律保护，确保了创新者的合法权益不受侵犯。这种法律保护为创新者提供了稳定的创新环境，降低了创新的风险和不确定性。其次，知识产权的独占性和排他性特点使得创新者能够独享创新成果带来的经济回报和社会荣誉。这种回报和荣誉认可为创新者提供了持续的创新动力和支持。最后，知识产权制度通过明确的产权归属和利益分配机制，为创新活动提供了清晰的预期和回报路径。这有助于激发企业和个人的创新积极性，推动更多的创新资源投入到科技创新活动中。

（二）促进经济结构优化升级

知识产权密集型产业是现代经济体系中的重要组成部分，具有高技术含量、高附加值和高成长性等特点。通过加强知识产权的保护和管理，可以促进知识

产权密集型产业的发展和壮大,推动经济结构优化升级。

首先,知识产权密集型产业的发展可以带动传统产业的转型升级。通过引入高新技术和知识产权成果,传统产业可以提升自身的技术水平和产品质量,实现产业升级和转型。其次,知识产权密集型产业的发展还可以促进新兴产业的崛起和发展。通过不断创新和积累知识产权成果,新兴产业可以形成自身的技术优势和核心竞争力,为经济发展注入新的动力。最后,知识产权密集型产业的发展还可以提升整个经济体系的创新能力和竞争力。通过加强知识产权的保护和管理,可以激发全社会的创新活力,推动经济体系的持续创新和发展。

(三)增强国际竞争力

知识产权是国际竞争的重要资源之一。通过加强知识产权的申请、保护和管理,可以提升企业和国家在国际市场上的竞争力。

首先,拥有核心知识产权的企业可以在国际市场上占据竞争优势地位。通过申请国际专利、注册国际商标等方式,企业可以保护自身的技术创新成果和品牌形象,防止被他人非法使用或侵犯。这有助于提升企业在国际市场上的地位和声誉,增强企业的国际竞争力。其次,知识产权的积累和应用还能够提升国家的整体创新能力和竞争力。通过加强知识产权的保护和管理,可以激发全社会的创新活力,推动国家创新体系的建设和发展。这有助于提升国家在国际分工中的地位和影响力,为国家经济的可持续发展提供有力支撑。

(四)推动创新型国家建设

创新型国家建设是当前世界各国普遍关注的重要议题之一。知识产权作为创新型国家建设的重要支撑和保障,发挥着至关重要的作用。

首先,加强知识产权制度建设是推动创新型国家建设的基础和前提。通过完善知识产权法律法规体系、加强知识产权执法和维权力度等措施,可以为创新活动提供良好的法律环境和制度保障。其次,提高知识产权创造力和保护水平是推动创新型国家建设的关键和核心。通过加强科技创新和知识产权保护工作,可以激发全社会的创新活力,推动更多的创新成果转化为现实生产力。最后,加强国际合作与交流是推动创新型国家建设的重要途径和方式。通过参与国际知识产权保护和交流活动,可以引进先进的技术和管理经验,为创新型国家建设提供新的思路和方向。

综上所述,知识产权在促进创新与经济发展中扮演着至关重要的角色。通过加强知识产权的保护和管理,可以激发创新活力、促进经济结构优化升级、增强国际竞争力和推动创新型国家建设。这对于推动经济社会持续健康发展、提升国家整体创新能力和竞争力具有重要意义。

第二节 知识产权管理与保护策略

一、知识产权的识别、评估与登记

(一)知识产权的识别

知识产权的识别是知识产权管理的基石,它要求企业对其内部的知识产权进行全面、准确的查找和确认。这不仅仅是一个简单的列举过程,而是一个深入挖掘和细致分析的过程。为了实现这一目标,企业应组建专业的知识产权团队,这些团队成员应具备丰富的知识产权知识和实践经验。他们需要深入了解企业的业务流程、研发成果和市场活动,从中识别出企业所拥有的各种知识产权,如专利、商标、著作权和商业秘密等。同时,知识产权团队还需要密切关注企业外部的动态,监测可能侵犯企业知识产权的行为,及时发出预警,确保企业的知识产权安全。

在知识产权的识别过程中,企业还需要注重与其他部门的沟通与协作。只有与研发、市场、法务等部门保持密切的联系,才能确保知识产权的全面识别和保护。此外,企业还应鼓励员工积极参与知识产权的识别工作,因为他们是企业创新和知识产权创造的重要力量。

(二)知识产权的评估

知识产权的评估是对企业所拥有的知识产权进行价值判断的过程。这一过程旨在了解企业知识产权的存量、质量以及潜在的市场价值,为企业制定知识产权战略和决策提供依据。评估的内容涵盖了知识产权的多个方面,如合法性、稳定性、保护范围、技术水平以及市场前景等。

在进行知识产权评估时，企业应采用科学、合理的方法。这些方法可以包括定量分析和定性分析相结合的方式，如专利分析法、市场调查法和专家评估法等。通过这些方法的应用，企业可以更加准确地了解自身知识产权的价值和潜在的市场前景，为企业的发展提供有力的支持。

（三）知识产权的登记

知识产权的登记是将企业所拥有的知识产权进行官方注册和备案的过程。登记的目的在于确立企业对知识产权的合法拥有权，防止他人侵权和仿冒。通过登记，企业可以获得官方的授权和保护，提高自身的维权能力和市场竞争力。

在进行知识产权登记时，企业应按照相关法律法规的规定，提交必要的申请材料和证明文件，并支付相应的登记费用。这些申请材料和证明文件应真实、准确、完整，以确保登记的成功和有效。同时，企业还应密切关注登记进度和结果，及时采取必要的措施应对可能出现的问题和挑战。

在登记过程中，企业还需要注意与其他部门的协作和沟通。只有与法务、研发、市场等部门保持紧密的联系和配合，才能确保登记工作的顺利进行和成功完成。此外，企业还应加强对员工的培训和教育，提高他们的知识产权意识和保护意识，确保企业的知识产权得到充分的保护和利用。

二、建立健全的知识产权保护制度

（一）制定完善的知识产权保护政策

知识产权保护政策是企业知识产权保护的重要基础。企业应制定完善的知识产权保护政策，明确知识产权的保护范围、保护措施和侵权责任等内容。这些政策应与企业的发展战略和业务需求相结合，确保知识产权得到有效保护。同时，政策还应注重与国际接轨，遵循国际知识产权保护的通行规则和标准。

在制定知识产权保护政策时，企业应充分考虑自身的实际情况和特点。例如，对于研发型企业来说，应重点关注专利和商业秘密的保护；对于市场导向型企业来说，应更加注重商标和著作权的保护。此外，企业还应根据外部环境的变化和自身发展的需求，不断调整和完善知识产权保护政策，确保其始终具有针对性和有效性。

（二）建立专门的知识产权管理机构

为了确保知识产权保护工作的有效进行，企业应建立专门的知识产权管理机构。该机构应具备专业的知识产权知识和技能，能够为企业提供全面、高效的知识产权服务。这些服务包括但不限于知识产权的识别、评估、登记、维权等日常管理工作。

在建立知识产权管理机构时，企业应注重其专业性和独立性。专业性意味着该机构应具备丰富的知识产权知识和实践经验，能够为企业提供专业的指导和支持；独立性则意味着该机构应具有一定的自主权和决策权，能够独立开展知识产权保护工作并承担相应的责任。

同时，企业还应加强知识产权管理机构与其他部门的协作与沟通。只有与其他部门保持密切的联系和配合，才能确保知识产权保护工作的顺利进行和成功完成。为此，企业可以采取定期召开会议、建立信息共享机制等方式加强部门间的沟通和协作。

（三）加强知识产权保密管理

商业秘密是企业重要的知识产权之一，对于维护企业的竞争优势和市场地位具有重要意义。因此，企业应加强商业秘密的保密管理，制定严格的保密制度和措施，确保商业秘密不被泄露和滥用。

在制定保密制度和措施时，企业应充分考虑自身的实际情况和需求。例如，对于涉及核心技术的商业秘密，企业可以采取加密、限制访问等措施加强保护；对于一般的商业秘密，则可以通过签订保密协议、加强员工培训等方式进行保护。同时，企业还应建立健全的商业秘密保护机制，如设立专门的保密委员会、制定详细的保密计划等，确保商业秘密得到充分的保护和利用。

此外，企业还应加强对员工的保密教育和培训。通过培训和教育，可以提高员工的保密意识和能力，减少商业秘密泄露的风险。同时，企业还应与员工签订保密协议，明确双方的权利和义务，确保员工遵守保密规定并承担相应的责任。

(四)建立知识产权维权机制

当企业的知识产权受到侵犯时,企业应积极采取维权措施,维护自身的合法权益。为此,企业应建立知识产权维权机制,包括侵权监测、证据收集、法律诉讼等环节。通过这些机制的建立和实施,企业可以及时发现和应对侵权行为,维护自身的知识产权利益。

在建立知识产权维权机制时,企业应注重其有效性和可操作性。有效性意味着该机制应能够及时发现和应对侵权行为,维护企业的合法权益;可操作性则意味着该机制应简单易行、便于操作和执行。同时,企业还应加强与专业的知识产权服务机构或律师事务所的合作和沟通,借助其专业力量进行维权工作。这些机构具有丰富的经验和专业知识,能够为企业提供专业的法律支持和帮助,确保企业的维权工作顺利进行并取得成功。

总之,建立健全的知识产权保护制度是企业保护自身创新成果和竞争优势的重要保障。通过制定完善的知识产权保护政策、建立专门的知识产权管理机构、加强知识产权保密管理以及建立知识产权维权机制等措施的实施,企业可以更加有效地保护和管理自身的知识产权,为企业的持续发展和创新提供有力的支持。

三、知识产权风险管理与应对策略

(一)知识产权风险识别与评估

在知识经济时代,知识产权已成为企业核心竞争力的重要组成部分。然而,随着市场竞争的日益激烈和知识产权法律的日益完善,企业面临的知识产权风险也日益增大。为了有效应对这些风险,企业必须定期进行知识产权风险识别与评估工作。

首先,企业应明确自身的知识产权风险类型和程度。这包括技术风险、市场风险、法律风险等多个方面。技术风险主要来自于技术研发和创新过程中的不确定性,如技术泄露、被他人抢先申请专利等;市场风险则主要来自于市场变化和竞争态势的不确定性,如侵权行为、被他人抢占市场份额等;法律风险则主要来自于法律法规的变化和执行的不确定性,如专利无效、被他人提起诉讼等。

其次,企业应采用科学的风险评估方法对这些风险进行评估。这包括定性评估和定量评估两种方法。定性评估主要通过对风险发生的可能性和影响程度进行分析和判断,确定风险的等级和优先级;定量评估则主要通过对历史数据和市场信息进行统计和分析,计算风险发生的概率和影响程度的具体数值。通过这些评估方法,企业可以更加全面地了解自身面临的知识产权风险情况。

最后,企业应根据评估结果制定相应的应对策略和措施。这包括加强技术研发和创新、加强市场调研和品牌建设、加强法律合规和维权工作等多个方面。通过这些策略和措施的实施,企业可以有效地降低知识产权风险并维护自身的合法权益。

(二)制定针对性的风险应对策略

针对不同的知识产权风险类型,企业应制定针对性的应对策略。这些策略应根据企业的实际情况和风险特点进行制定,以确保其有效性和可行性。

对于技术风险,企业可以通过加强技术研发和创新来提高自身的技术水平和竞争力。这包括加大研发投入、引进优秀人才、建立研发团队等多个方面。通过不断提升自身的技术水平,企业可以更好地保护自己的创新成果并防止技术泄露和被他人抢先申请专利等风险的发生。

对于市场风险,企业可以通过加强市场调研和品牌建设来提高产品的市场占有率和知名度。这包括深入了解市场需求和竞争态势、制定合适的市场营销策略、加强品牌宣传和推广等多个方面。通过不断提高产品的市场竞争力和品牌影响力,企业可以更好地应对市场变化和侵权行为等风险。

对于法律风险,企业可以通过加强法律合规和维权工作来降低法律风险并维护自身的合法权益。这包括建立完善的法律合规体系、加强知识产权申请和保护工作、积极应对他人侵权行为等多个方面。通过加强法律合规和维权工作,企业可以更好地遵守法律法规并维护自身的合法权益免受侵犯。

(三)建立知识产权风险预警机制

为了更好地应对知识产权风险,企业应建立知识产权风险预警机制。该机制可以通过监测市场动态、跟踪竞争对手、关注政策法规等方式及时发现潜在的知识产权风险并发出预警信号。这可以帮助企业提前做好准备并采取相应的应对措施以降低风险的发生概率和影响程度。

首先，企业应建立完善的信息收集和分析系统。这包括收集市场动态、竞争对手情况、政策法规等相关信息，并对其进行分析和整理。通过这些信息的收集和分析，企业可以及时发现潜在的知识产权风险并做出相应的应对措施。

其次，企业应建立专门的预警团队或委托专业的预警机构进行预警工作。这些团队或机构应具备专业的知识和技能，能够准确判断潜在的知识产权风险并发出预警信号。同时，企业还应建立完善的预警响应机制，确保在收到预警信号后能够及时采取相应的应对措施。

最后，企业还应加强与政府、行业协会等相关部门的沟通和合作。这些部门通常会发布最新的政策法规和市场动态等信息，企业可以通过与他们的沟通和合作获取更多的有用信息并共同应对潜在的知识产权风险。

四、加强知识产权培训与意识提升

（一）加强知识产权培训教育

提高员工对知识产权的认知和理解是加强企业知识产权管理和保护工作的基础。因此，企业应定期对员工进行知识产权培训教育。这些培训可以包括知识产权的基本概念、保护方式、侵权责任等方面内容。通过培训教育，员工可以更好地了解和掌握知识产权相关知识和技能，为企业的知识产权管理和保护工作提供有力支持。

同时，企业还应注重培训的形式和效果。培训可以采用多种形式如线上课程、线下讲座、研讨会等以满足不同员工的需求和喜好。此外，企业还可以邀请专业的知识产权律师或专家为员工进行授课和答疑以确保培训的质量和效果。

（二）提升员工知识产权意识

除了培训教育，企业还应注重提升员工的知识产权意识。这可以通过加强企业文化建设、制定激励机制等方式实现。

首先，企业应倡导尊重和保护知识产权的价值观和行为准则并将其融入企业文化中。通过企业文化的引导和熏陶，员工可以逐渐形成尊重和保护知识产权的自觉性和主动性。

其次，企业可以制定相关的激励机制以鼓励员工积极参与知识产权管理和保护工作。例如，可以设立知识产权奖励制度对在知识产权申请、保护等方面做出突出贡献的员工进行表彰和奖励；同时，对于侵犯他人知识产权或泄露企业机密等行为也应制定相应的惩罚措施以维护企业的合法权益。

（三）加强知识产权宣传普及

为了更好地提升员工的知识产权意识，企业还应加强知识产权的宣传普及工作。这可以通过内部刊物、宣传栏、网络平台等多种方式进行。例如，企业可以定期发布知识产权相关的新闻动态、政策法规、案例分析等内容让员工了解最新的知识产权信息和动态；同时，还可以通过组织专题讲座、知识竞赛等活动增强员工对知识产权的兴趣和参与度。通过这些宣传普及工作，企业可以让员工更加深入地了解知识产权的重要性和意义并积极参与企业的知识产权管理和保护工作。

（四）建立知识产权信息共享平台

为了更好地促进企业内部的知识产权信息交流与共享，企业应建立知识产权信息共享平台。该平台可以汇集企业内部的各类知识产权信息和资源，包括专利数据库、商标数据库、著作权数据库等。通过该平台，员工可以方便地查询和获取所需的知识产权信息和资源，从而提高工作效率和准确性。

同时，该平台还可以为企业决策层提供全面的知识产权数据支持和分析报告，为企业的战略决策提供参考依据。通过建立知识产权信息共享平台，企业可以促进内部的知识产权信息交流与共享，提高员工的工作效率和准确性，并为企业的战略决策提供有力支持。此外，该平台还可以加强企业内部各部门之间的沟通与协作，促进知识产权的合理利用和保护，为企业的可持续发展提供有力保障。

因此，企业应积极投入资源建立知识产权信息共享平台，并不断完善和优化其功能和服务，以满足企业不断发展的需求。同时，企业还应加强对员工的培训和教育，提高员工的知识产权意识和保护意识，共同推动企业的知识产权管理和保护工作不断向前发展。

第三节 知识产权运营与成果转化

一、知识产权的商业化运营模式

（一）自主运营模式

自主运营是知识产权商业化利用的一种重要模式，它允许企业或个人完全掌握和控制自己的知识产权，从而独立决策如何利用这些资产创造商业价值。在自主运营模式下，知识产权所有者负责产品的设计、生产、市场推广和销售等全过程，因此能够直接获得知识产权转化带来的全部收益。这种模式的优点在于收益独享、决策自主，但同时也需要投入大量的资金、技术和人力资源，并承担较高的市场风险。

自主运营的成功案例有很多，例如苹果公司就是依靠其独特的知识产权，如操作系统、芯片设计和用户界面等，通过自主生产、销售和服务，实现了巨大的商业成功。然而，自主运营模式也面临着诸多挑战。首先，自主研发需要大量的资金投入，这对于许多初创企业或个人来说可能是一个巨大的负担。其次，技术研发具有高风险性，一旦研发失败，可能会导致巨大的经济损失。此外，自主运营还需要具备强大的市场推广和销售渠道，以便将产品成功地推向市场。

（二）合作运营模式

合作运营是另一种常见的知识产权商业化模式，它通过与其他企业、科研机构或高校等合作，共同开发和利用知识产权。这种模式的优点在于可以共享资源、分担风险，并加快商业化进程。通过合作，企业或个人可以获得更多的资金、技术和市场支持，从而降低研发和市场推广的风险。

合作运营的模式多种多样，可以是联合研发、技术许可、产学研合作等。例如，许多大型企业会与高校和研究机构建立合作关系，共同开展研发项目，利用各自的优势资源实现知识产权的商业化。这种合作模式有助于推动产学研一体化发展，促进技术创新和成果转化。

（三）许可运营模式

许可运营是一种通过许可协议将知识产权的使用权授权给其他企业或个人使用的模式。在这种模式下，知识产权所有者可以获得许可费用作为收益，而不需要投入大量的资金和资源进行自主研发和市场推广。许可运营的优点在于风险较低、收益稳定，同时还可以帮助知识产权所有者快速推广和应用其技术。

许可运营广泛应用于各个领域，尤其是高新技术领域。例如，许多专利和商标所有者会通过许可协议将其知识产权授权给其他企业使用，从而获得稳定的许可费用。此外，一些知名品牌也会通过许可协议授权其他企业生产和销售其产品，从而扩大品牌影响力和市场份额。

然而，许可运营也需要注意一些问题。首先，许可协议的内容需要明确双方的权利和义务，包括许可范围、许可期限、许可费用等关键条款。其次，知识产权所有者需要对被许可方的经营能力和信誉进行评估，以确保其能够合规使用知识产权并按时支付许可费用。最后，知识产权所有者还需要加强对被许可方的监督和管理，以防止其侵犯知识产权或滥用许可权利。

二、知识产权许可、转让与产学研合作

（一）知识产权许可

知识产权许可是指知识产权所有者通过许可协议授权他人在一定期限内使用其知识产权的行为。许可协议是知识产权许可的核心文件，它规定了双方的权利和义务、许可范围、许可期限、许可费用等关键条款。在许可运营中，许可协议的质量和执行力对于保护知识产权所有者的权益至关重要。

许可运营的优点在于可以实现知识产权的有效利用和价值转化，同时降低商业化风险。通过许可协议，知识产权所有者可以将自己的技术或品牌授权给其他企业或个人使用，从而获得稳定的许可费用。此外，许可运营还可以帮助知识产权所有者快速推广和应用其技术，扩大市场份额和影响力。

然而，许可运营也需要注意一些问题。首先，许可协议的内容需要明确且具体，以避免产生歧义或纠纷。其次，知识产权所有者需要对被许可方的经营能力和信誉进行评估，以确保其能够合规使用知识产权并按时支付许可费用。

最后，知识产权所有者还需要加强对被许可方的监督和管理，以防止其侵犯知识产权或滥用许可权利。

（二）知识产权转让

知识产权转让是指知识产权所有者将其知识产权的所有权或使用权转让给其他企业或个人的行为。与许可运营不同，转让运营意味着知识产权所有者将失去对知识产权的控制权和所有权，因此需要谨慎考虑。

知识产权转让的优点在于可以实现知识产权的快速变现和资源整合。通过转让运营，知识产权所有者可以一次性获得较高的转让费用，从而实现资金的快速回流。此外，转让运营还可以帮助知识产权所有者将资源集中在其他核心业务上，提高整体运营效率。

然而，知识产权转让也存在一些风险和挑战。首先，转让价格需要合理评估，以确保双方的利益得到保障。其次，知识产权转让可能面临法律风险和合规问题，因此需要遵守相关法律法规和监管要求。最后，转让后的知识产权使用和保护也需要得到重视，以避免产生纠纷或损失。

（三）产学研合作中的知识产权运营

产学研合作是指产业界、学术界和研究机构之间的合作关系，旨在推动技术创新和成果转化。在产学研合作中，知识产权的运营至关重要。合作各方需要建立明确的知识产权归属和使用机制，确保合作成果的合理分配和有效利用。

产学研合作中的知识产权运营需要注重以下几个方面。首先，合作各方应明确知识产权的归属和权益分配，避免出现权属纠纷或利益冲突。其次，合作各方需要共同制定知识产权保护策略，加强知识产权的申请、管理和维护工作。最后，合作各方还需要加强知识产权的转化和应用工作，推动技术创新和成果转化。

为了加强产学研合作中的知识产权运营，可以采取以下措施。首先，建立健全的知识产权管理制度和流程，确保知识产权的申请、审查、维护和管理得到规范化和专业化处理。其次，加强产学研合作中的知识产权培训和宣传工作，提高合作各方的知识产权意识和保护能力。最后，建立知识产权运营平台或中介机构，提供知识产权评估、交易、融资等一站式服务，促进知识产权的有效利用和价值最大化。

三、知识产权在融资与投资中的应用

（一）知识产权质押融资

知识产权质押融资是一种利用知识产权作为担保物，从金融机构获取贷款的方式。这一融资方式的出现，为企业和个人开辟了新的融资渠道，使得知识产权不仅仅是一种创新成果的象征，更是可以转化为实际资金的重要资产。

在质押融资过程中，知识产权的价值评估是至关重要的。这需要对知识产权的市场前景、技术成熟度、法律保护状况等进行全面评估。只有当知识产权的价值得到金融机构的认可，才能获得贷款。通过这种方式，知识产权的价值得到了充分的体现和转化。

然而，知识产权质押融资也存在一定的风险。由于知识产权的特殊性质，其价值的波动性较大，一旦市场环境发生变化，可能会影响到知识产权的价值，进而影响到贷款的还款能力。因此，金融机构在进行知识产权质押融资时，需要对风险进行充分的评估和控制。

（二）知识产权证券化

知识产权证券化是将知识产权的未来收益权转化为可交易的证券产品的过程。这一方式的出现，为知识产权的商业化运营提供了新的路径。通过证券化，知识产权的未来收益可以提前变现，为企业和个人提供即时的资金支持。

同时，知识产权证券化还可以吸引更多的投资者参与知识产权的投资和运营。证券化的产品可以在市场上进行交易和流通，为投资者提供了更多的投资选择。这也为知识产权的商业化运营提供了更广阔的市场空间。

然而，知识产权证券化也面临着一些挑战。首先，知识产权证券化需要建立完善的法律法规体系，以保障投资者的权益。其次，知识产权证券化的产品设计需要充分考虑市场需求和投资者的风险偏好。只有这样，才能确保证券化产品的成功发行和流通。

（三）知识产权投资基金

知识产权投资基金是专门投资于知识产权领域的基金产品。这种基金的出现，为知识产权的商业化运营提供了新的资金来源。通过投资基金的方式，可以降低投资风险和门槛,吸引更多的投资者参与知识产权的投资和运营。

知识产权投资基金的管理团队通常具有丰富的行业经验和专业知识,能够为企业提供专业的投资管理和增值服务。这有助于推动企业的快速成长和发展,实现知识产权的商业价值。

然而,知识产权投资基金也需要面临一些挑战。首先,知识产权的投资风险较高,需要管理团队具备丰富的风险管理经验和专业知识。其次,知识产权投资基金需要建立完善的投资评估体系,以确保投资项目的质量和收益。

四、知识产权管理与成果转化的协同推进

(一)加强知识产权管理与战略规划

知识产权管理与战略规划是推动知识产权运营和成果转化的重要基础。企业需要明确知识产权的保护范围,制定合理的管理制度和流程,并建立专门的管理团队来负责知识产权的管理和保护工作。

通过加强知识产权管理与战略规划,企业可以确保知识产权的安全性和稳定性,避免知识产权的流失和侵权行为的发生。同时,这也有助于提高企业的创新能力和市场竞争力,为企业的长期发展奠定坚实的基础。

(二)推动知识产权与产业深度融合

知识产权与产业的深度融合是推动知识产权运营和成果转化的关键。企业需要加强与产业链上下游企业的合作与交流,推动产学研一体化发展,建立产业技术创新联盟等,以促进知识产权的有效利用和价值最大化。

通过深度融合,企业可以将知识产权转化为实际的产品和服务,推动产业的创新升级和高质量发展。同时,这也有助于提高企业的核心竞争力和市场占有率,实现企业的可持续发展。

(三)优化知识产权运营环境

优化知识产权运营环境是推动知识产权运营和成果转化的重要保障。政府需要加强知识产权法律法规的建设与完善,提高知识产权审查与维权效率,加强知识产权市场监管与执法力度等,为知识产权的运营和成果转化提供更加公平、公正、高效的市场环境。

同时，企业也需要积极参与到知识产权运营环境的优化中来。例如，企业可以加强自身的知识产权保护和管理工作，提高自身的创新能力和市场竞争力；企业也可以积极参与行业组织和政府部门的知识产权保护和管理工作，共同推动知识产权运营环境的改善。

（四）培养知识产权运营与成果转化人才

培养专业的知识产权运营与成果转化人才是推动知识产权运营和成果转化的关键。高校和研究机构需要加强知识产权相关专业人才的培养与教育，建立完善的知识产权人才培养体系。

同时，企业也需要重视知识产权人才的培养和引进。企业可以通过内部培训、外部培训等方式提高员工的知识产权意识和保护能力；企业也可以通过招聘具有丰富经验和专业知识的知识产权人才来加强自身的知识产权管理和保护工作。

此外，政府和社会各界也需要共同努力，推动知识产权人才的培养和发展。例如，政府可以加大对知识产权人才培养的投入和支持力度；社会各界也可以积极参与到知识产权人才培养和引进中来，为知识产权的运营和成果转化提供更加坚实的人才基础。

综上所述，知识产权在融资与投资中的应用以及知识产权管理与成果转化的协同推进是推动知识产权商业化运营和价值转化的重要手段。通过加强知识产权管理与战略规划、推动知识产权与产业深度融合、优化知识产权运营环境以及培养知识产权运营与成果转化人才等多方面的努力和实践，我们可以更好地实现知识产权的商业价值和社会效益。

第九章 团队协作与成果转化

第一节 团队协作在成果转化中的意义

一、团队协作对提升成果转化效率的作用

在当今竞争激烈的环境中,团队协作已经成为推动各项工作高效运转的关键。对于成果转化这一重要环节而言,团队协作更是发挥着不可替代的作用。通过团队协作,可以汇聚多元化的知识和技能,实现分工与协同的优化,以及激发集体智慧和创新思维,从而显著提升成果转化的效率。

(一)知识与技能的互补

团队协作中的每个成员通常都具备各自的专业领域和独特技能,这种知识与技能的互补性为团队带来了巨大的优势。在面对复杂问题时,团队成员可以相互借鉴、相互启发,从而更全面、更深入地理解问题,找到更加有效的解决方案。这种互补性不仅加快了问题的解决速度,还提高了解决方案的质量和可行性。

例如,在科技成果转化过程中,研发团队可能拥有先进的技术和研发能力,但缺乏市场洞察和商业化经验;而市场团队则可能对市场需求和竞争格局有着深刻的理解,但缺乏技术研发的背景。通过团队协作,研发团队和市场团队可以相互补充,共同制定出更符合市场需求和技术趋势的科技成果转化策略。这种策略不仅有助于缩短产品上市时间,还能提高产品的市场占有率和盈利能力。

(二)分工与协同的优化

团队协作强调明确的分工和紧密的协同。通过合理的分工,可以将复杂的任务分解为若干个子任务,并分配给最擅长的成员去完成。这种分工方式能够确保每个环节都得到专业、高效的处理,避免了资源的浪费和时间的拖延。同

时，紧密的协同工作能够减少重复劳动和无效沟通，提高整体工作效率。

在成果转化过程中，团队协作的分工与协同优化显得尤为重要。例如，在科研项目的管理中，可以通过建立项目管理团队、明确各成员的角色和职责、制定详细的工作计划等方式来优化分工与协同。这样不仅能够确保科研项目的顺利进行，还能提高成果转化的效率和成功率。

（三）集体智慧与创新思维的激发

团队协作鼓励成员间的思想碰撞和观点交流。在轻松、开放的讨论氛围中，团队成员可以畅所欲言，分享自己的见解和创意。这种集体智慧的汇聚有助于激发创新思维，产生更多新颖、有价值的想法。这些创新思维和想法是推动成果转化的重要动力，能够为团队带来意想不到的突破和成果。

例如，在科研项目的创新阶段，团队协作可以通过组织定期的研讨会、开展头脑风暴等方式来激发集体智慧和创新思维。这些活动可以促进团队成员之间的交流和合作，产生更多的创新点子和解决方案。这些点子和方案可以为科研项目的成功提供有力的支持，也可以为成果转化提供更多的选择和机会。

二、团队协作在实现创新资源整合中的价值

团队协作不仅有助于提升成果转化效率，而且在实现创新资源整合方面也具有重要价值。通过团队协作，可以实现资源的共享与整合、跨部门跨领域的合作、外部合作伙伴的引入与拓展以及创新生态系统的构建与维护。这些方面的优势有助于团队更好地整合和利用创新资源，推动成果转化的顺利进行。

（一）资源的共享与整合

在团队协作中，成员之间可以通过共享知识和经验、整合各自的资源来形成合力。这种资源共享与整合有助于降低创新成本，提高创新效率，从而推动成果转化的顺利进行。例如，在科研项目的研究过程中，团队成员可以共享实验设备、研究数据等资源，避免资源的浪费和重复投入。同时，通过整合各自的专业知识和技能，团队成员可以共同解决研究中的难题和挑战，提高研究的效率和成功率。

（二）跨部门、跨领域的合作

团队协作通常涉及不同部门和领域的成员。这种跨部门、跨领域的合作有助于打破条块分割和思维定式，促进不同领域知识和技能的融合与创新。通过整合不同部门和领域的优势资源，团队能够形成更强大的创新合力，推动成果转化取得更好的效果。例如，在科技成果转化过程中，研发团队可以与市场团队、销售团队等合作，共同制定营销策略和推广渠道，提高产品的市场占有率和盈利能力。

（三）外部合作伙伴的引入与拓展

团队协作还有助于引入和拓展外部合作伙伴。通过与外部机构、企业或个人建立合作关系，团队可以获取更多的创新资源和市场信息，拓宽成果转化的渠道和路径。这种外部合作伙伴的引入与拓展有助于提升团队的整体竞争力和影响力，为成果转化创造更多的机会和价值。例如，在科研项目的研究过程中，团队可以与高校、科研机构等建立合作关系，共同开展研究和技术开发；同时，也可以与产业链上下游企业合作，推动科研成果的产业化应用和市场推广。

（四）创新生态系统的构建与维护

团队协作在创新生态系统的构建与维护中发挥着重要作用。一个成功的团队不仅能够吸引和留住优秀的人才和资源，还能够与外部环境形成良好的互动和协同。通过团队协作，团队可以积极参与创新生态系统的构建与维护，推动形成有利于成果转化的良好环境和氛围。这种创新生态系统的构建与维护有助于提升整个行业的创新能力和水平。例如，在科技成果转化过程中，团队可以积极参与行业协会、技术论坛等活动，与同行进行交流和合作；同时，也可以与政府部门、投资机构等建立良好的合作关系，争取更多的政策支持和资金扶持。这些举措有助于推动科技成果转化的顺利进行，促进整个行业的创新和发展。

三、团队协作对增强团队凝聚力与执行力的影响

（一）共同目标与价值观的形成

在团队协作的过程中，共同目标与价值观的形成是至关重要的。这些目标和价值观不仅为团队成员提供了明确的方向和指引，还成为他们共同奋斗的动

力源泉。当团队成员们意识到他们的努力是为了实现一个共同的目标,他们的工作积极性和投入度会大大提高。

共同目标的形成并非一蹴而就,它需要团队成员们进行深入的讨论、协商和决策。在这个过程中,每个成员都有机会表达自己的看法和建议,从而确保目标能够反映团队的整体利益和期望。同时,共同目标还需要得到广泛认同和遵循,这意味着每个团队成员都要对目标有清晰的认识,并愿意为实现目标付出努力。

共同价值观的形成同样重要。价值观是团队成员们在工作中所遵循的基本信念和原则,它决定了他们对待工作、对待同事以及对待问题的态度。通过团队协作,成员们可以逐渐认识到哪些价值观是共同的、哪些是需要改进的,从而建立起一种积极向上的团队文化。这种文化不仅能够提高团队成员的工作满意度和归属感,还能够增强团队的凝聚力和向心力。

为了促进共同目标与价值观的形成,团队成员们可以采取一些具体的措施。首先,他们可以定期组织团队会议,让成员们有机会分享彼此的看法和建议。其次,他们还可以开展团队建设活动,通过共同参与和合作来增进彼此的了解和信任。最后,他们还可以制定明确的团队章程和行为准则,以确保成员们在工作中能够遵循共同的价值观和行为规范。

(二)信任与默契的建立

在团队协作的过程中,信任与默契的建立是至关重要的。它们不仅有助于增强团队的凝聚力和协作效率,还能够提高成员们的工作满意度和归属感。

信任是团队协作的基石。当团队成员之间建立了深厚的信任关系时,他们会更加放心地分享知识、经验和资源,从而提高团队协作的效率和成果转化的质量。为了建立信任,团队成员们需要遵守承诺、坦诚沟通、相互支持和尊重。他们应该相信彼此的能力和诚信,愿意为团队的成功付出努力。

默契则是一种无形的力量,它能够使团队成员在配合中达到心有灵犀一点通的效果。默契的建立需要长期的合作和不断的磨合。在这个过程中,成员们需要逐渐了解彼此的工作风格、优点和不足,从而找到最佳的配合方式。同时,他们还需要学会倾听和理解彼此的想法和需求,以便在面对复杂问题时能够迅速作出反应和决策。

为了促进信任与默契的建立，团队成员们可以采取一些具体的措施。首先，他们可以加强沟通，定期召开团队会议，分享彼此的工作进展和心得体会。其次，他们还可以建立有效的反馈机制，及时给予彼此肯定和鼓励，以提高成员们的自信心和归属感。此外，他们还可以开展一些团队建设活动，如户外拓展、团队游戏等，以增进彼此的了解和信任。

（三）执行力的提升与改进

执行力是团队协作中不可或缺的一环，它直接影响着团队成果转化工作的质量和效率。在团队协作中，执行力的提升与改进是一个持续不断的过程，需要团队成员们的共同努力和协作。

首先，明确的分工和紧密的协同是提升执行力的关键。团队成员应该根据自身的能力和特长进行合理的分工，确保每项任务都有合适的人选来负责。同时，他们还需要保持紧密的协同合作，及时沟通、分享信息和资源，以确保任务的顺利推进。这种分工与协同的合作方式能够使团队成员更加明确自己的职责和目标，从而更加专注和高效地完成工作。

其次，及时发现和解决执行过程中出现的问题和困难也是提升执行力的重要措施。在团队协作中，难免会遇到各种问题和困难。面对这些问题时，团队成员需要保持冷静和理智，及时进行分析和探讨，并共同寻找解决方案。通过解决问题和克服困难，团队成员们可以不断积累经验和教训，提升自己的执行能力和应对能力。

此外，团队协作还能够促进成员间的相互学习和进步。在执行任务的过程中，团队成员可以相互分享经验和知识，彼此学习和借鉴。这种相互学习的氛围不仅能够提高团队成员的个人能力水平，还能够推动整个团队的进步和发展。

为了提升和改进团队的执行力，团队成员们还可以采取一些具体的措施。首先，他们可以制定详细的工作计划和时间表，明确各项任务的具体要求和完成时间。其次，他们还可以建立有效的激励机制，通过奖励和认可来激发团队成员的积极性和创造力。最后，他们还可以加强团队培训和学习，提升团队成员的专业素养和执行能力。

第二节 构建高效团队协作机制

一、明确团队协作的目标与任务分工

在任何一个团队中，明确的目标和清晰的任务分工是协作的基石。它们为团队成员提供了明确的方向和指引，使得整个团队能够有序、高效地运转。

（一）确立清晰、共同的团队协作目标

一个高效的团队协作机制的首要任务就是确立一个清晰、共同的团队协作目标。这个目标不仅要反映团队的整体方向和战略意图，还要考虑到每个团队成员的个人目标和需求。只有这样，团队成员才能明确自己的工作方向，为团队的共同目标而努力。

确立共同目标的过程需要团队成员的积极参与和充分讨论。首先，团队领导者需要提出一个初步的目标设定方案，然后组织团队成员进行讨论和反馈。在讨论过程中，每个成员都可以表达自己的意见和建议，最终通过充分沟通和协商达成一个大家都能接受的共同目标。

为了确保目标的可衡量性，团队还需要制定具体的指标和标准来评估目标的完成情况。这些指标和标准应该是可量化的、可观察的，并且与团队的整体目标密切相关。通过定期评估和调整，团队可以确保自己在正确的方向上前进。

（二）合理分工，明确各成员的任务与职责

在确立了共同目标之后，团队需要进一步进行合理分工，明确每个成员的任务与职责。这个过程需要充分考虑团队成员的能力、特长和兴趣等因素，以确保每个人都能够在自己擅长的领域内发挥最大的价值。

首先，团队领导者需要对团队成员的能力和特长进行充分的了解和评估。这可以通过面试、测试、问卷调查等方式进行。在了解了每个成员的优势和不足之后，领导者就可以根据团队的整体需求和目标来分配任务。

在分配任务时，领导者需要明确每个成员的具体职责和期望成果。这可以通过制定详细的任务清单和时间表来实现。同时，领导者还需要与每个成员进行充分的沟通和确认，以确保大家都对分配的任务有清晰的认识和共同的理解。

除了明确的任务分工，团队还需要保持一定的灵活性以应对可能出现的变化和挑战。这要求团队成员不仅要完成自己的本职工作，还要具备一定的应变能力和团队合作精神。通过相互支持和协作，团队可以更好地应对各种挑战并实现共同的目标。

二、建立有效的团队协作沟通与协调机制

沟通是团队协作的桥梁和纽带，一个有效的团队协作沟通与协调机制可以大大提高团队的工作效率和协作效果。

（一）建立开放、透明的沟通环境

为了建立高效的团队协作机制，首先需要营造一个开放、透明的沟通环境。在这个环境中，每个团队成员都能够自由地表达自己的观点和想法，而不必担心受到批评或指责。同时，团队成员也需要尊重他人的意见和看法，积极倾听他人的反馈和建议。

为了营造这样的沟通环境，团队领导者可以采取一些具体的措施。例如，可以定期组织团队会议让成员们分享自己的工作经验和想法；可以建立一个内部交流平台让成员们随时随地进行沟通和交流；还可以鼓励成员们提出自己的问题和困惑寻求他人的帮助和支持。

通过这些措施的实施，团队可以逐渐形成一个开放、包容、互相尊重的沟通氛围。在这样的氛围中，团队成员可以更加自由地表达自己的想法和观点，从而促进团队的创新和发展。

（二）制定规范的沟通流程和标准

除了建立开放、透明的沟通环境，还需要制定规范的沟通流程和标准。这些流程和标准可以确保团队成员之间的沟通更加高效、有序和准确。

首先，团队需要明确沟通的方式和频率。例如，可以规定每周进行一次团队会议进行工作总结和计划安排；可以通过电子邮件或在线聊天工具进行日常沟通和交流等。同时，团队还需要明确沟通的内容和质量要求。例如，可以要求成员们在沟通时保持清晰、简洁、有逻辑的表达方式；可以要求成员们在提出问题和建议时提供充分的背景信息和数据支持等。

为了确保沟通流程和标准的顺利实施，团队领导者可以采取一些具体的措施。例如，可以制定一份详细的沟通指南供成员们参考；可以定期组织沟通培训活动提高成员们的沟通技巧和能力；还可以通过反馈和评估机制来监督和改进团队成员的沟通表现。

（三）建立有效的协调机制，处理团队冲突与问题

在团队协作过程中，难免会出现一些冲突和问题。为了处理这些冲突和问题，团队需要建立有效的协调机制。这个机制应该能够及时响应和处理团队成员的反馈和投诉，同时也要具备一定的调解和仲裁能力。

首先，团队领导者需要关注团队成员之间的关系和动态，及时发现和处理潜在的冲突和问题。当出现问题时，领导者可以主动介入进行调解和协调，帮助双方找到解决问题的方法和途径。同时，领导者还可以通过定期的团队建设活动和团队文化建设来增强团队成员之间的信任和凝聚力。

除了领导者的介入，团队成员之间也需要建立一种相互支持和协作的氛围。当有人遇到困难或问题时，其他成员应该主动伸出援手提供帮助和支持。同时，当团队成员之间出现分歧或冲突时，大家也应该以开放、包容的心态进行沟通和协商寻求共识和解决方案。

为了更好地处理团队冲突和问题，团队还可以建立一些具体的制度和规范。例如，可以制定一份详细的冲突处理流程供成员们参考；可以设立一个专门的投诉渠道让成员们可以随时反映问题和意见；还可以定期组织团队建设活动来增强团队成员之间的沟通和信任。

（四）利用技术手段提升团队协作效率

随着科技的不断发展，各种先进的技术手段被广泛应用于团队协作中，极大地提高了团队协作的效率和准确性。这些技术手段为团队成员提供了更加便捷的信息分享、任务协作和沟通方式，使团队协作更加高效、准确。

首先，团队可以利用项目管理软件来跟踪和管理项目的进度和成果。项目管理软件可以帮助团队成员实时查看项目的进度和完成情况，及时发现问题并进行调整。此外，项目管理软件还提供了强大的数据分析和报告功能，帮助团队更好地了解项目的整体情况和趋势，为决策提供有力支持。

其次，团队可以利用在线协作平台来进行文档编辑、任务分配和沟通交流等工作。通过在线协作平台，团队成员可以随时随地进行协作和交流，不受时间和地域的限制。同时，在线协作平台还提供了实时同步和版本控制功能，确保团队成员之间的协作更加高效和准确。

除了以上提到的技术手段，还有许多其他的工具和技术也可以被应用于团队协作中。例如，云存储和共享工具可以帮助团队成员随时随地访问和共享文件资料，保证信息的及时性和准确性。视频会议工具可以让团队成员远程参加会议和讨论，节省时间和成本，提高团队协作的效率。

三、培养团队成员的协作意识与技能

在构建高效的团队协作机制中，培养团队成员的协作意识与技能至关重要。一个具备高度协作意识和技能的团队，能够更好地应对复杂多变的任务挑战，实现成果的高效转化。

（一）培养团队成员的团队协作意识

团队协作意识是团队成员在协作过程中所应具备的一种思维方式和行为习惯。这种意识能够激发团队成员的集体荣誉感和责任感，使他们更加积极地参与到协作中来，为团队的成功贡献自己的力量。

为了培养团队成员的团队协作意识，首先需要强调团队的整体目标和价值观。通过明确的目标设定和价值观传播，让团队成员认识到个人的利益与团队的利益是紧密相连的，只有团队的成功才能带来个人的成功。

其次，鼓励团队成员积极参与团队活动。通过组织定期的团队建设活动、团队讨论等，增进团队成员之间的了解和信任，培养团队成员的合作精神和团队意识。

最后，建立积极的团队氛围和文化。通过倡导互相支持、互相鼓励的团队氛围，让团队成员愿意主动分享自己的知识和经验，愿意为团队的成功付出努力。

（二）提升团队成员的沟通与协调能力

沟通与协调能力是团队成员在协作过程中所必备的技能之一。一个具备良好沟通与协调能力的团队，能够减少误解和冲突，提高团队协作的效率和效果。

为了提升团队成员的沟通与协调能力，可以采取以下措施：首先，提供沟通技巧的培训。通过专门的培训课程或工作坊，教授团队成员有效的沟通技巧，如倾听、表达、反馈等。帮助他们更好地理解和尊重他人的观点和需求，提高沟通的效果。

其次，鼓励团队成员进行实践锻炼。提供机会让团队成员在实际工作中进行沟通和协调的实践，如参与项目讨论、组织会议等。通过实践锻炼，提升他们的沟通和协调能力。

最后，建立开放、包容的团队沟通氛围。鼓励团队成员积极表达自己的观点和想法，尊重他人的不同意见。通过建立良好的沟通氛围，促进团队成员之间的有效沟通和协作。

（三）培养团队成员的问题解决与决策能力

在团队协作过程中，难免会遇到各种问题和挑战。为了应对这些问题和挑战，需要培养团队成员的问题解决与决策能力。这种能力能够让团队成员更加独立地应对问题和挑战，提高团队的整体效率和竞争力。

为了培养团队成员的问题解决与决策能力，可以采取以下措施：首先，提供问题解决的培训。通过专门的培训课程或案例分析，教授团队成员问题解决的方法和技巧，如分析问题、制定解决方案、做出决策等。帮助他们提高解决问题的能力和水平。

其次，鼓励团队成员参与决策过程。让团队成员参与到团队的决策过程中来，让他们了解决策的背景和考虑因素，培养他们的决策能力和责任感。

最后，提供实践机会让团队成员进行问题解决和决策的实践。通过参与实际项目或任务，让团队成员在面对问题和挑战时能够独立思考和决策，提高他们的问题解决和决策能力。

（四）强化团队成员的责任感与执行力

责任感与执行力是团队成员在协作过程中所必备的品质之一。一个具备高度责任感和执行力的团队，能够更加认真地对待自己的工作，为团队的成功贡献更大的力量。

为了强化团队成员的责任感与执行力，可以采取以下措施：首先，明确目标和责任分工。确保每个团队成员都清楚自己的职责和目标，明确责任分工，让他们明确自己的工作重点和任务要求。

其次，建立激励机制和奖惩制度。通过设立奖励和惩罚机制，激励团队成员积极履行自己的职责和任务，并对不履行职责的行为进行适当的惩罚。这样可以增强团队成员的责任感和执行力。

最后，提供必要的支持和资源。确保团队成员在执行任务过程中得到必要的支持和资源，如技术支持、人力资源等。这样可以减轻他们的压力，提高他们的工作效率和执行力。

四、评估与改进团队协作的效果与效率

为了确保团队协作机制的有效性和持续改进，需要对团队协作的效果与效率进行评估和改进。通过评估和改进，可以及时发现团队协作中存在的问题和不足，并采取相应措施进行改进和优化。

（一）建立科学的团队协作评估体系

为了评估团队协作的效果与效率，需要建立科学的评估体系。这个体系应该包括评估指标、评估方法、评估周期等方面。评估指标可以包括团队目标完成情况、工作效率、工作质量等方面；评估方法可以包括自评、互评、上级评价等方式；评估周期可以根据团队的实际情况进行设定。

通过科学的评估体系，可以更加客观地了解团队协作的实际情况和存在的问题。同时，评估结果也可以作为改进团队协作机制的重要依据。

（二）及时发现并解决团队协作中的问题

在团队协作过程中，难免会出现一些问题和挑战。为了及时发现并解决这些问题，需要建立有效的问题反馈和解决机制。这个机制应该能够及时收集和处理团队成员的反馈和投诉，同时也需要具备一定的解决问题的能力。

为了建立有效的问题反馈和解决机制，可以采取以下措施：首先，鼓励团队成员积极反馈问题。为团队成员提供渠道和平台，让他们能够及时、准确地反馈在协作过程中遇到的问题和困难。

其次，建立问题处理流程。针对反馈的问题，建立相应的处理流程和责任

分工，确保问题能够得到及时有效的解决。

最后，进行问题跟踪和反馈。对解决问题的过程和结果进行跟踪和反馈，确保问题得到彻底解决，并总结经验教训，避免类似问题再次发生。

（三）持续优化团队协作流程与机制

团队协作流程和机制是团队协作的重要组成部分。为了构建高效的团队协作机制，需要持续优化这些流程和机制。优化过程可以包括调整分工、改进沟通方式、优化决策流程等方面。

为了持续优化团队协作流程与机制，可以采取以下措施：首先，定期评估团队协作流程和机制的有效性。通过定期的评估和分析，发现团队协作中存在的瓶颈和问题，为优化提供依据。

其次，鼓励团队成员提出改进建议。鼓励团队成员积极参与改进过程，提出自己的意见和建议。这样可以充分利用团队成员的智慧和创造力，推动团队协作机制的不断完善和优化。

最后，及时实施改进措施。针对评估结果和改进建议，及时制定并实施改进措施。确保改进措施能够得到有效执行和落实，为团队协作机制的不断优化提供有力支持。

（四）激励与认可团队成员的贡献与成就

团队成员的贡献和成就是团队协作的重要成果之一。为了激励和认可团队成员的贡献和成就，可以建立相应的激励机制和认可体系。这些机制和体系可以包括奖金、晋升机会、荣誉称号等方面。

通过激励和认可团队成员的贡献和成就，可以激发其更加积极地投入到工作中去，为团队的成功贡献更大的力量。同时，也可以提高团队成员的工作满意度和归属感，促进团队的稳定和持续发展。

为了建立有效的激励机制和认可体系，可以采取以下措施：首先，明确奖励标准和方式。根据团队成员的贡献和成就，制定明确的奖励标准和方式。确保奖励能够公正、公平地分配给每个团队成员。

其次，提供晋升机会和发展空间。为团队成员提供晋升机会和发展空间，让他们有更多的发展机会和成长空间。这样可以激发团队成员的积极性和创造力,促进团队的整体发展。

最后,及时给予认可和荣誉。对于在团队协作中表现突出的成员,及时给予认可和荣誉。可以通过颁发荣誉称号、组织庆祝活动等方式,让团队成员感受到自己的价值和成就感。

综上所述,培养团队成员的协作意识与技能、评估与改进团队协作的效果与效率是构建高效团队协作机制的关键环节。通过实施上述措施,可以培养团队成员的协作意识和技能,提高团队协作的效果和效率;同时,通过评估和改进,及时发现并解决团队协作中的问题,持续优化团队协作流程和机制;最终,通过激励和认可团队成员的贡献和成就,激发团队成员的积极性和创造力,为团队的成功提供有力保障。

第三节 团队协作中的沟通与冲突管理

一、沟通在团队协作中的重要性及技巧

(一)沟通在团队协作中的核心地位

沟通,作为人类社会中不可或缺的交流方式,同样在团队协作中扮演着至关重要的角色。一个团队,无论其成员的技能如何出色,如果缺乏有效的沟通,那么团队的凝聚力和执行力都将大打折扣。沟通在团队协作中扮演着信息传递、协调行动、增进理解和促进合作的核心角色。

首先,沟通是信息传递的桥梁。在团队协作中,每个成员都需要了解团队的目标、任务分配、工作进展等信息。只有通过有效的沟通,这些信息才能准确、及时地传递给每个成员,确保团队成员在工作中能够保持同步和协调。

其次,沟通有助于协调行动。团队协作中,各个成员的工作往往相互关联、相互影响。通过沟通,团队成员可以了解彼此的工作进展和遇到的困难,及时调整自己的工作计划和策略,确保整个团队的工作能够顺利进行。

此外,沟通还能增进理解,促进合作。在团队协作中,成员们来自不同的

背景，拥有不同的思维方式和工作习惯。通过深入的沟通，成员们可以更好地理解彼此，尊重彼此的差异，从而建立起一种相互信任、相互支持的合作关系。

因此，沟通在团队协作中具有不可替代的核心地位。一个团队要想取得成功，就必须重视沟通的重要性，不断提升团队的沟通能力。

（二）提高沟通效果的实用技巧

在团队协作中，掌握一些实用的沟通技巧对于提高沟通效果至关重要。以下是一些建议。

首先，明确沟通目标。在进行沟通之前，我们应该明确沟通的目标和期望结果。这有助于我们更加有针对性地进行沟通，避免在沟通过程中偏离主题或产生误解。同时，明确目标还可以让我们更加关注对方的需求和感受，从而建立起一种更加和谐的沟通氛围。

其次，倾听与理解。倾听是沟通的关键技能之一。在沟通过程中，我们应该积极倾听对方的观点和意见，尊重对方的立场和需求。通过倾听，我们可以更好地理解对方的想法和感受，从而建立起一种更加深入的沟通关系。同时，倾听还有助于我们发现问题和解决问题，促进团队协作的顺利进行。

此外，清晰表达也是提高沟通效果的重要技巧。在沟通时，我们应该用简洁明了的语言表达自己的观点和需求。避免使用模糊或含糊不清的表达方式，以免引起误解或产生歧义。同时，我们还应该注意语气和措辞，避免过于强硬或过于委婉，以确保信息能够准确、有效地传递给对方。

除了以上几点外，及时反馈和非语言沟通的运用也是提高沟通效果的关键。在沟通过程中，我们应该及时给予反馈和确认，确保双方对信息的理解一致。同时，我们还应该注意身体语言、面部表情和语气等非语言沟通方式的运用，以增强沟通效果。

二、识别与处理团队协作中的冲突与障碍

（一）冲突与障碍的识别

在团队协作过程中，冲突与障碍是不可避免的。这些冲突和障碍可能来自于团队成员之间的意见不合、任务分配不均、资源紧张等多种原因。因此，对

于团队成员来说，敏锐地识别这些冲突和障碍至关重要。

要识别冲突与障碍，首先需要关注团队成员之间的交流和互动。当发现某个成员在沟通时表现出不满、抵触或消极的情绪时，这可能意味着存在潜在的冲突。此外，团队成员之间的工作进展和效率也是判断是否存在障碍的重要指标。如果某个成员的工作进度明显滞后于其他成员，或者团队成员之间的协作效率明显下降，那么这可能意味着存在任务分配不均或资源紧张等问题。

除了观察和感知团队成员之间的互动和工作进展，还可以通过定期的团队会议、私下交流等方式主动收集成员们的反馈和意见。这样可以更加全面地了解团队成员之间的冲突和障碍情况，为后续的处理和解决提供有力的依据。

（二）冲突管理策略

面对团队协作中的冲突，采取合适的冲突管理策略至关重要。以下是一些建议的冲突管理策略。

首先，积极应对是处理冲突的第一步。团队成员应该以积极的心态面对冲突，避免逃避或抵触。要认识到冲突是团队协作中不可避免的一部分，只有通过积极应对和解决冲突，才能推动团队的进步和发展。

其次，寻求共赢是解决冲突的重要目标。团队成员应该努力寻求双方都能接受的解决方案，实现共赢。在解决冲突时，要关注团队的整体利益和目标，而不是仅仅关注个人的利益得失。通过寻找共赢的解决方案，可以增强团队的凝聚力和执行力。

此外，妥协折中也是处理冲突的一种有效方式。在某些情况下，为了维护团队的和谐和稳定，团队成员可能需要做出一定的妥协和折中。妥协并不意味着放弃原则或牺牲利益，而是在尊重和理解对方的基础上，寻求一种双方都能接受的平衡点。

（三）障碍克服方法

团队协作中遇到的障碍可能来自于多个方面，如任务分配不均、资源紧张、沟通不畅等。为了克服这些障碍，团队成员可以采取以下方法。

首先，针对任务分配不均等问题，我们可以澄清团队目标和任务分配原则。在团队会议中，大家共同讨论并明确每个成员的任务和责任，确保资源得到合理分配。同时，也可以根据团队成员的技能和专长进行合理分工，以提高工作效率和质量。

其次，加强沟通是解决沟通不畅等障碍的关键。团队成员之间应该保持频繁而有效的沟通，及时分享工作进展、问题和困难。通过加强沟通，可以消除误解、增进理解、促进合作。同时，团队成员还可以利用现代通信工具如电子邮件、即时通讯软件等进行异步沟通，确保信息的及时传递和共享。

此外，在面临困难时，积极寻求团队内部和外部的支持和帮助也是克服障碍的有效方法。团队成员可以相互鼓励、支持和协助，共同面对挑战和解决问题。同时，也可以寻求专业人士或外部机构的帮助和指导，以获得更多的资源和建议。

（四）建立冲突解决机制

除了以上提到的冲突管理策略和障碍克服方法，建立有效的冲突解决机制也是团队协作中不可或缺的一部分。以下是一些建议。

首先，团队内部可以定期召开团队会议，为成员们提供一个交流和沟通的平台。在会议中，大家可以分享工作进展、讨论问题、提出解决方案等。通过定期的会议交流，可以及时发现问题和冲突，并采取相应的措施进行解决。

其次，设立调解员或冲突协调员也是一个有效的冲突解决机制。调解员可以负责协调和处理团队内部的冲突和纠纷，帮助双方找到合理的解决方案。调解员可以具备专业的冲突管理知识和技能，能够为团队成员提供中立、客观的意见和建议。

此外，建立团队文化和行为准则也是预防冲突和障碍的重要手段。通过明确的行为准则和价值观的引导，可以规范团队成员的行为和态度，减少冲突和障碍的发生。同时，培养积极向上的团队文化，营造和谐、包容、合作的工作氛围，也有助于增强团队的凝聚力和执行力。

三、建立积极的团队协作氛围与文化

团队协作的成功与否，很大程度上取决于团队内部的氛围和文化。一个积极向上的团队氛围和合作文化能够激发团队成员的潜力，提高团队的凝聚力和执行力。

（一）营造互信氛围

互信是团队协作的基石，只有建立了互信的氛围，团队成员才能够坦诚交流、互相支持、共同协作。为了营造互信氛围，团队领导者需要采取一些具体的措施。首先，领导者要以身作则，展示出对团队成员的信任和尊重。当团队成员遇到困难或问题时，领导者要给予他们充分的支持和鼓励，让他们感受到自己的价值和重要性。其次，领导者要鼓励团队成员之间进行互相评价和反馈，让他们了解彼此的优点和不足，从而更加信任和支持对方。此外，团队还可以通过一些团队建设活动来增强成员之间的互信和友谊，如户外拓展训练、团队游戏等。

（二）倡导合作文化

合作是团队协作的核心，只有倡导合作文化，团队成员才能够相互协作、共同完成任务。为了倡导合作文化，团队领导者需要强调团队合作的重要性，让成员们认识到只有通过合作才能够实现团队的目标。同时，领导者还需要制定一些合作规范和流程，确保团队成员之间的合作有序、高效。此外，团队还可以通过一些激励机制来鼓励成员之间的合作，如设立团队合作奖、评选优秀团队等。

（三）建立共同价值观

共同价值观是团队协作的灵魂，只有建立了共同价值观，团队成员才能够对团队使命、愿景和价值观产生认同感和归属感。为了建立共同价值观，团队领导者需要与成员们一起讨论和制定团队的使命、愿景和价值观，确保它们能够反映团队成员的共同追求。同时，领导者还需要通过一些培训和宣传活动来强化共同价值观的影响力，让成员们在日常工作中能够时刻牢记并践行这些价值观。

四、提升团队协作中的问题解决能力

在快速变化的市场环境中，企业面临着各种挑战和问题。为了应对这些挑战和问题，团队协作能力显得尤为重要。提升团队协作中的问题解决能力，不仅能够提高团队的效率和绩效，还能够增强团队的凝聚力和创新能力。因此，在塑造有利于成果转化的企业文化时，必须注重提升团队协作中的问题解决能力。

(一)培养问题意识

一个优秀的团队应该具备敏锐的问题意识,能够及时发现并解决问题。为了培养团队成员的问题意识,首先需要领导者鼓励和引导。领导者应该鼓励团队成员勇于提出问题和质疑,而不是回避或忽视问题。同时,领导者还可以通过培训和实践活动来提高团队成员的问题发现和分析能力。例如,可以组织定期的问题发现和分析会议,让团队成员分享自己在工作中遇到的问题和解决方案,从而提高整个团队的问题意识。

此外,培养问题意识还需要建立一种开放、包容的团队氛围。在这种氛围中,团队成员能够自由地表达自己的观点和想法,不怕被批评或指责。这种氛围的建立需要领导者的引导和示范,领导者需要以身作则,勇于承认自己的错误和不足,鼓励团队成员提出改进意见和建议。

(二)运用创新思维

在解决问题时,团队成员需要具备创新思维和创造性方法。只有这样,才能够找到更好的解决方案并取得更好的效果。为了培养团队成员的创新思维,领导者需要鼓励他们勇于尝试新的思路和方法,而不是拘泥于传统的思维模式和解决方案。

为了激发创新思维,团队还可以采用一些创新工具和方法,如头脑风暴、思维导图等。这些工具和方法可以帮助团队成员打破思维定式,发现新的解决问题的思路和方法。同时,领导者还可以通过引入外部专家和顾问来提供新的视角和思考方式,从而激发团队的创新思维。

(三)加强团队协作

解决问题往往需要团队成员之间的协作和配合。因此,加强团队协作是提升问题解决能力的关键。为了加强团队协作,领导者需要制定明确的任务分工和责任分配,确保每个成员都能够发挥自己的优势和作用。同时,领导者还需要建立有效的沟通机制和协调机制,促进团队成员之间的信息共享和资源整合。

在加强团队协作的过程中,领导者还需要注重培养团队成员之间的信任感和默契度。信任是团队协作的基础,只有建立了信任关系,团队成员才能够更加坦诚地交流和合作。默契度则是团队协作的润滑剂,只有具备了默契度,团队成员才能够更加顺畅地协作和配合。

（四）总结与反思

在问题解决后，团队需要及时总结经验教训并进行反思。通过分析和总结成功和失败的原因，团队成员可以更好地认识自己的优势和不足，并找到改进和提升的方向。同时，总结和反思还可以帮助团队避免重复犯错并提高问题解决效率。

为了促进总结和反思的深入进行，领导者可以组织一些分享会和讨论会，让团队成员充分交流经验和心得。在分享会和讨论会中，团队成员可以分享自己在解决问题过程中的经验教训、遇到的困难和挑战以及解决方案和实施效果等。通过分享和讨论，团队成员可以相互学习和借鉴，共同提高问题解决能力和团队协作效果。

此外，领导者还可以引导团队成员进行定期的自我评价和团队评价，以便更好地了解团队成员的能力和潜力以及团队的整体表现和发展方向。通过自我评价和团队评价，团队成员可以更加清晰地认识自己的优势和不足，并找到提升自我和团队的方向和目标。

五、利用团队建设活动增强团队协作效果

团队建设活动是提升团队协作效果的有效途径之一。通过一些精心设计的团队建设活动，可以让团队成员更好地了解彼此、增进友谊和信任感、提高协作能力。因此，在塑造有利于成果转化的企业文化时，应该充分利用团队建设活动来增强团队协作效果。

（一）选择合适的团队建设活动

选择合适的团队建设活动对于增强团队协作效果至关重要。在选择活动时，领导者需要充分考虑团队成员的特点和需求以及活动的目的和效果。例如，针对团队成员之间的沟通问题，可以选择一些沟通训练活动，如角色扮演、模拟演练等；针对团队成员之间的信任问题，可以选择一些信任坠落、盲人方阵等活动。通过选择合适的活动，可以有效地提高团队成员之间的协作和配合能力。

同时，在选择团队建设活动时，还需要注意活动的趣味性和互动性。只有

让团队成员在轻松愉快的氛围中参与活动，才能够更好地激发他们的积极性和创造力，从而达到更好的团队协作效果。

（二）营造轻松愉快的氛围

在团队建设活动中营造轻松愉快的氛围是非常重要的。只有在轻松愉快的氛围中，团队成员才能够更加自由地表达自己的观点和想法、更加积极地参与活动并取得更好的效果。为了营造轻松愉快的氛围，领导者需要注重活动的趣味性和互动性，让成员们在活动中感受到快乐和愉悦。

同时，领导者还需要关注成员们的情感需求和心理变化，及时给予鼓励和支持，让他们更加自信和积极地参与活动。在活动过程中，领导者还可以采用一些幽默和风趣的语言和表情来调节气氛，让团队成员感受到轻松和愉悦。

（三）加强团队建设活动的后续跟进

团队建设活动并不是一次性的任务，而是需要持续跟进和评估的过程。在活动结束后，领导者需要及时跟进活动效果并进行评估，了解成员们的反馈和意见，以便对后续活动进行调整和改进。同时，领导者还需要鼓励成员们将活动中获得的经验和启示应用到日常工作中去，让团队建设活动真正发挥实效，推动团队的整体发展和进步。

为了加强团队建设活动的后续跟进，领导者可以制定详细的活动计划和时间表，明确每个阶段的任务和目标。在活动结束后，领导者可以组织一次反馈会议，让团队成员分享自己的感受和收获，并提出改进意见和建议。同时，领导者还可以定期对团队建设活动的效果进行评估和总结，以便不断完善和优化活动内容和形式。

总之，提升团队协作中的问题解决能力和利用团队建设活动增强团队协作效果是塑造有利于成果转化的企业文化的重要方面。通过培养问题意识、运用创新思维、加强团队协作和总结与反思等方法可以提升团队协作中的问题解决能力；通过选择合适的团队建设活动、营造轻松愉快的氛围和加强后续跟进等措施可以增强团队协作效果。这些措施的实施需要领导者的引导和示范以及团队成员的积极参与和配合，只有共同努力才能够实现团队协作和成果转化的目标。

第十章 企业文化与成果转化

第一节 企业文化对成果转化的影响

一、企业文化的定义与核心要素

（一）企业文化的定义

企业文化，作为一个企业或组织在长期发展过程中逐渐形成的独特精神财富和物质形态，它的内涵丰富而深远。它不仅仅是一种表面的装饰或口号，而是深深植根于企业的日常运营、决策和管理中。企业文化是一种共同的意识，是全体成员在相同的社会经济条件下，通过长期的社会实践所共同形成的。它包含了价值观念、职业道德、行为规范等多个方面，这些内容不仅仅存在于纸面上，更体现在企业的每一个行为、每一次决策和每一次交流中。

企业文化不仅仅是一种静态的存在，它还具有动态性，随着企业的发展和市场环境的变化而不断调整和完善。它是企业核心竞争力的重要组成部分，对企业的长期发展起着决定性的作用。一个健康、积极向上的企业文化可以激发员工的创造力、增强企业的凝聚力，从而为企业的发展提供强大的动力。

（二）企业文化的核心要素

1.企业价值观

企业价值观是企业文化中最为核心的部分，它决定了企业的行为准则和决策标准。企业价值观通常体现在企业的使命、愿景和核心价值观中，是企业及其员工在经营活动中所坚守的基本信念和原则。积极向上的价值观能够激发员工的创造力和工作热情，使企业在面对挑战和困难时保持坚韧不拔的斗志。例如，谷歌的"为用户创造价值"和"追求技术卓越"的价值观，就为其在搜索引擎、云计算等领域的技术创新和成果转化提供了强大的精神支持。

2. 企业精神

企业精神是企业文化的灵魂，它体现了企业的追求。企业精神通常与企业的历史、传统和特色紧密相关，是企业在长期发展过程中形成的独特气质和风格。具有独特企业精神的企业，能够形成强大的凝聚力和向心力，使员工在思想上形成共鸣，行动上形成合力。例如，华为的"狼性文化"和"以客户为中心"的企业精神，就为其在全球通信市场的崛起和成果转化提供了源源不断的动力。

3. 企业道德规范

企业道德规范是企业文化的重要组成部分，它规范了企业和员工的行为举止，是企业及其员工在经营活动中应遵循的道德准则。良好的道德规范能够塑造良好的企业形象，提升企业的社会声誉，为企业的长期发展创造良好的外部环境。例如，阿里巴巴的"客户第一、员工第二、股东第三"的道德规范，就为其在电商领域的持续发展和成果转化奠定了坚实的基础。

二、企业文化对创新氛围的塑造

（一）鼓励创新的企业文化

创新是推动企业持续发展的关键因素，而一个鼓励创新的企业文化则是创新氛围形成的重要基础。在这样的企业文化中，员工被鼓励勇于尝试新方法、新技术和新思路，即使失败了也不会受到过多的指责和批评。相反，失败被看作是一种宝贵的经验和学习机会，员工在失败中可以学到更多的东西，为未来的成功打下坚实的基础。这种鼓励创新的企业文化能够激发员工的创新意识和创新精神，使他们在工作中更加积极主动地寻求创新和突破。

（二）提供创新资源的支持

创新需要资源的支持，包括资金、技术、人才等方面。一个拥有丰富创新资源的企业文化能够为员工提供足够的创新支持。例如，企业可以设立创新基金，为员工提供创新项目的资金支持；同时，企业还可以提供创新培训和创新实验室等资源，帮助员工提升创新能力，实现创新成果的高效转化。这些资源的提供不仅能够满足员工在创新过程中的需求，还能够提高员工的创新能力和创新成功率，为企业的持续发展注入新的活力。

　　（三）倡导团队协作的精神

　　创新往往需要多个部门和团队的协同合作，而一个倡导团队协作的企业文化则能够为这种合作提供有力的支持。在这样的企业文化中，员工被鼓励积极参与团队合作，共同攻克技术难题、分享创新成果。通过团队协作，可以实现创新资源的共享和优化配置，提高成果转化效率。同时，团队协作还能够促进员工之间的沟通与协作，增强企业的凝聚力和向心力。这种倡导团队协作的精神有助于形成良好的创新氛围和转化环境，推动企业的持续发展和创新成果的不断涌现。

三、企业文化对团队协作的促进作用

　　（一）建立信任与共享的价值观

　　企业文化在组织内部构建了一个共享的价值体系。这种体系强调团队之间的信任、诚实和透明，使得团队成员愿意彼此依赖，相信同事会为了共同的目标而努力。当团队成员信任彼此，他们更愿意分享信息、提供支持和协作，减少了因猜忌和怀疑而产生的摩擦和冲突。这种信任关系不仅提高了团队的凝聚力，还使得团队协作更加高效，为成果转化提供了稳定的基础。

　　（二）培养团队凝聚力与向心力

　　强有力的企业文化能够激发团队成员的归属感和忠诚度。通过共同的目标、愿景和价值观，企业文化将团队成员紧密地连接在一起，形成一个团结的整体。这种向心力使得团队成员愿意为团队的成功付出额外的努力，并在面对困难时相互支持。这种团结和协作的精神为成果转化提供了强大的动力，使得团队能够克服各种挑战，实现共同的目标。

　　（三）强化团队沟通与协作技能

　　企业文化不仅强调团队的价值观和凝聚力，还注重提升团队成员的沟通和协作技能。通过定期的团队建设活动、沟通技巧培训和分享会议等方式，企业文化帮助团队成员提高沟通能力、解决冲突和协同工作的能力。这些技能的提升使得团队成员能够更好地理解彼此，减少误解和冲突，从而提高团队协作的整体水平。高效的团队协作对于成果转化至关重要,因为它确保了团队成员能够高效地协同工作,将创新成果迅速转化为实际的产品或服务。

四、企业文化对成果转化效率的潜在影响

（一）提高员工工作积极性与创造性

积极向上的企业文化能够激发员工的工作热情和创造力。在这种文化氛围中,员工感到被尊重和重视,他们的贡献和努力得到认可和奖励。这种正面的激励机制使得员工更加积极地投入到工作中,愿意主动寻找解决问题的方法,并提出创新的建议。这种积极的工作态度和创造力为成果转化提供了源源不断的动力,推动了创新成果的高效转化。

（二）优化资源配置与管理流程

高效运转的企业文化能够促进企业资源的优化配置和管理流程的优化。在这种文化氛围下,企业注重资源的合理利用和高效管理,避免资源的浪费和冗余。同时,企业还关注管理流程的改进和优化,通过简化流程、提高效率和减少不必要的环节,降低成果转化过程中的成本和风险。这种对资源配置和管理流程的关注有助于提高转化效率,确保创新成果能够快速、稳定地转化为实际的产品或服务。

（三）强化风险意识与应对能力

企业文化中的风险意识教育能够使员工在面对成果转化过程中的风险时保持警觉,并采取有效的应对措施。通过定期的风险评估、风险培训和模拟演练等方式,企业文化帮助员工识别潜在的风险点,并提高他们的风险应对能力。这种风险意识使得员工能够在风险出现时迅速作出反应,采取适当的措施来降低风险对成果转化造成的负面影响。这种风险意识和应对能力的提升有助于提高转化成功率,确保创新成果能够稳定地转化为商业价值。

（四）促进知识与技能的共享与传承

具有知识共享和传承精神的企业文化能够促进员工之间的知识与技能共享。在这种文化氛围下,员工愿意主动分享自己的经验和知识,帮助新员工快速融入团队并掌握必要的技能。这种知识与技能的共享不仅提高了团队的整体

素质和能力水平,还为成果转化提供了有力的支持。通过团队内部的知识传承和经验分享,企业能够更快地积累和应用创新成果,提高转化效率并加速产品的上市时间。

综上所述,企业文化对成果转化具有深远的影响。一个积极向上、鼓励创新、倡导团队协作并注重风险管理的企业文化,能够激发员工的创造力和工作热情,提高团队协作效率,优化资源配置和管理流程,强化风险意识与应对能力,促进知识与技能的共享与传承,从而为成果转化提供有力的支持和保障。因此,在推动成果转化的过程中,我们应充分重视企业文化的建设和管理,为企业创造一个有利于创新和转化的良好氛围。

第二节 塑造有利于成果转化的企业文化

一、明确企业愿景与核心价值观

企业文化,犹如企业的灵魂,渗透在企业的每一个角落,影响着每一位员工的行为和决策。对于致力于成果转化的企业来说,塑造一种积极向上的企业文化显得尤为重要。这种文化需要明确的方向和坚实的内核,即企业的愿景与核心价值观。

(一)确立清晰的企业愿景

企业愿景,不仅是一个远大的目标,更是对员工、对市场、对社会的承诺。一个清晰的企业愿景,如同指南针,为企业在茫茫商海中指引方向。这样的愿景应该具备吸引力、可行性和长期性。吸引力能够吸引人才、激发员工的热情;可行性确保企业脚踏实地,不脱离实际;长期性则指引企业走向未来,不为短期利益所迷惑。

例如,苹果公司的愿景是"让每个人都能以最简单的方式享受科技带来的美妙体验"。这一愿景不仅吸引了众多创新型人才,也激发了员工不断挑战自我、追求卓越的动力。同时,这一愿景也确保了苹果在产品设计和用户体验上的持续领先。

（二）塑造独特的核心价值观

核心价值观，是企业的 DNA，它决定了企业的行为准则和决策标准。一个独特的核心价值观，能够让企业在众多竞争者中脱颖而出，形成自己的品牌特色。塑造这样的价值观，需要企业深入挖掘自身的特点和优势，同时结合市场需求和行业特点。

以谷歌为例，其核心价值观是"尊重员工、追求卓越、用户至上、勇于创新"。这些价值观不仅体现了谷歌的企业特色，也为其在科技领域的成功奠定了坚实的基础。谷歌尊重员工的个性和创意，追求产品和技术的卓越，始终以用户需求为导向，勇于挑战传统、不断创新。

（三）将愿景与价值观融入日常管理

愿景和价值观的确立只是第一步，真正的挑战在于如何将其融入企业的日常管理中。这需要企业在制度设计、员工考核、激励机制等方面做出努力。例如，在制定员工考核标准时，可以将价值观作为重要指标之一；在激励机制上，可以设立以愿景和价值观为导向的奖励制度；在日常管理中，可以通过定期的培训和宣传，强化员工对愿景和价值观的理解和认同。

只有将愿景与价值观真正融入企业的日常管理中，才能确保企业文化得到贯彻执行，从而为企业的持续发展提供有力的支撑。

二、倡导开放包容的创新理念

在快速变化的市场环境中，创新已成为企业持续发展的关键因素。因此，塑造有利于成果转化的企业文化，必须倡导开放包容的创新理念。

（一）鼓励员工提出创新想法

创新往往源于员工的创意和想法。企业应该为员工提供一个宽松、自由的环境，鼓励其积极提出创新想法。这需要企业建立一种开放的沟通机制，让员工敢于表达、敢于尝试。同时，企业还应该设立相应的奖励机制，对提出优秀创新想法的员工给予表彰和奖励。

例如，3M 公司就以其著名的"15%时间制度"而闻名，这一制度允许员工将工作时间的15%用于自由研究和创新。这不仅激发了员工的创新热情，也为公司带来了众多具有划时代意义的产品。

（二）营造开放包容的创新氛围

创新需要一种开放包容的氛围。企业应该尊重员工的创新想法，即使这些想法在初看起来可能并不成熟或具有可行性。企业应该建立一种容错机制，允许失败和尝试，鼓励员工勇于挑战传统思维和模式。同时，企业还应该加强不同部门和员工之间的交流和合作，共同推动创新成果的转化。

例如，特斯拉公司就以其开放创新的文化而著称。在特斯拉，员工被鼓励提出新的想法和解决方案，即使这些想法在初看起来可能与公司的主流思路不符。这种开放包容的氛围为特斯拉带来了众多颠覆性的创新。

（三）提供创新支持和资源

创新不仅需要勇气和热情，更需要支持和资源的保障。企业应该为员工提供必要的创新支持和资源，如技术支持、资金支持、人才支持等。通过提供这些支持和资源，企业可以降低员工的创新风险，提高创新成功的概率，从而推动创新成果的转化。

以亚马逊为例，该公司为其员工提供了丰富的创新资源和支持。亚马逊有专门的研发团队和技术支持团队，帮助员工实现其创新想法。同时，亚马逊还设立了创新基金，为具有潜力的创新项目提供资金支持。这些支持和资源为亚马逊带来了众多创新成果，也推动了公司的持续发展。

（四）建立创新容错机制

创新往往伴随着风险和挑战。为了避免员工因害怕失败而不敢创新，企业应该建立创新容错机制。这一机制应该明确在创新过程中出现的失败和错误不会受到惩罚或指责，而是被视为学习和成长的机会。通过建立这样的容错机制，企业可以减轻员工的创新压力，激发其创新勇气，为企业的持续发展注入新的活力。

例如，谷歌就以其"20%时间制度"而闻名，这一制度允许员工将工作时间的20%用于自己感兴趣的项目或研究。这一制度不仅激发了员工的创新热情，也为企业带来了众多意想不到的创新成果。同时，谷歌还建立了相应的容错机制，确保即使这些创新项目失败了，员工也不会受到惩罚或指责。这种容错机制为谷歌创造了一个充满活力和创意的工作环境。

三、建立鼓励尝试与容错的文化氛围

在塑造有利于成果转化的企业文化时，建立一种鼓励尝试与容错的文化氛围是至关重要的。这种文化氛围能够激发员工的创造力和创新精神，促使他们勇于尝试新事物、新方法，从而为企业带来更多的创新成果。这种文化的建立，不仅能够提高员工的工作满意度和忠诚度，还能够增强企业的竞争力和市场适应性。

（一）鼓励员工勇于尝试

企业应该明确传达一个信息：失败并不可怕，可怕的是不敢尝试。通过设立创新奖励机制，企业可以表彰那些在尝试新事物、新方法中取得成果的员工，从而激发更多员工的创新热情。这种奖励机制可以是物质奖励，如奖金、晋升机会等，也可以是精神奖励，如荣誉证书、内部表彰等。同时，企业还可以提供创新培训，帮助员工提升创新思维和创新能力，让他们更加自信地面对挑战和尝试。

为了鼓励员工勇于尝试，企业领导者还需要在言行上做出表率。领导者应该积极倡导创新思维，鼓励员工提出新的想法和建议。当员工提出创新的想法时，领导者应该给予积极的反馈和支持，而不是轻易否定或打击。此外，领导者还应该为员工创造一个宽松、自由的工作环境，让他们能够自由地表达自己的观点和想法，从而激发更多的创新灵感。

（二）建立容错机制

在尝试新事物、新方法的过程中，失败是不可避免的。如果企业对于失败采取过于严厉的态度，那么员工就会因为害怕失败而不敢尝试。因此，企业应该建立容错机制，对于在尝试过程中出现的失败和错误给予一定的宽容和理解。这种容错机制可以让员工更加敢于尝试和创新，从而推动企业的持续发展。

为了建立有效的容错机制，企业可以采取以下措施：首先，明确容错的范围和条件，让员工清楚哪些行为是可以被容忍的；其次，对于失败和错误进行客观分析，找出原因并制定相应的改进措施；最后，对于在尝试过程中取得的经验和教训进行总结和分享，以便其他员工从中学习和借鉴。

通过建立容错机制，企业不仅可以激发员工的创新精神和尝试勇气，还能够提高员工的自信心和抗压能力。当员工面对失败时，他们不再感到恐惧和沮丧，而是能够从中吸取教训、积累经验，为下一次的尝试做好更充分的准备。

（三）营造积极的团队氛围

积极的团队氛围能够激发员工的创造力和创新精神。在这种氛围中，员工之间相互支持、相互鼓励，共同面对挑战和困难。为了营造积极的团队氛围，企业可以采取以下措施：

首先，加强团队之间的沟通和协作。企业应该建立良好的沟通机制，鼓励员工分享自己的尝试经验和教训，促进团队之间的交流和合作。通过分享经验和教训，团队成员可以相互学习、相互启发，从而推动整个团队的进步和发展。

其次，建立积极向上的团队文化。企业应该倡导积极向上的价值观和行为规范，让员工感受到团队的力量和温暖。同时，企业还可以通过举办各种团队活动来增强团队凝聚力和向心力，如户外拓展、团队培训、团队庆祝等。

最后，注重员工的心理健康和福利。企业应该关注员工的心理健康状况，提供必要的支持和帮助。例如，设立员工心理健康辅导机制、定期开展员工心理健康讲座等。此外，企业还应该提供优厚的福利待遇，如健康保险、定期体检、带薪休假等，让员工感受到企业的关怀和支持。

通过以上措施的实施，企业可以营造一个积极向上、充满活力和创新精神的团队氛围。在这种氛围中，员工们愿意尝试新事物、新方法，勇于面对挑战和困难，为企业的持续发展贡献力量。

四、实施员工参与与激励的管理策略

在实施有利于成果转化的企业文化时，实施员工参与与激励的管理策略是至关重要的。这种策略能够激发员工的积极性和创造力，促进员工的个人成长和职业发展，从而为企业带来更高的绩效和成果。

（一）鼓励员工参与决策过程

让员工参与决策过程不仅能够增强他们的归属感和责任感，还能够激发他们的创造力和创新精神。企业应该积极鼓励员工参与决策过程，让他们了解企业的战略目标和发展方向，提出自己的意见和建议。通过让员工参与决策过程，企业可以充分利用员工的智慧和才能，推动企业的持续发展。

为了鼓励员工参与决策过程，企业可以采取以下措施：首先，建立透明、开放的决策机制，让员工了解决策的背景和目的；其次，鼓励员工提出自己的意见和建议，对于合理的建议给予积极的反馈和支持；最后，将员工的意见和建议纳入决策考虑范围，让员工感受到自己的价值和影响力。

（二）建立有效的激励机制

激励机制是激发员工积极性和创造力的重要手段。企业应该建立有效的激励机制，包括物质激励和精神激励两个方面。物质激励可以通过给予员工合理的薪酬、奖金、晋升机会等物质待遇来实现；精神激励则可以通过给予员工认可、尊重、信任等精神支持来实现。通过综合运用物质激励和精神激励，企业可以让员工感受到自己的价值和成就感，从而更加积极地投入到工作中去。

为了建立有效的激励机制，企业可以采取以下措施：首先，制定公平、透明的薪酬和奖励制度，确保员工的付出得到合理的回报；其次，提供多样化的晋升机会和发展空间，让员工看到自己在企业中的未来；最后，注重员工的精神需求和心理感受，给予他们充分的认可、尊重和信任。

（三）提供培训和发展机会

员工的能力和素质是推动企业持续发展的关键因素。企业应该提供培训和发展机会，帮助员工提升自己的能力和素质，实现个人成长和职业发展。通过提供培训和发展机会，企业不仅能够激发员工的学习热情和创造力，还能够为企业培养更多的人才，为企业的持续发展提供有力保障。

为了提供有效的培训和发展机会，企业可以采取以下措施：首先，制定详细的培训计划和发展路径，让员工清楚自己的职业发展方向；其次，提供多样化的培训课程和学习资源，满足员工不同的学习需求；最后，建立完善的评估和反馈机制，让员工了解自己的学习成果和改进方向。

(四)关注员工心理健康与福利

员工的心理健康和福利是影响其工作积极性和创造力的重要因素。企业应该关注员工的心理健康和福利状况,提供必要的支持和帮助。通过设立员工心理健康辅导机制、提供优厚的福利待遇等方式,让员工感受到企业的关怀和支持,从而更加积极地投入到工作中去,为企业的持续发展贡献力量。

为了关注员工的心理健康与福利,企业可以采取以下措施:首先,建立员工心理健康辅导机制,提供专业的心理咨询和帮助;其次,提供优厚的福利待遇,如健康保险、定期体检、带薪休假等;最后,关注员工的工作环境和工作条件,提供舒适、安全的工作环境。

综上所述,塑造有利于成果转化的企业文化需要从明确企业愿景与核心价值观、倡导开放包容的创新理念、建立鼓励尝试与容错的文化氛围以及实施员工参与与激励的管理策略等多个方面入手。只有这样,才能够激发员工的创造力和创新精神,推动企业的持续发展,实现成果转化和业绩提升的目标。

第三节 企业文化变革与成果转化的关系

一、企业文化变革的必要性与挑战

(一)企业文化变革的必要性

在全球化和市场竞争日益加剧的今天,企业正面临前所未有的挑战。这些挑战不仅来自于产品、技术和服务方面的创新需求,更来自于企业文化层面的深层次变革。企业文化,作为企业的灵魂和核心竞争力的重要组成部分,其重要性不言而喻。它影响着员工的行为习惯、价值观念和决策方式,进而决定着企业的命运和发展方向。

随着外部环境的不断变化,企业原有的文化可能已经无法适应新的市场需求和竞争态势。此时,企业文化变革就显得尤为重要。通过企业文化变革,企业可以激发员工的创新精神,提高组织的灵活性和适应性,从而在激烈的市场竞争中立于不败之地。具体来说，企业文化变革的必要性体现在以下几个方面。

适应外部环境变化：随着全球化和市场竞争的加剧，企业面临的环境日益复杂多变。企业文化变革可以帮助企业更好地适应这些变化，把握市场机遇，应对挑战。

激发员工创新精神：一个开放、包容、创新的企业文化可以激发员工的创造力和创新精神，推动企业在产品创新、技术升级等方面取得突破。

提高组织灵活性和适应性：企业文化变革可以优化组织结构、简化管理流程、推动决策权下放等，从而提高组织的灵活性和适应性，使企业能够迅速应对市场变化。

增强企业凝聚力：一个积极向上的企业文化可以增强员工的归属感和忠诚度，提高企业的凝聚力和向心力，为企业的长期发展奠定坚实基础。

（二）企业文化变革的挑战

然而，企业文化变革并非易事。它涉及企业内部的深层次结构和员工的思维模式，需要克服诸多挑战。具体来说，企业文化变革面临的挑战主要包括以下几个方面。

员工抵触心理：长期形成的思维习惯和行为模式难以改变，员工可能会对新的文化理念产生抵触和排斥。这种抵触心理可能导致变革的阻力增大，影响变革的顺利进行。

领导层态度和行动力：领导层的态度和行为对企业文化变革的成败具有决定性的影响。如果领导层缺乏决心和行动力，那么变革很可能会半途而废。此外，领导层还需要在变革过程中发挥表率作用，引领员工共同推动变革的进行。

变革实施机制：企业文化变革需要建立一套有效的实施机制，确保变革的落地生根。这包括制定详细的变革计划、建立变革团队、提供必要的培训和支持等。如果实施机制不完善或执行不力，那么变革的效果可能会大打折扣。

变革过程中的冲突与协调：企业文化变革往往涉及不同部门和团队之间的利益调整和行为改变。在这个过程中，可能会出现各种冲突和矛盾。如何有效协调各方利益，化解冲突，是企业文化变革中需要面对的重要问题。

二、企业文化变革对成果转化的推动作用

（一）营造创新氛围

企业文化变革的首要目标是营造一个开放、包容、创新的氛围。在这样的氛围中，员工敢于尝试新方法、新思路，愿意承担风险并分享失败的经验。这种创新氛围有助于激发员工的创造力，推动技术创新和产品创新，为成果转化提供源源不断的动力。具体来说，营造创新氛围可以从以下几个方面入手。

鼓励员工提出新想法和建议：企业可以设立员工建议收集渠道，对提出有益建议的员工给予奖励和表彰，激发员工的参与热情和创造力。

提供创新资源和支持：企业可以为员工提供创新培训、创新实验室、创新基金等资源，帮助员工提升创新能力，实现创新成果的高效转化。

（二）强化团队协作

企业文化变革强调团队协作和跨部门合作的重要性。通过打破部门壁垒，促进不同部门和团队之间的交流和合作，可以实现资源和信息的共享，提高工作效率和创新能力。这种团队协作的精神有助于推动成果转化过程中的跨部门协作，加速成果的转化和应用。具体来说，强化团队协作可以从以下几个方面入手。

建立跨部门协作机制：企业可以建立跨部门协作小组或项目团队，促进不同部门和团队之间的沟通和合作。通过共同制定目标、分工协作、互相支持等方式，实现资源和信息的共享和优化配置。

推动员工交流和互动：企业可以组织各种形式的员工交流和互动活动，如团队建设、分享会、研讨会等，增进员工之间的了解和信任，促进团队协作和合作。

建立激励机制：企业可以建立针对团队协作和创新的激励机制，如团队奖励、个人表彰等，激发员工的团队协作精神和创新意识。

（三）提升员工能力

企业文化变革注重员工能力的培养和提升。通过提供培训、学习和发展的机会，帮助员工提升专业技能和综合素质，使他们更好地适应新的工作环境和

岗位要求。这种员工能力的提升有助于推动成果转化过程中的技术实施和市场推广，确保转化成果的质量和效益。具体来说，提升员工能力可以从以下几个方面入手。

提供培训和发展机会：企业可以根据员工的需求和岗位要求，提供针对性的培训和发展机会，如技能培训、领导力培养、职业发展规划等，帮助员工提升自身能力和竞争力。

鼓励员工自主学习和成长：企业可以建立一种鼓励员工自主学习和成长的文化氛围，提供学习资源和支持，鼓励员工通过自我学习和实践不断提升自身能力。

建立人才梯队和储备机制：企业可以建立人才梯队和储备机制，通过选拔和培养潜力员工，为企业的长期发展提供人才保障和支持。

（四）激发组织活力

企业文化变革旨在激发组织的活力和创造力。通过优化组织结构、简化管理流程、推动决策权下放等措施，可以提高组织的灵活性和响应速度，使组织更加敏捷和高效。这种组织活力的激发有助于推动成果转化过程中的快速响应和灵活调整，确保转化成果能够迅速适应市场变化并取得竞争优势。具体来说，激发组织活力可以从以下几个方面入手。

优化组织结构和管理流程：企业可以对组织结构和管理流程进行优化和调整，减少冗余环节和决策层级，提高组织的运行效率和响应速度。

推动决策权下放：企业可以推动决策权向基层员工和团队下放，激发员工的主动性和创造性，提高组织的灵活性和创新能力。

建立激励机制和容错机制：企业可以建立针对员工的激励机制和容错机制，鼓励员工勇于尝试、敢于创新，为组织的活力和创造力提供有力保障。

三、在企业文化变革中嵌入成果转化目标

（一）明确成果转化目标

在企业文化变革的过程中，明确成果转化目标至关重要。这不仅有助于确保变革的方向和重点与成果转化需求保持一致，还能为整个组织提供一个清晰、

明确的目标导向。为了明确成果转化目标，企业需要采取一系列措施。

首先，要确定转化的具体成果。这意味着企业需要清晰地描述出通过企业文化变革所期望实现的成果转化效果。这些成果可能包括提高产品质量、增强市场竞争力、降低成本、提高员工满意度等。企业需要根据自身的实际情况和市场需求，确定出最符合自身发展的成果转化目标。

其次，设定合理的时间表和里程碑。为了确保成果转化目标的顺利实现，企业需要设定一个明确的时间表和里程碑。这有助于确保企业能够按计划推进变革进程，并及时监控和评估变革的进展情况。同时，通过设定里程碑，企业可以更好地掌握变革的进度和节奏，以便在必要时进行调整和优化。

最后，明确责任人和考核标准。为了确保成果转化目标的顺利实现，企业需要明确责任人并制定相应的考核标准。这有助于确保变革工作能够得到有效执行和监督。企业可以指定专门的团队或负责人来负责成果转化工作，并为其设定具体的考核指标和评估标准。同时，企业还需要建立完善的考核机制，定期对成果转化工作进行评估和反馈，以便及时发现问题并进行改进。

通过明确成果转化目标，企业可以为企业文化变革提供一个清晰、明确的目标导向。这有助于确保变革的方向和重点与成果转化需求保持一致，从而推动企业的持续发展和创新。

（二）建立激励机制

在企业文化变革中，建立有效的激励机制是推动成果转化目标实现的关键。激励机制能够激发员工的积极性和创造力，促使他们更加投入到成果转化工作中。为了建立有效的激励机制，企业可以采取以下措施。

首先，设立成果转化奖励制度。企业可以设立专门的奖励制度，对在成果转化工作中取得突出成绩的员工进行表彰和奖励。这种奖励可以是物质奖励，如奖金、晋升机会等，也可以是精神奖励，如荣誉称号、表彰证书等。通过设立奖励制度，企业可以激发员工的积极性和创造力，促使他们更加努力地投入到成果转化工作中。

其次，提供成果转化资金支持。企业需要为成果转化工作提供必要的资金支持，包括研发经费、市场推广费用等。这有助于确保成果转化工作的顺利进行,并降低员工在推进成果转化过程中所面临的资金压力。通过提供资金支持,企业可以鼓励员工更加积极地探索和创新,推动成果转化工作的快速发展。

此外,为成果转化团队提供必要的资源和支持也非常重要。企业可以为成果转化团队提供先进的设备、技术、人才等资源,以确保他们具备进行成果转化工作所需的条件。同时,企业还可以为团队提供必要的培训和学习机会,帮助他们提升专业技能和知识水平,为成果转化工作提供有力保障。

在建立激励机制时,企业还需要注重激励机制的公平性和可持续性。激励机制应该覆盖到所有参与成果转化工作的员工,避免出现"搭便车"现象。同时,激励机制还需要与企业的长期发展目标和战略相契合,确保激励效果的持久性和稳定性。

(三)加强沟通与协作

在企业文化变革中嵌入成果转化目标的过程中,加强沟通与协作至关重要。沟通与协作的顺畅与否直接关系到成果转化工作的效率和成果。为了实现这一目标,以下是一些具体的建议。

首先,建立定期沟通机制。企业应定期组织相关部门和团队进行成果转化工作的沟通会议。这些会议可以是定期的月度或季度会议,也可以是针对特定项目或议题的临时会议。通过定期沟通,各部门和团队可以及时了解彼此的工作进展、遇到的问题和解决方案,从而协同推进成果转化工作。

其次,促进跨部门协作。企业文化变革和成果转化工作往往涉及多个部门和团队的共同参与。因此,促进跨部门协作至关重要。企业可以通过建立跨部门协作小组或项目团队,明确各成员的角色和职责,共同推进成果转化工作。同时,企业还可以建立跨部门的知识共享平台,促进信息共享和经验交流,提高协作效率。

此外,加强信息共享也是加强沟通与协作的关键。企业应建立统一的信息共享平台或数据库,将成果转化工作的相关信息、数据和文档进行集中管理。通过信息共享平台,各部门和团队可以及时获取所需的信息资源,减少信息孤岛和重复劳动。同时,信息共享还有助于提高工作的透明度和可追溯性,便于监控和评估成果转化工作的进展情况。

最后，培养团队协作精神和文化也是非常重要的。企业应通过培训、团队建设活动等方式，培养员工的团队协作意识和能力。同时，企业还可以通过制定团队协作的规范和标准，明确团队协作的行为准则和期望结果。这些措施有助于增强团队之间的信任和合作，形成共同推进成果转化工作的强大合力。

（四）持续改进与优化

企业文化变革和成果转化是一个持续的过程，需要不断地进行改进和优化。持续改进与优化是确保企业文化变革和成果转化工作持续有效进行的关键环节。为了实现这一目标，以下是一些具体的建议。

首先，定期评估企业文化变革和成果转化的效果。企业应定期对企业文化变革和成果转化工作进行评估，了解变革的进展情况和成果转化的实际效果。评估可以通过问卷调查、员工反馈、市场反馈等多种方式进行。通过评估，企业可以及时发现问题和不足，为后续改进提供依据。

其次，收集员工反馈和建议。员工是企业文化变革和成果转化工作的直接参与者，他们的反馈和建议对于改进工作至关重要。企业应积极收集员工的反馈意见，鼓励员工提出建设性建议。同时，企业还应建立有效的反馈机制，对员工的建议进行及时响应和处理，让员工感受到自己的参与和贡献被认可和重视。

此外，及时调整和改进相关措施也是非常重要的。根据评估结果和员工反馈，企业应及时调整和改进相关措施，确保企业文化变革和成果转化工作的持续性和有效性。调整和改进可以涉及多个方面，如调整激励机制、优化沟通协作机制、完善成果转化流程等。通过不断调整和改进，企业可以逐步优化企业文化变革和成果转化工作的各个环节，提高工作效率和成果质量。

最后，建立持续改进的文化氛围也是非常重要的。企业应倡导持续改进的理念，鼓励员工积极参与改进工作。同时，企业还应为员工提供培训和支持，帮助他们提升改进能力和创新意识。通过建立持续改进的文化氛围，企业可以激发员工的创造力和潜能，推动企业文化变革和成果转化工作不断向前发展。

四、评估企业文化变革对成果转化的实际影响

（一）设定评估指标

在推动企业文化变革以促进成果转化的过程中，设定明确的评估指标是至关重要的。这些指标不仅可以帮助我们量化评估企业文化变革的实际效果，还可以为我们提供改进和调整变革策略的依据。

首先，我们可以设定"成果转化数量"作为评估指标之一。这一指标可以衡量企业文化变革后，企业内部成功转化的成果数量。通过对比变革前后的成果转化数量，我们可以直观地看到变革带来的实际效果。同时，我们还可以进一步分析成果转化数量的变化趋势，以评估企业文化变革的持续性影响。

其次，我们可以关注"转化速度"这一指标。转化速度反映了企业文化变革后，企业内部成果转化的效率。一个高效的企业文化可以加速成果的转化过程，从而提高企业的竞争力和市场适应能力。因此，通过对比变革前后的转化速度，我们可以评估企业文化变革在提高成果转化效率方面的作用。

除了数量和速度外，"转化质量"也是一个重要的评估指标。转化质量可以衡量企业文化变革后，转化成果的实际价值和市场认可度。一个优质的企业文化应该能够引导员工创造出高质量、高价值的成果。因此，我们可以通过市场反馈、客户满意度等方式来评估转化成果的质量，从而判断企业文化变革在提升转化质量方面的效果。

最后，我们还可以关注"市场反馈"这一指标。市场反馈可以反映企业文化变革后，转化成果在市场上的表现和接受度。一个成功的企业文化变革应该能够引导员工创造出符合市场需求、受到客户欢迎的成果。因此，通过收集和分析市场反馈数据，我们可以评估企业文化变革在提升市场接受度和竞争力方面的作用。

在设定这些评估指标时，我们需要确保它们具有明确性、可衡量性和可操作性。同时，我们还需要根据企业的实际情况和市场环境进行调整和优化，以确保评估结果的准确性和有效性。

（二）收集与分析数据

评估企业文化变革对成果转化的实际影响，不仅需要设定明确的评估指标，还需要收集和分析相关的数据。数据的收集和分析是评估过程中不可或缺的一环，它能够帮助我们更加客观地了解企业文化变革对成果转化的实际效果，从而为后续的改进和调整提供有力的依据。

在收集数据方面，我们可以从多个渠道获取相关信息。首先，我们可以从企业的内部数据库中提取成果转化数量、转化速度、转化质量等方面的数据。这些数据可以直观地反映企业文化变革后的实际情况。其次，我们还可以通过调查问卷、员工访谈等方式收集员工对企业文化变革的感知和反馈。这些数据可以揭示员工对企业文化变革的接受程度以及他们在成果转化过程中的实际体验。此外，我们还可以从市场反馈、客户满意度等方面获取外部数据，以评估企业文化变革对成果转化在市场上的实际表现。

在收集到数据后，我们需要进行深入的分析和解读。首先，我们可以通过对比变革前后的数据变化来评估企业文化变革对成果转化的影响程度。例如，我们可以对比变革前后成果转化数量的增长率、转化速度的提升幅度等指标来量化评估变革的实际效果。其次，我们还可以分析数据背后的原因和趋势。例如，我们可以通过分析员工访谈数据来了解他们对企业文化变革的看法和期望，从而为后续的改进和调整提供指导。此外，我们还可以利用统计分析和数据挖掘等技术手段来挖掘数据中的潜在信息和价值。

在数据分析过程中，我们需要注意数据的准确性和可靠性。我们需要确保所收集的数据来源可靠、方法科学，并且经过合理的处理和清洗。同时，我们还需要注意数据的时效性和动态性。企业文化变革是一个持续的过程，我们需要定期收集和分析数据以反映变革的最新情况和趋势。

通过收集和分析数据，我们可以更加客观地评估企业文化变革对成果转化的实际效果。这些数据不仅可以为我们提供改进和调整变革策略的依据，还可以为我们提供宝贵的经验和教训。在未来的企业文化变革和成果转化工作中，我们可以借鉴这些经验和教训来避免类似的问题和挑战，从而推动企业的持续发展和创新。

（三）持续改进与调整

在评估了企业文化变革对成果转化的影响后，我们必须保持持续改进与调整的态度。这是因为企业文化变革是一个持续的过程，需要不断地优化和调整以适应企业内外部环境的变化。

首先，我们要根据评估结果对企业文化变革的策略和措施进行调整。如果评估结果显示企业文化变革对成果转化的影响有限或者存在问题，我们就需要深入分析原因，并采取相应的措施进行改进。例如，如果发现员工对企业文化变革的接受程度较低，我们可以加强内部沟通和培训，提高员工对变革的认知和认同度。如果发现成果转化速度较慢，我们可以优化内部流程和管理机制，提高转化效率。

其次，我们要持续关注市场变化和技术发展趋势，及时调整企业文化变革和成果转化的目标和方向。市场和技术的发展是不断变化的，我们必须保持敏锐的洞察力和前瞻性，及时调整企业文化变革和成果转化的策略和方向。例如，随着新技术的不断涌现和市场需求的不断变化，我们需要不断更新和升级企业文化变革和成果转化的目标和措施，以确保企业能够保持竞争优势并实现持续发展。

此外，我们还要建立有效的反馈机制和持续改进文化。鼓励员工积极提出改进意见和建议，及时收集和分析反馈数据，并将其纳入企业文化变革和成果转化工作的改进和调整中。同时，我们还要建立持续改进的文化氛围，鼓励员工不断学习和创新，推动企业文化变革和成果转化工作的不断进步和发展。

总之，企业文化变革与成果转化密切相关，二者相互促进、相互影响。通过有效地推进企业文化变革并嵌入成果转化目标，可以激发企业的创新活力、提升员工能力、优化组织结构和管理流程等，从而为成果转化提供有力的支持和保障。同时，也需要持续关注评估企业文化变革对成果转化的实际影响，及时调整和改进相关策略和措施，确保企业文化变革和成果转化工作的持续性和有效性。

第十一章 风险评估与成果转化

第一节 成果转化过程中的风险评估

一、风险评估的定义与目的

(一)风险评估的定义

风险评估是一个系统性的过程,它致力于识别、分析和评价在特定活动或过程中可能遇到的风险。在成果转化的背景下,风险评估显得尤为重要。成果转化,即将科研成果转化为实际应用的过程,往往涉及众多的不确定性和潜在的挑战。因此,风险评估特指在这一转化链条中,对可能遭遇的各种风险进行系统性分析的过程。这种分析不仅关注风险的来源和性质,还着重于评估这些风险对成果转化过程可能产生的影响及其严重程度。此外,风险评估还致力于确定风险的可接受范围和管理优先级,从而为后续的风险管理策略制定提供重要依据。

(二)风险评估的目的

进行风险评估的主要目的在于确保成果转化过程的顺利进行,减少不确定性,提高成功的概率。具体而言,风险评估的目的可以细分为以下几个方面:

识别潜在风险点:通过系统的风险评估,可以全面识别成果转化过程中可能遇到的各种风险点,包括技术、市场、资金和管理等方面的风险。这有助于企业和研究机构提前做好准备,避免在风险出现时措手不及。

评估风险影响程度:风险评估不仅要识别风险点,还要对这些风险可能造成的影响进行深入分析。这包括风险的严重程度、发生概率以及可能导致的后果等。通过这一评估,企业和研究机构可以更加清晰地了解风险对成果转化过程的影响程度,从而制定更加针对性的风险管理策略。

确定风险可接受范围和管理优先级：在风险评估的过程中，还需要确定各种风险的可接受范围和管理优先级。这有助于企业和研究机构在有限的资源条件下合理分配资源，优先处理那些对成果转化过程影响大、发生概率高的风险，从而实现风险管理的效益最大化。

二、识别成果转化过程中的潜在风险

在成果转化过程中，潜在的风险多种多样，这些风险可能来自于技术的成熟度、市场的接受度、资金的筹措以及管理的有效性等各个方面。为了确保成果转化的顺利进行，我们必须对这些潜在的风险有深入的理解和认识。

（一）技术风险

技术风险是成果转化过程中最常见的风险之一。它涉及技术的可行性、成熟度和稳定性等方面的问题。在识别技术风险时，我们需要考虑技术的先进性、实用性以及可能存在的技术障碍和瓶颈。这包括但不限于技术研发过程中的不确定性、技术转化的难度、技术更新换代的速度等因素。这些技术风险可能导致成果转化过程中的技术难题，甚至可能使成果转化失败。因此，对于技术风险的识别和管理至关重要。

（二）市场风险

市场风险是指成果转化后产品在市场上的表现不确定所带来的风险。市场接受度、竞争环境、价格波动等因素都可能对成果转化产生影响。在识别市场风险时，我们需要对市场趋势进行深入分析，了解消费者需求和市场容量。同时，我们还需要关注竞争对手的动态，评估我们的产品在市场上的竞争力。市场风险的存在可能导致产品销售不佳，从而影响成果转化的成功。

（三）资金风险

资金风险是指成果转化过程中资金筹集、使用和管理等方面可能出现的风险。这包括资金不足、资金流失、资金使用不当等问题。在识别资金风险时，我们需要关注资金来源的可靠性、资金使用的合理性以及资金管理的有效性。资金风险可能导致成果转化过程中的资金短缺，从而影响项目的进展和成功。

（四）管理风险

管理风险是指成果转化过程中由于管理不善或组织结构不合理等因素导致的风险。这包括项目管理、人力资源管理、团队协作等方面的问题。在识别管理风险时，我们需要关注组织结构的合理性、团队协作的有效性以及项目管理的规范性。管理风险可能导致成果转化过程中的组织混乱和效率低下，从而影响成果转化的成功。

除了上述四种主要风险，还可能存在其他类型的风险，如法律风险、政策风险等。这些风险也可能对成果转化过程产生影响。因此，在识别成果转化过程中的潜在风险时，我们需要全面考虑各种可能的风险因素，确保对风险有充分的了解和认识。

三、评估风险对成果转化的影响程度

（一）风险概率评估

风险概率评估是对潜在风险发生的可能性进行的量化分析。这一环节是风险管理的基础，它为我们提供了关于风险可能性的明确认识，从而有助于我们进行后续的决策和行动。在进行风险概率评估时，我们首先需要收集与风险相关的各种信息，包括历史数据、专家意见和市场调研等。这些信息可以帮助我们更全面地了解风险的性质和特征。接下来，我们需要运用统计分析和概率论的方法，对这些信息进行量化处理，从而得出风险发生的概率。这样，我们就可以根据概率大小来判断风险的主要和次要，为后续的风险管理提供决策依据。

（二）风险影响评估

风险影响评估是对潜在风险发生后对成果转化过程可能造成的损失或影响的评估。它不仅关注风险发生的可能性，更关注风险发生后可能带来的实际影响。这种评估可以帮助我们了解不同风险对成果转化的潜在影响程度，从而为我们制定风险应对策略提供重要依据。在进行风险影响评估时，我们需要考虑多个方面，如技术进度、市场地位、财务状况等。这些方面都是成果转化过程中非常重要的因素，一旦受到风险的影响，可能会对整个过程造成严重的损失。因此，我们需要对这些方面进行全面的分析，以确定风险发生后可能带来的具体影响。

（三）风险综合评估

风险综合评估是将风险概率和风险影响结合起来，对潜在风险进行综合评估的过程。这种评估方法可以帮助我们更全面地了解风险的整体情况，从而为我们的风险管理提供更为准确和可靠的依据。在进行风险综合评估时，我们需要将风险概率和风险影响进行综合考虑，以确定不同风险的优先级和管理重点。对于高概率且高影响的风险，我们需要采取更加积极的措施进行管理和应对；对于低概率且低影响的风险，我们则可以采取相对宽松的管理策略。这样，我们就可以根据不同的风险情况，制定更为合理和有效的风险管理计划。

（四）制定风险管理计划

在完成风险综合评估后，我们需要制定详细的风险管理计划。这个计划应该包括风险应对策略、风险管理措施、风险管理责任人和风险管理时间表等内容。这样，我们就可以在成果转化过程中对各种潜在风险进行有效管理和控制。在制定风险管理计划时，我们需要根据前面评估的结果来确定具体的风险管理策略。例如，对于高优先级的风险，我们可以采取风险规避或风险降低的策略；对于低优先级的风险，我们可以采取风险监控或风险承受的策略。同时，我们还需要明确具体的风险管理措施和实施步骤，以及负责执行这些措施的责任人。此外，我们还需要制定一个明确的风险管理时间表，以确保风险管理工作的有序进行。

四、确定风险的可接受范围与管理优先级

（一）风险可接受标准的设定

风险可接受标准是指组织在面对风险时所愿意承担的风险水平。这个标准的设定对于风险管理的决策和行动具有非常重要的指导意义。在确定风险的可接受范围时，我们需要综合考虑组织的战略目标、资源状况和风险承受能力等因素。例如，如果组织的战略目标是追求高收益但愿意承担一定的风险，那么我们可以设定一个相对较高的风险可接受标准；如果组织的战略目标是保持稳定但不愿意承担太多风险，那么我们就需要设定一个相对较低的风险可接受标

准。同时，我们还需要考虑组织的资源状况和风险承受能力。如果组织拥有充足的资源和较强的风险承受能力，那么我们可以设定一个相对较高的风险可接受标准；如果组织资源有限且风险承受能力较弱，那么我们就需要设定一个相对较低的风险可接受标准。

（二）风险排序与优先级划分

根据风险评估结果，我们需要对识别出的潜在风险进行排序和优先级划分。这样可以帮助我们合理分配资源和精力，优先处理对成果转化影响较大的风险。在进行风险排序和优先级划分时，我们可以采用定性和定量相结合的方法。例如，我们可以使用风险矩阵法来对风险进行排序和优先级划分。这个方法将风险概率和风险影响作为两个维度，通过建立一个矩阵来展示不同风险的情况。在这个矩阵中，我们可以根据风险概率和风险影响的大小来确定不同风险的优先级。对于高概率且高影响的风险，我们应该将其划分为高优先级；对于低概率且低影响的风险，我们可以将其划分为低优先级。这样，我们就可以根据优先级的划分来合理分配资源和精力，优先处理对成果转化影响较大的风险。

（三）制定风险管理策略与措施

针对不同优先级的风险，我们需要制定相应的风险管理策略和措施。对于高优先级的风险，我们需要采取更加积极和主动的管理策略，如风险规避、风险降低或风险转移等。例如，如果某个高优先级的风险是由于技术难题导致的，我们可以考虑引入外部专家进行技术攻关或者寻求合作伙伴共同解决问题。对于低优先级的风险，我们可以采取相对保守的管理策略，如风险监控或风险承受等。例如，如果某个低优先级的风险是由于市场波动导致的，我们可以定期监控市场情况并随时准备应对可能的变化。同时，我们还需要明确风险管理措施的具体实施步骤和责任人。这样可以确保风险管理工作的有效执行和落地实施。

（四）建立风险监控与报告机制

为确保风险管理工作的持续性和有效性，我们需要建立风险监控与报告机制。通过定期对成果转化过程中的风险进行监控和评估，我们可以及时发现并应对新出现的风险或已有风险的变化。例如，我们可以设立专门的风险管理团队来负责风险的监控和报告工作。这个团队需要定期收集和分析与风险相关的数据和信息，并向高层管理层报告风险管理工作进展和成果。同时，我们还需要建立风险报告制度，将风险监控的结果定期向上级管理层报告。这样可以让高层管理层对风险情况有全面的了解，并根据需要及时调整风险管理策略和措施。

第二节 制定风险应对策略

在成果转化过程中，风险管理是不可或缺的一环。有效的风险应对策略能够帮助企业降低风险的发生概率、减轻风险造成的影响、分摊或转移风险，以及准备应对并接受风险后果。下面将分别介绍四种常见的风险应对策略：预防性策略、应对性策略、转移性策略和接受性策略，并详细阐述每种策略的具体内容和实施方法。

一、预防性策略：降低风险发生概率

（一）风险识别与评估

在企业文化变革和成果转化过程中，风险识别与评估是制定预防性策略的首要步骤。风险识别意味着对企业文化变革和成果转化过程中可能出现的各种风险进行全面的了解和认识。这包括但不限于市场风险、技术风险、管理风险、人力资源风险等。企业需要通过深入的市场调研、技术分析和内部管理评估等手段，确保对各类风险有清晰的认识。

风险评估则是对识别出的风险进行量化和定性的分析，评估其发生的概率和可能对企业文化变革和成果转化工作造成的影响程度。风险评估的目的是为了帮助企业制定针对性的风险管理措施，优先处理那些发生概率高、影响程度大的风险。

通过风险识别与评估，企业可以建立一个全面的风险清单，明确各类风险的特点和应对策略，为后续的风险管理工作提供有力的支持。

（二）建立风险管理制度

建立风险管理制度是实施预防性策略的核心内容。企业需要根据自身的实际情况和风险管理需求，制定详细的风险管理政策和流程。这些政策和流程应明确各部门和员工的职责和权限，确保风险管理工作能够得到有效执行。

风险管理制度应包括风险识别、评估、监控、报告、应对等各个环节的具体要求和操作步骤。同时，企业还需要建立风险管理委员会或类似机构，负责全面领导和协调企业的风险管理工作，确保各项风险管理措施得到有效落实。

通过建立完善的风险管理制度，企业可以形成一个系统化、规范化的风险管理体系，提高企业文化变革和成果转化工作的稳定性和可靠性。

（三）加强风险教育与培训

提高员工的风险意识和应对能力对于降低风险发生概率至关重要。因此，企业需要定期开展风险教育与培训活动，使员工了解风险管理的重要性并掌握相应的风险应对技能。

风险教育与培训的内容可以包括风险管理的基本理念、方法和技术，以及企业文化变革和成果转化过程中可能遇到的各种风险及其应对措施。通过培训，员工可以更加深入地了解风险管理的内涵和要求，提高自身的风险意识和应对能力。

同时，企业还可以通过举办风险管理知识竞赛、分享会等活动，营造积极向上的风险管理氛围，激发员工参与风险管理的积极性和主动性。

（四）实施风险监控与报告

实施风险监控与报告是预防性策略的重要环节。企业需要建立风险监控机制，定期对企业文化变革和成果转化过程中的风险进行监测和分析。这包括收集和分析各种风险信息、评估风险的发展趋势和可能的影响等。

同时，企业还需要建立风险报告制度，及时向管理层报告风险状况和建议。报告内容应包括风险的具体情况、发展趋势、应对措施和效果等。通过风险监控与报告，企业可以及时发现和处理潜在风险，确保企业文化变革和成果转化工作的顺利进行。

二、应对性策略：减轻风险造成的影响

（一）制定应急预案

应对性策略的核心是制定应急预案。企业应根据识别出的风险类型和可能的影响程度，制定相应的应急预案。这些预案应明确应对措施和责任人，确保在风险发生时能够迅速响应。

应急预案的制定需要考虑到各种可能的风险场景和应对措施的组合。企业可以通过模拟演练、专家评审等方式对预案进行验证和完善，确保其在实际应用中的有效性和可操作性。

同时，企业还需要定期对应急预案进行更新和修订，以适应企业文化变革和成果转化过程中可能出现的新风险和挑战。

（二）建立风险应对小组

建立风险应对小组是应对性策略的重要措施之一。企业应组建由相关部门和专业人员组成的风险应对小组，负责在风险发生时迅速组织资源和力量进行应对。

风险应对小组的成员应具备丰富的风险管理经验和专业知识，能够迅速对风险进行分析和判断，并制定相应的应对措施。同时，小组还需要具备良好的沟通和协作能力，确保各部门和人员之间能够及时传递风险信息和应对措施。

通过建立风险应对小组，企业可以形成一个快速、高效的风险应对机制，减轻风险对企业文化变革和成果转化工作造成的影响。

（三）加强沟通与协作

在风险应对过程中，加强沟通与协作至关重要。企业应建立有效的沟通机制，确保各部门和人员之间能够及时传递风险信息和应对措施。这包括定期召开风险管理会议、建立风险管理信息共享平台等。

通过加强沟通与协作，企业可以形成一个团结、协作的风险应对团队，共同应对各种风险挑战。同时，企业还可以通过与外部机构和专业人士的合作，获取更多的风险管理资源和支持。

（四）持续改进与优化

应对性策略需要持续改进与优化。企业应根据风险应对的实际效果和经验教训，不断完善应急预案和应对措施。这包括对应急预案进行定期评估和改进、对风险管理流程进行优化等。

同时，企业还需要建立风险管理的考核和激励机制，鼓励员工积极参与风险管理工作并提出改进建议。通过持续改进与优化，企业可以提高风险应对的效率和效果，确保企业文化变革和成果转化工作的顺利进行。

三、转移性策略：分摊或转移风险

在企业文化变革推动成果转化的过程中，风险是不可避免的。为了降低风险对企业的影响，转移性策略成了一种重要的风险管理工具。通过采取合适的转移性策略，企业可以有效地分摊或转移风险，从而保障变革的顺利进行。

（一）保险策略

保险是一种常见的风险转移手段，它能够帮助企业在面临风险时减轻经济负担。在企业文化变革和成果转化过程中，企业可以考虑购买相应的保险产品来转移潜在的风险。例如，企业可以购买知识产权保险，以保护自身在成果转化过程中产生的知识产权不受侵犯；或者购买责任保险，以应对可能因产品缺陷或侵权行为而引发的法律责任。通过购买保险，企业可以将风险转移给保险公司承担，从而在风险发生时获得一定的经济保障。

在实施保险策略时，企业需要仔细评估自身的风险状况和保险需求，选择合适的保险产品。同时，企业还需要了解保险合同的条款和保险公司的赔偿政策，确保在风险发生时能够及时获得保险赔偿。此外，企业还应定期评估保险策略的有效性，并根据实际情况进行调整和优化。

（二）合作与联盟

合作与联盟是另一种有效的风险转移策略。通过与其他企业或机构建立合作关系，企业可以共同承担和分摊风险。例如，在成果转化过程中，企业可以与高校、科研机构等建立产学研合作关系，共同研发新技术、新产品；或者与产业链上下游企业建立供应链合作关系，共同应对市场变化和竞争压力。通过合作与联盟，企业可以充分利用合作伙伴的资源和优势，降低单一企业面临的风险压力。

在实施合作与联盟策略时，企业需要选择合适的合作伙伴，并建立稳定的合作关系。同时，企业还需要明确合作的目标和责任分工，确保合作过程中的风险得到有效管理和控制。此外，企业还应加强与合作伙伴的沟通与协调，共同应对可能出现的风险和挑战。

（三）外包与委托

外包与委托是另一种常见的风险转移策略。通过将部分成果转化工作外包给专业机构或委托给具有相关经验和能力的第三方完成，企业可以将风险转移给更具专业能力和经验的机构承担。例如，在成果转化过程中，企业可以将技术研发、市场调研等工作外包给专业的技术服务机构或市场研究公司完成；或者将生产制造等环节委托给具有生产经验和管理能力的第三方企业负责。通过外包与委托，企业可以充分利用外部资源和专业能力，降低自身的风险负担。

在实施外包与委托策略时，企业需要选择合适的外部机构或第三方企业，并建立明确的合作关系和风险控制机制。同时，企业还需要加强对外部机构或第三方企业的监督和管理，确保他们按照合同要求完成工作并承担相应的风险责任。此外，企业还应与外部机构或第三方企业保持紧密的沟通与联系，共同应对可能出现的风险和问题。

（四）多元化经营

多元化经营是企业分散风险的重要手段之一。通过拓展多个业务领域或产品线，企业可以降低对单一业务或产品的依赖程度，从而减少特定风险对企业整体的影响。在企业文化变革和成果转化过程中，企业可以考虑通过多元化经营来降低风险。例如，企业可以在保持核心业务的同时，拓展新的业务领域或开发新的产品线；或者通过投资并购等方式进入其他相关行业或领域。通过多元化经营，企业可以分散风险并寻找新的增长点。

在实施多元化经营策略时，企业需要仔细评估自身的资源和能力状况，选择适合自身发展的业务领域或产品线。同时，企业还需要加强对新业务领域或产品线的风险管理和控制，确保它们能够为企业带来稳定的收益和增长。此外，企业还应注重核心业务与多元化业务之间的协同与整合,以实现整体效益的最大化。

四、接受性策略:准备应对并接受风险后果

尽管转移性策略可以帮助企业分摊或转移风险,但仍然存在一些风险是无法完全转移的。对于这些无法转移的风险,企业需要采取接受性策略来应对。接受性策略强调企业在面对风险时做好充分的准备和应对工作,以减轻风险对企业的影响。

(一)风险承受准备

在接受性策略中,企业应做好风险承受的准备。这包括评估企业的风险承受能力、制定风险承受计划和准备相应的资源和资金以应对可能出现的风险后果。企业需要对自身的财务状况、经营能力和风险管理水平进行全面评估,确定自身能够承受的风险范围和程度。同时,企业还需要制定详细的风险承受计划,明确在风险发生时应采取的措施和应对策略。此外,企业还应准备相应的资源和资金,以应对可能出现的风险后果。

(二)财务准备与资金储备

为了应对可能的风险后果,企业应做好财务准备和资金储备工作。这包括制定合理的财务预算、建立风险准备金制度以及寻求外部融资支持等。企业应根据自身的业务规模、风险状况和市场需求等因素制定合理的财务预算,确保在风险发生时能够有足够的资金支持。同时,企业还应建立风险准备金制度,将一部分利润或资金用于应对可能出现的风险事件。此外,企业还可以考虑寻求外部融资支持,如银行贷款、风险投资等,以增强自身的资金实力和风险承受能力。

(三)后续恢复与重建

在风险事件发生后,企业应积极开展后续恢复与重建工作。这包括评估损失、制定恢复计划、组织资源和力量进行恢复重建以及总结经验教训等。企业应对风险事件造成的损失进行全面评估,并制定详细的恢复计划。同时,企业还应积极组织资源和力量进行恢复重建工作,确保企业能够尽快恢复正常运营

和生产活动。此外，企业还应总结经验教训，对风险管理工作进行持续改进和优化，以提高未来应对风险的能力。

（四）持续改进与风险管理文化建设

接受性策略并不意味着对风险的放任不管。相反，企业应持续改进风险管理工作并加强风险管理文化建设。通过不断完善风险管理制度、提高员工风险意识和应对能力以及加强风险监控与报告等措施，企业可以逐步提高自身的风险管理水平并降低未来风险发生的概率和影响程度。企业应建立完善的风险管理制度和流程，明确各部门和员工的职责和权限。同时，企业还应加强员工的风险意识和应对能力培训，提高员工对风险的认识和应对能力。此外，企业还应加强风险监控与报告工作，及时发现和应对潜在的风险问题。

综上所述，制定风险应对策略是成果转化过程中不可或缺的一环。企业应根据自身的实际情况和需求选择合适的风险应对策略组合并付诸实践。通过实施有效的风险管理措施和不断提高风险管理水平，企业可以更好地应对成果转化过程中的各种风险挑战并推动创新成果的顺利转化和应用。

第三节 风险管理与成果转化的平衡

在创新驱动的现代社会，成果转化是企业发展的重要驱动力，然而，这一过程伴随着各种风险。因此，风险管理与成果转化的平衡变得至关重要。本节将探讨如何理解这两者之间的相互关系，确定风险管理在成果转化中的合适位置，建立协同工作机制，培养组织的风险意识与成果转化能力，并持续优化这一平衡策略。

一、理解风险管理与成果转化间的相互关系

（一）风险管理与成果转化的共同目标

风险管理与成果转化在企业运营和发展中扮演着不可或缺的角色，而它们的共同目标则是实现企业的可持续发展和创新增长。这一目标的实现需要两者

的紧密结合和协同作用。

首先,风险管理致力于降低企业运营过程中的不确定性,为企业的稳定发展提供坚实保障。通过识别、分析和应对潜在风险,风险管理能够确保企业在面对各种挑战时能够保持稳健,避免因风险导致的损失和困境。对于成果转化而言,一个稳定、安全的环境是至关重要的。在这样的环境中,科研人员可以更加专注于研发工作,提高成果的质量和转化率。

其次,成果转化则是企业实现创新增长的重要途径。通过将科研成果转化为具有市场竞争力的产品或服务,企业可以开辟新的市场领域,获取更多的商业机会。这种转化不仅带来了经济效益的提升,还为企业树立了良好的品牌形象,提升了企业的核心竞争力。而这一切的实现都离不开风险管理的支持。通过有效的风险管理,企业可以确保成果转化过程中的各种风险得到及时控制和处理,从而提高转化成功率。

最后,风险管理与成果转化的共同目标还体现在推动企业的可持续发展上。可持续发展要求企业在追求经济效益的同时,还要关注环境保护、社会责任等方面。风险管理在这一过程中可以帮助企业识别并应对各种潜在风险,确保企业的运营和发展符合可持续发展的要求。而成果转化则通过创新技术和产品,推动产业升级和转型,为社会的可持续发展做出贡献。

(二)风险管理对成果转化的促进作用

风险管理在成果转化过程中发挥着重要的促进作用,有助于确保转化过程的顺利进行并提高成功率。首先,通过系统的风险评估,企业可以全面识别成果转化过程中可能遇到的各种风险点,包括技术风险、市场风险、资金风险和管理风险等。这种识别过程有助于企业提前做好准备,制定针对性的风险应对策略。

其次,风险管理通过风险分析和评价,可以帮助企业了解各种风险的可能性和影响程度,从而确定风险管理的优先级和资源配置。这样,企业可以更加有针对性地分配资源,优先处理那些对成果转化影响大、发生概率高的风险。这种资源配置的优化有助于提高转化过程的效率和成功率。

此外,风险管理还包括风险监控和应对。在成果转化过程中,企业可以通过定期的风险评估和监控,及时发现并应对潜在问题。这种监控和应对机制有助于确保转化过程的稳定性和连续性,避免因风险导致的转化失败或延误。

最后,风险管理通过提高企业的风险意识和风险管理能力,有助于培养企业的创新精神和应变能力。在成果转化过程中,企业可能会面临各种未知的挑战和机遇。通过有效的风险管理,企业可以更加勇敢地面对这些挑战,抓住机遇,实现创新增长。

(三)成果转化对风险管理的反哺作用

成果转化不仅对风险管理有促进作用,同时也对风险管理产生反哺作用。这种反哺作用主要体现在以下几个方面。

首先,成果转化过程中积累的经验和数据为风险管理提供了宝贵的参考。在成果转化实践中,企业会面临各种实际问题和挑战,通过解决这些问题和应对挑战,企业积累了丰富的经验和数据。这些数据可以为风险管理提供实证支持,帮助企业更加准确地识别、分析和评价风险。同时,这些经验也可以为风险管理提供宝贵的教训和启示,帮助企业避免重蹈覆辙,提高风险管理的效率和效果。

其次,成果转化过程中的创新实践可以推动风险管理方法的创新和改进。成果转化本身就是一种创新活动,它要求企业不断探索新的技术、新的市场、新的商业模式等。这种创新实践也可以为风险管理带来新的思路和方法。例如,在成果转化过程中,企业可能会采用新的风险管理工具或技术来提高风险识别和分析的准确性;或者采用新的风险管理策略来应对特定的风险挑战。这些创新实践可以为风险管理领域的发展做出贡献,推动整个行业的进步。

最后,成果转化过程中培养的人才和团队为风险管理提供了有力的支持。成果转化需要企业拥有具备创新精神、团队协作能力和专业知识的人才队伍。这些人才在成果转化过程中不仅可以发挥重要作用,同时也可以为风险管理提供有力的人才保障。他们可以通过参与风险管理的各项工作,提高风险管理的专业水平和综合能力,为企业的风险管理提供更加全面、专业的服务。

二、确定风险管理在成果转化中的合适位置

（一）风险管理在成果转化流程中的嵌入

在成果转化流程中，风险管理不应仅仅作为一个独立的环节存在，而应被深深地嵌入到整个流程之中。这意味着从项目的初步筛选、研发阶段的深入探索、试验阶段的验证，到最终的市场应用与推广，每一个步骤都应该有风险管理的身影。

1.项目筛选阶段的风险管理

在项目筛选阶段，风险管理就已经开始发挥作用。通过对潜在项目的技术可行性、市场需求、竞争格局等多方面进行风险评估，可以筛选出那些更具潜力和可行性的项目，为后续的研发工作奠定坚实的基础。

2.研发阶段的风险管理

研发阶段是成果转化过程中风险最高的阶段之一。在这个阶段，风险管理需要密切关注技术风险、市场风险、资金风险等多个方面。例如，技术风险可能来自于技术的成熟度、稳定性、可复制性等方面；市场风险则可能来自于竞争对手的动向、消费者需求的变化等方面。通过及时识别、评估这些风险，并采取相应的风险管理措施，可以有效地降低研发过程中的不确定性。

3.试验阶段的风险管理

试验阶段是验证技术可行性和市场接受度的重要阶段。在这个阶段，风险管理需要关注试验数据的真实性、可靠性，以及试验过程中可能出现的各种意外情况。通过严格的数据管理和风险监控，可以确保试验结果的准确性和可靠性，为后续的市场应用和推广提供有力的支持。

4.市场应用与推广阶段的风险管理

当技术成功通过试验阶段后，就进入了市场应用与推广阶段。在这个阶段，风险管理需要关注市场风险、法律风险、财务风险等多个方面。例如，市场风险可能来自于竞争对手的激烈竞争、消费者需求的快速变化等方面；法律风险则可能来自于知识产权的纠纷、产品责任的承担等方面。通过全面的风险评估和管理，可以确保技术在市场上的顺利应用和推广。

(二)平衡风险与收益的关系

在成果转化过程中,企业常常需要在风险与收益之间进行权衡和选择。一方面,企业需要通过风险管理来降低潜在损失,保障项目的顺利进行;另一方面,企业也需要敢于承担合理的风险以获取更大的收益。这种平衡关系的把握需要企业具备敏锐的市场洞察力和灵活的风险管理策略。

1.降低潜在损失

通过有效的风险管理,企业可以及时发现并应对潜在的风险因素,从而降低项目失败的可能性。例如,在技术研发过程中,通过严格的项目管理和质量控制,可以确保技术的稳定性和可靠性,避免因技术缺陷而导致的损失。在市场应用阶段,通过严密的市场调研和竞争分析,企业可以及时发现市场变化并调整策略,避免因市场波动而导致的损失。

2.获取更大的收益

在平衡风险与收益的关系时,企业也需要敢于承担合理的风险以获取更大的收益。例如,在某些高风险但潜在收益巨大的领域,企业可以通过加大研发投入、拓展市场渠道等方式来积极寻求机会并获取更大的收益。当然,这种冒险行为需要建立在充分的风险评估和准备基础之上,确保企业能够在风险与收益之间取得最佳的平衡。

(三)根据不同阶段调整风险管理策略

随着成果转化阶段的变化,风险管理策略也应相应调整。这是因为不同阶段所面临的风险类型和风险大小都有所不同,因此需要采用不同的风险管理策略来应对。

1.初期研发阶段的风险管理策略

在初期研发阶段,风险管理可能更侧重于技术风险和市场风险的评估。这是因为在这个阶段,技术的不确定性和市场的未知性都较大。为了降低技术风险,企业可以采取多种手段进行技术探索和验证,如开展小规模的试验、与高校和研究机构合作等。同时,企业也需要密切关注市场动态和竞争对手的动向,以便及时调整研发方向和市场策略。

2.市场推广阶段的风险管理策略

而在市场推广阶段，则可能更关注法律风险和财务风险。在这个阶段，企业需要面临更加复杂的市场环境和更加激烈的竞争压力。为了降低法律风险，企业需要加强知识产权保护、完善合同条款等方面的工作；为了降低财务风险，企业需要合理规划资金使用、加强成本控制等方面的工作。同时，企业还需要关注消费者反馈和市场变化，以便及时调整产品策略和市场策略。

三、建立风险管理与成果转化协同工作的机制

（一）制定协同工作指南和流程

协同工作指南和流程的制定，是确保企业文化变革和成果转化过程中风险管理工作得以高效、有序进行的关键。这不仅是预防性策略的一部分，也是应对性策略得以实施的基础。

首先，制定协同工作指南要明确风险管理工作的总体目标和具体任务。这包括明确风险识别、评估、监控和应对等各个环节的目标和任务，以及各部门和人员在这些环节中的职责和角色。通过明确目标和任务，可以确保各部门和人员对风险管理工作的整体框架和要求有清晰的认识。

其次，制定协同工作流程要细化风险管理工作的具体步骤和操作要求。这包括制定风险管理计划、建立风险管理团队、开展风险识别与评估、制定风险应对措施、实施风险监控和报告等具体流程。通过细化流程，可以确保各部门和人员能够按照统一的标准和要求进行风险管理工作，提高协同工作的效率和准确性。

此外，制定协同工作指南和流程还需要考虑企业文化变革和成果转化工作的特点。企业文化变革往往涉及多个部门和人员的协作，而成果转化则可能涉及跨部门的合作和创新。因此，在制定协同工作指南和流程时，需要充分考虑这些特点，确保风险管理工作能够与企业文化变革和成果转化工作紧密结合，形成协同效应。

最后，制定协同工作指南和流程还需要注重可操作性和灵活性。可操作性是指指南和流程要简洁明了，易于理解和执行；灵活性则是指指南和流程要能

够适应企业文化变革和成果转化工作的变化,具有一定的可调整性和可扩展性。通过注重可操作性和灵活性,可以确保协同工作指南和流程在实际应用中发挥最大的效用。

(二)利用信息技术提高协同效率

在企业文化变革和成果转化过程中,信息技术的运用对于提高风险管理与协同工作的效率具有至关重要的作用。通过引入先进的信息技术和系统,企业可以优化风险管理流程、加强信息共享与沟通、提高决策支持能力,从而实现风险管理与协同工作的高效运作。

首先,引入风险管理信息系统(RMIS)是提高协同效率的关键。RMIS能够集成风险管理各个环节的信息和数据,实现风险信息的集中存储、查询和分析。通过RMIS,各部门和人员可以实时了解风险状况、监控风险变化、共享风险信息,从而提高风险管理的透明度和协同效率。此外,RMIS还可以提供强大的数据分析和预测功能,帮助企业更好地识别潜在风险、评估风险影响、制定应对措施。

其次,采用项目管理软件可以加强风险管理与成果转化协同工作的组织和管理。项目管理软件可以实现项目计划的制定、进度监控、资源分配等功能,帮助企业更好地组织和管理成果转化项目。通过项目管理软件,各部门和人员可以明确各自的任务和责任、监控项目的进展情况、及时调整资源和策略,从而提高项目管理的协同效率和成果转化的成功率。

此外,利用云计算、大数据等先进技术也可以提高风险管理与协同工作的效率。云计算可以实现数据的集中存储和共享,提高数据的安全性和可访问性;大数据则可以对海量数据进行挖掘和分析,发现潜在的风险和机会。通过运用这些先进技术,企业可以更加全面地了解风险状况、制定更加精准的应对措施、提高风险管理的决策水平和协同效率。

(三)建立定期沟通与反馈机制

定期沟通与反馈机制是确保风险管理与成果转化协同工作顺利进行的重要保障。通过定期沟通,各部门和人员可以及时分享风险管理与成果转化的进展、遇到的问题以及解决方案,从而共同推动工作的进展。同时,通过反馈机制,企业可以及时了解风险管理与协同工作的效果和问题，及时调整策略和措施，确保工作的顺利进行。

首先，建立定期沟通会议制度是关键。企业可以定期召开风险管理与成果转化协同工作会议，邀请各部门和人员参加，共同讨论和分享风险管理与协同工作的进展、问题和解决方案。通过会议的形式，可以促进各部门和人员之间的交流和合作，形成协同工作的合力。

其次，建立信息共享平台也是必要的。企业可以利用信息技术手段建立风险管理与成果转化信息共享平台，将风险信息、项目进展、数据分析等内容进行集中展示和共享。通过平台的使用，各部门和人员可以随时了解风险管理与协同工作的最新动态和相关信息，提高工作的透明度和协同效率。

此外，建立反馈渠道和机制也是重要的。企业可以设立风险管理与协同工作反馈渠道，鼓励员工积极提出问题和建议。同时，建立问题处理和反馈机制，对收集到的问题和建议进行及时处理和回应，确保员工的意见和建议得到重视和落实。

通过定期沟通与反馈机制的建立和实施，企业可以形成一个良好的协同工作氛围和环境，促进风险管理与成果转化协同工作的顺利进行。同时，也可以提高员工的风险意识和参与程度，为企业的持续发展和创新提供有力支持。

（四）培养跨部门合作与信任的文化氛围

在企业文化变革和成果转化过程中，培养跨部门合作与信任的文化氛围对于提高风险管理与协同工作的效率至关重要。一个积极向上的文化氛围能够促进员工之间的合作与交流，增强团队的凝聚力和执行力，从而为风险管理与协同工作提供有力的支持。

首先，企业可以通过培训和教育来培养跨部门合作与信任的文化氛围。例如，组织员工参加团队合作和沟通技巧的培训课程，提高员工的协作能力和沟通能力。同时，通过开展团队建设活动和文化交流活动，增进员工之间的了解和信任，促进跨部门合作的顺利进行。

其次，企业可以建立明确的责任分工和激励机制来促进跨部门合作与信任。明确各部门和人员的职责和角色，确保各自能够履行好自己的职责并相互支持。

同时，建立激励机制，对在风险管理与协同工作中表现突出的员工给予表彰和奖励，激发员工的积极性和创造力。

此外，企业还可以通过建立共同的价值观和目标来培养跨部门合作与信任的文化氛围。通过宣传和推广企业的核心价值观和目标，让员工明确自己的使命和责任，形成共同的奋斗目标和追求。这样能够促进员工之间的合作与信任，形成积极向上的工作氛围和环境。

最后，企业领导层的支持和引导也是培养跨部门合作与信任的文化氛围的关键因素。企业领导层应该积极参与风险管理与协同工作，为员工树立榜样和引领方向。同时，领导层还应该关注员工的成长和发展，提供必要的支持和帮助，激发员工的归属感和忠诚度。

四、培养组织的风险意识与成果转化能力

（一）加强风险意识教育

风险意识教育是企业风险管理工作中不可或缺的一环。只有当企业内部的员工都具备了足够的风险意识，才能够形成全员参与风险管理的良好氛围，从而有效地降低风险发生的概率和影响程度。因此，加强风险意识教育是企业应对风险挑战、推动成果转化工作顺利进行的重要保障。

为了加强风险意识教育，企业可以采取以下措施。

首先，企业可以定期组织风险管理培训活动。这些培训活动可以邀请风险管理领域的专家或顾问来进行授课，内容可以涵盖风险识别、评估、监控和应对等方面的知识。通过培训，员工可以更加深入地了解风险管理的理念和方法，掌握风险管理的基本技能，提高自身的风险意识和应对能力。

其次，企业可以利用内部宣传渠道，如企业网站、内部通讯、宣传栏等，进行风险意识宣传。通过发布风险管理相关的文章、案例和经验分享等内容，可以让员工更加直观地了解风险管理的实际意义和重要性。同时，企业还可以鼓励员工积极参与风险管理的讨论和建议，形成良好的风险管理文化氛围。

此外，企业还可以将风险管理纳入员工绩效考核和激励机制中。通过将风险管理目标与员工的绩效挂钩，可以激发员工参与风险管理的积极性和主动性。

同时，企业还可以设立风险管理奖励机制，对在风险管理工作中表现突出的员工进行表彰和奖励，树立榜样和激励全体员工。

（二）提升成果转化能力

成果转化能力是企业将研发成果转化为实际产品或服务的能力，也是企业实现创新发展和市场竞争优势的关键。提升成果转化能力，不仅可以加快企业技术创新的步伐，还可以有效地降低风险，提高企业的整体效益。因此，在加强风险意识教育的同时，企业还应注重提升自身的成果转化能力。

为了提升成果转化能力，企业可以从以下几个方面入手。

首先，加强技术研发投入。企业应加大对技术研发的投入力度，提高研发人员的待遇和激励，吸引更多的优秀人才加入研发团队。同时，企业还应加强与高校、科研机构等合作，引进先进的技术和理念，提升自身的技术创新能力。

其次，拓展市场渠道。企业应积极寻找和拓展市场渠道，了解市场需求和趋势，制定合适的市场营销策略。通过参加展会、举办推介会等方式，加强与客户的沟通和合作，提高产品或服务的市场占有率。

此外，加强团队建设也是提升成果转化能力的重要途径。企业应注重团队建设，提高团队成员的协作和沟通能力，形成高效的工作机制。同时，企业还应建立完善的激励机制，激发团队成员的创新热情和创造力。

最后，企业应建立完善的成果转化流程和机制。这包括明确成果转化的目标和要求、制定详细的转化计划和时间表、建立专门的成果转化团队等。通过完善的流程和机制，可以确保成果转化工作的顺利进行，提高企业的整体效益。

（三）建立风险管理与成果转化能力评估体系

为了全面评估和提升企业的风险管理与成果转化能力，建立一套科学、合理的评估体系至关重要。这一评估体系不仅能够帮助企业及时发现存在的问题和不足，还能为企业制定针对性的改进措施提供有力依据。

首先，在评估体系的构建上，企业应结合自身的业务特点、发展阶段和外部环境等因素，制定符合自身实际的风险管理与成果转化能力评估指标。这些指标应涵盖风险识别、评估、监控和应对等各个方面，以及成果转化的效率、质量和效益等方面。同时，评估指标应具有可操作性和可衡量性，便于企业进行实际操作和评估。

其次,在评估方法的选择上,企业应采用定量和定性相结合的方法进行评估。通过收集和分析相关数据和信息,运用统计分析和专家评估等手段,全面评估企业的风险管理与成果转化能力水平。同时,企业还可以借鉴行业内外的成功经验和案例,进行横向比较和借鉴。

此外,企业应建立定期评估机制,定期对自身的风险管理与成果转化能力进行评估。这不仅可以及时发现问题和不足,还能为企业制定针对性的改进措施提供有力支持。同时,企业还应建立评估结果反馈机制,将评估结果及时反馈给相关部门和人员,促进改进措施的实施和落实。

最后,在评估结果的应用上,企业应根据评估结果制定相应的改进措施和发展规划。针对存在的问题和不足,企业应明确改进方向和目标,制定具体的实施计划和时间表。同时,企业还应加强对改进措施落实情况的监督和考核,确保改进措施的有效实施和落地见效。

五、持续优化风险管理与成果转化的平衡策略

(一)定期评估风险管理与成果转化的效果

定期评估风险管理与成果转化的效果,是企业持续优化其战略布局和确保持续发展的重要环节。这种评估不仅有助于企业及时识别存在的问题和不足,更能够为优化平衡策略提供有力的数据支持和决策依据。

为了实现这一目标,企业应制定一套科学、合理的评估体系。这套体系不仅要涵盖风险管理的各个环节,如风险识别、评估、监控和应对,还要对成果转化的效率、质量和效益进行全面考量。评估过程中,企业应结合自身的业务特点、发展阶段和外部环境等因素,采用定量和定性相结合的方法,确保评估结果的客观性和准确性。

在评估风险管理效果时,企业应重点关注以下几个方面:一是风险识别的全面性和准确性,即企业是否能够及时、准确地识别出潜在的风险点;二是风险评估的合理性和科学性,即企业是否能够对识别出的风险进行客观、科学的评估,确定其可能性和影响程度;三是风险监控的有效性和及时性,即企业是

否能够对风险进行持续的监控,确保风险在可控范围内;四是风险应对的灵活性和针对性,即企业是否能够根据风险的特点和实际情况,制定出有效的应对措施。

在评估成果转化效果时,企业应重点关注以下几个方面:一是成果转化的效率,即企业是否能够快速将研发成果转化为实际产品或服务;二是成果转化的质量,即转化后的产品或服务是否能够满足市场需求,达到预期的效果;三是成果转化的效益,即成果转化后是否能够为企业带来经济效益和社会效益。

通过定期评估,企业不仅可以全面了解风险管理与成果转化的现状和问题,还能够为优化平衡策略提供有力的数据支持和决策依据。企业应将评估结果及时反馈给相关部门和人员,制定针对性的改进措施和发展规划,确保风险管理与成果转化工作的持续优化和提升。

(二)根据市场变化和技术发展调整策略

随着市场环境和技术的不断发展变化,企业风险管理与成果转化的平衡策略也需要不断调整和优化。这种调整不是简单的适应变化,而是要求企业能够敏锐地捕捉市场和技术的发展趋势,前瞻性地思考和规划风险管理与成果转化的策略。

首先,企业应加强对市场和技术的研究和分析。通过深入了解市场需求、竞争格局和技术趋势,企业可以更加准确地判断风险管理与成果转化所面临的挑战和机遇。这种研究和分析应该是持续和系统的,以确保企业能够及时调整策略,适应市场和技术的变化。

其次,企业应根据市场和技术的变化,调整风险管理的重点和方法。例如,随着新技术的不断涌现和应用,企业应加强对新技术风险的识别和评估,制定相应的应对措施。同时,企业还应关注市场变化对成果转化的影响,如市场需求的变化、消费者偏好的变化等,以便及时调整成果转化的策略和方向。

最后,企业应根据市场和技术的变化,不断完善和优化风险管理与成果转化的平衡策略。这种优化不仅是对现有策略的微调,更是对策略的全面审视和创新。通过不断优化平衡策略,企业可以更好地平衡风险与收益、短期与长期的关系,实现持续稳健的发展。

(三)鼓励员工参与策略优化过程

员工是企业风险管理与成果转化平衡策略优化过程中的重要参与者和推动者。他们的专业知识和实践经验对于策略的制定和实施至关重要。因此,企业应鼓励员工积极参与策略优化过程,充分发挥他们的智慧和创造力。

首先,企业应建立良好的沟通机制,确保员工能够充分了解策略优化的背景和目标。通过定期的会议、培训和交流活动,企业可以让员工了解当前的风险管理与成果转化状况、面临的挑战和机遇以及策略优化的必要性和紧迫性。这样可以帮助员工更好地理解策略优化的意义和价值,激发他们的参与热情。

其次,企业应建立有效的参与平台,为员工提供参与策略优化过程的机会和途径。例如,企业可以设立专门的策略优化小组或委员会,吸纳不同部门和岗位的员工代表参与其中。同时,企业还可以通过内部征集意见、建议和方案等方式,广泛收集员工的智慧和创意。这些平台和途径可以让员工充分表达自己的观点和建议,为策略优化提供有力的支持和帮助。

此外,企业还应建立激励机制,鼓励员工积极参与策略优化过程并取得成果。例如,企业可以设立奖励制度,对提出优秀建议或方案的员工进行表彰和奖励。同时,企业还可以将员工的参与程度和贡献纳入绩效考核体系,作为晋升和薪酬调整的重要依据。这些激励措施可以激发员工的积极性和创造力,推动策略优化工作的深入开展。

(四)建立持续改进的文化氛围

持续改进是企业风险管理与成果转化平衡策略优化的重要保障。通过建立持续改进的文化氛围,企业可以激发员工的创新精神和主动性,推动风险管理与成果转化工作的不断完善和提升。

首先,企业应明确持续改进的理念和目标。通过内部宣传、培训和教育等方式,让员工充分认识到持续改进的重要性和意义,明确企业对于持续改进的期望和要求。这样可以帮助员工形成正确的价值观和工作态度,为持续改进的文化氛围奠定基础。

其次,企业应建立持续改进的机制和流程。通过制定明确的改进计划、设立专门的改进小组、定期开展内部审核和评估等方式,确保持续改进工作的有序开展和有效实施。同时，企业还应鼓励员工积极提出改进建议和方案，为持续改进提供源源不断的动力和支持。

最后，企业应注重培育持续改进的文化氛围。通过加强企业文化建设、推动员工自主学习和团队合作等方式，营造积极向上、开放包容、勇于创新的文化氛围。这种文化氛围可以让员工更加愿意参与持续改进工作，为企业风险管理与成果转化平衡策略的优化提供有力的保障和支持。

参考文献

[1]陈涛,杨诗琴.影响IT企业参与高校科技成果转化的关键因素研究[J].中国高校科技,2023(10):89-96.

[2]丁焕松.打通科技成果转化"最后一公里"[N].珠海特区报,2024-01-15(003).

[3]郭桐羽,陈宋生.科技成果转化审计监督体系构建——基于研究型审计[J].财会月刊,2024,45(03):71-80.

[4]王俊,黄咏明,汪梦莹,等.湖北省农业科技成果转化现状与对策[J].农业科技管理,2024,43(01):79-82.

[5]吴佳,张光炜,田赟,等.国有科技型企业薪酬激励机制优化策略[J].合作经济与科技,2023(24):97-99.

[6]邓莉,彭仕优,陈也平.科技搭桥 助力安全科研成果转化——湖北省应急管理厅举办解决工业企业安全生产"瓶颈性"工程技术与管理难题供需对接会[J].湖北应急管理,2023(10):10-11.

[7]何华,丁浩,张建.科技企业孵化器对区域科技创新能力的驱动作用——基于科技成果转化视角[J].河北工业大学学报(社会科学版),2023,15(03):14-25.

[8]艾栋,刘静静,林琳,等.政府参与下企业科技成果转化的演化博弈研究[J].科学技术创新,2023(26):189-196.

[9]颉俊杰.公路施工企业科技成果转化现状及对策——以甘肃某大型公路施工企业为例[J].施工企业管理,2023(11):104-105.

[10]沈时.企业对科技成果转化专项的管理对策探究[J].商讯,2023(19):99-102.

[11]李冶,韩聪,孙旭江.服务于成果转化的院所科研信息平台的研究[J].电脑知识与技术,2023,19(29):108-110.

[12]陈昱锟.基于创新链视角的企业科技成果转化[J].云南科技管理,2023,36(05):50-54.

[13]周小平,李永华,徐美隆,等.转制农业企业科技成果转化应用模式、现状及对策研究——以宁夏林业研究院股份公司为例[J].安徽农业科学,2023,51(24):255-259.